VitalPoint

佐久間順三流 SUISUI わかる

木造住宅の
耐震診断｜耐震補強設計｜補強工事
の勘所

佐久間順三：著
高橋 誠＋芝沼健太：協力

建築技術

推薦のことば

坂本 功
(東京大学名誉教授)

　昨年（2016年）の熊本地震は，木造住宅に非常に大きな被害をもたらした。日本建築学会や国土交通省の調査によると，新しい住宅にも倒壊したものがあったが，新耐震基準（1981年）以前の木造住宅には倒壊したものが多数あり，中には，本震（4月16日）よりも揺れが小さかった前震（4月14日）で倒壊したものさえあった。

　耐震基準とは，建築基準法の耐震規定を指しているが，1968年の十勝沖地震による鉄筋コンクリート造を中心とする建築物の大被害に鑑みて，その耐震規定（具体的には，施行令や告示に書かれている）が大改正され，1981年に施行されたので，その内容を新耐震基準と呼んでいる。

　新耐震基準は，もちろんそれ以前の旧基準よりもずっと強化されているので，その旧耐震基準による建築物の耐震性を確保するための方策が考えられた。それが，既存建築物に対する耐震診断法であり，補強方法である。その耐震診断法が，鉄筋コンクリート造建築物や木造住宅について，新耐震基準を先取りする形で，それぞれ1977年と1979年にできていた。

　1995年の阪神・淡路大震災のときには，古い木造住宅，すなわち旧耐震基準の木造住宅が多数倒壊し，その耐震性が問題になった。それをきっかけとして，耐震診断法が実施されるようになったが，そのとき使われたのは1985年改訂版であった。

　さてその数年後から，この木造住宅の耐震診断法を改訂しようという動きが始まったとき，実用に耐える診断法をつくるためには，やはり，木造住宅の設計・施工にかかわっている実務家の協力を仰ぐことが必要であった。そのとき，改訂作業をする委員会の委員の一人として参加してもらった実務家のうちの一人が，本書の著者の佐久間順三さんである。

佐久間さんは，設計事務所を主宰されているが，もともとは木造に限らず，鉄筋コンクリート造であれ鉄骨造であれ，意匠から構造までこなしている有能な技術者である。この改訂委員会の委員をお願いしてからは，私をはじめとする実務に疎い研究者の委員に対して，現場の実態を知悉する立場から，きわめて有益な情報を教示してもらった。また，現地における調査方法に関しては佐久間さんが原案を担当した。

　その一方で，佐久間さんは本職のほうでもこの改訂版を使って耐震診断・補強の実務を多数手がけている。本書は，一般財団法人日本建築防災協会『木造住宅の耐震診断と耐震補強』に準拠して耐震診断と耐震補強をするための手引き書であるが，佐久間さんが実務を通じて得た微に入り細にわたるノウハウがふんだんに盛り込まれている。

　なかでも，実際に診断や補強の業務をする場合に必要な手続きの進め方や，現地での調査や補強工事に関して，きわめて具体的に示されている。さらに佐久間さんは，木造住宅の耐震補強の費用対効果の研究で博士の学位を得ているだけあって，その成果も本書に反映されている。

　木造住宅については，熊本地震に関する国土交通省の委員会の報告書でも，旧耐震基準の住宅はもちろん，新耐震基準以降でも，2000年の基準の明確化（耐力壁のつり合いよい配置と接合部の仕様の具体的な基準の告示）までの住宅には，耐震性に劣るものがあることが指摘されている。

　このように，今後ますます木造住宅の耐震診断と補強が必要になってくると思われるが，そのために本書がおおいに役に立つことを期待したい。

平成29年4月吉日

まえがき

命

　身近な人の突然の死は，残された者を深い悲しみに陥れてしまいます。

　私はうかつにも，七十歳の老人になって初めてその真実を知りました。

　昨年，劇症型心筋炎で，長年連れ添った最愛の妻をあっという間に亡くし，その悲しみの深さを身にしみて感じました。妻の死の直後，生きる気力も失い，死ぬことばかりを考える日々でしたが，多くの恩人から激励や慰めの言葉をいただき，かろうじて命を繋いできました。

　人間は色々な原因で命を落とします。交通事故，癌，難病，津波，土砂災害，台風，水難事故，……。残りの人生を楽しむこともなく命を落とした本人の無念さを思えば，残された者には，後悔・懺悔・謝罪など言葉では言い尽くせない苦悩に襲われ，そしてもう二度と逢えない故人を失った絶望的な喪失感にさいなまれます。

　大地震時，多くの木造住宅が倒壊し，その下敷きになって人は瞬時に命を落とします。ようやく手に入れた夢のマイホームが，人の命を奪う凶器に変身して住民に襲いかかってきます。そのあとには，深い悲しみが待っています。科学が発展した現在でも，その悲劇は繰り返されています。

　私たち建築技術者は，既存木造住宅の耐震補強を進め，圧死による悲劇をなくすように努力しなければなりません。

端緒

　私は既存木造住宅の耐震診断・補強に関する講習会，講演会をこれまでに各地で行ってきましたが，昨年3月，一人の聴講者から講演内容を本にしてほしいと要望されました。身に余るありがたい申し出に感謝しながら，仲間たちとも相談し，妻も賛成してくれたことから出版を決意しました。株式会社建築技術橋戸幹彦氏も出版を快く引き受けてくださり，作業が始まりましたが，昨年7月，妻が突然他界したことから一時出版作業はとん挫してしまいました。生きる気力も失ってしまった私は出版など考える余裕もありませんでしたが，橋戸氏はじめ多くの人たちから応援をいただき，少しずつ作業が再開し始めました。

　私は，一般財団法人日本建築防災協会主催の講習会講師も務めさせていただきながら，東京都，香川県，埼玉県，群馬県，高知県，徳島県，宮崎県，千葉県，静岡県，福岡県，熊本県，新潟県，世田谷区，大田区，国分寺市，市川市，名古屋市，長岡市，輪島市，久喜市，建築士会，建築士事務所協会，日本建築家協会，JBN，建設埼玉，埼玉土建，神奈川土建，などで多くの講習会・講演会を行ってきました。

　講習会，講演会を行う中で，一般財団法人日本建築防災協会『2012年改訂版 木造住宅の耐震診断と補強方法』（以下，「同基準」といいます。）の解説書の必要性を感じてきました。もとより，「同基準」は既存木造住宅の耐震診断に関するすべてを記述しているわけではなく，細部は診断者個人が判断して「同基準」を応用して使用しなければならないのです。正しい応用の仕方を理解していただくための解説書が必要である，と考えてきました。

　また，実際に補強設計や補強工事監理を行う中でも，同様の必要性を感じてきました。

　そこで，耐震診断実務者，耐震補強設計・工事実務者の皆様にご利用していただける解説書として，本書を作成することにしました。念のため，居住者にもご理解いただきたい箇所をいくつか加えておきました。

本書の特徴

①本書は，一般財団法人日本建築防災協会『2012年改訂版 木造住宅の耐震診断と補強方法』の解説と応用について記述しています。そのため，用語，記号などすべて「同基準」と同じものとしています。

②既存木造住宅の耐震診断には通常一般診断法が用いられていますので，本書では主に一般診断法について記述しています。「同基準」では，耐震補強設計では精密診断法1を用いることを原則としていますが，場合によっては一般診断法を用いてもよいと記述されていることから，私たちは耐震診断と耐震補強設計のどちらにも一般診断法を通常使用しています。本書では，私たちが通常使用している一般財団法人日本建築防災協会のWeeを用いて解説します。Weeは一般診断法用の計算ソフトですが，耐震補強設計にも使用できるように作成されているものです。

③実務経験を基にした知識などを用いて記述しています。

④建築士，大工，工務店の初心者から熟練者までを対象にして，できるだけわかりやすく具体的に記述しています。

⑤実際の写真および解説図，設計図面を用いて，わかりやすく解説しています。

⑥項目ごとにまとめて記述していますので，どの頁から読み始めても内容が理解できるように構成しています。

⑦耐震診断，耐震補強設計，補強工事がスムーズに行われるためには，居住者の理解が必要となります。そこで，居住者のための解説を追加しています。

木造住宅倒壊のメカニズム

平常時の木造住宅は，1階の柱が真っ直ぐ立っていて2階の重量を支えています。しかし，大地震時には，地面の振動によって建物が大きく左右に揺り動かされて，1階柱が大きく傾斜し，2階の重量を支え切れなくなります。そして，1階が2階に押しつぶされるように倒壊してしまいます。一般的な木造住宅の倒壊とは，このように1階の柱が2階の重量を支え切れなくなり，押しつぶされてしまう状態のことをいいます。

つまり，「鉛直支持能力＜鉛直力」となる状態が倒壊に結びつきます。後述するEディフェンス実験写真からも容易に理解できます。

鉛直支持能力とは，1階の柱が2階の重量を支える能力のことをいいます。

通常，
・地震時の柱の傾斜が小さければ（柱の傾斜を応答層間変形角といいます。）
・柱の径が太ければ
・柱の本数が多ければ
・柱や梁が蟻害や腐朽などの被害を受けていなければ
・柱梁接合部が金物などで緊結されていれば
・耐震壁がバランスよく配置されていれば
・基礎が健全な鉄筋コンクリートであれば
・地盤が良好であれば

鉛直支持能力は高くなります。

鉛直力とは，建物重量のことです。

耐震診断

　耐震診断とは，大地震時（震度6強または7程度）に既存木造住宅が倒壊するかどうかを診断することです。倒壊とは，鉛直力が鉛直支持能力を上回る状態（鉛直支持能力＜鉛直力）ですが，鉛直支持能力を実際に算定することは極めて難解であることから，比較的簡便に計算できる水平力に換算し，抵抗力（保有水平耐力）と地震力（必要水平耐力）を算定し，その大小で倒壊の判定をすることとしています。つまり，評点＝抵抗力（保有水平耐力）/地震力（必要水平耐力）＜1.0となると倒壊の危険性が高くなるとしています。耐震診断に関する基本的な事項について，以下に記述します。

【診断基準の応用】

　まず『2012年改訂版 木造住宅の耐震診断と補強方法』を正しく理解することが必要ですが，それに加えて「同基準」の応用の仕方を理解することが大切です。体験に基づいた知見を用いて，本書ではその応用の仕方を記述しています。

【現況調査】

　耐震診断を行うには，建物の現況をより正確に確認しておくことが必要です。改修や増築などにより，設計図面と現況が異なっていることがしばしば見受けられるので，注意が必要です。現況調査は手間も時間もかかることから敬遠されがちですが，耐震診断業務の中では最も重要な作業の一つといえます。

　木造住宅は，白蟻や腐朽の被害を受けやすい建物です。柱や梁などの構造部材が被害を受けると，強度が低下します。一般診断法では，屋根や外壁などの劣化現象から強度低下を推測しています。例えば，外壁が劣化すると漏水などが発生し，壁内部の柱や梁が蟻害などを受け，強度が低下するおそれがあると推測し，劣化低減係数を計算しています。柱の蟻害は鉛直支持能力に大きな影響を及ぼすので，特に詳細な調査が必要です。

　増築や改修などのリフォーム時，筋かいや柱を切除したり，蟻害部材を改修せずそのまま隠ぺいしてしまうなどの不適切なことがしばしば行われています。リフォームなどが行われている建物は，特に注意して調査する必要があります。

【一般診断法】

　一般診断法は精密診断法1を一部簡略化したもので，壁基準耐力など基本的な値は共通しています。

　一般診断法での必要耐力は，総2階建，総3階建を想定した建物重量を用いていますが，一部2階建や一部3階建の場合には，必要耐力を低減する方法もあります。

　計算を簡素化するために，建物重量を，「軽い」「重い」「非常に重い」の3種類に分類していますが，実際の建物はそれぞれの中間的な重量になっていますので，診断者の適正な判断が必要になります。

　精密診断法1では筋かいなどの個々の耐震要素の劣化状況を直接調査することとしていますが，一般診断法では目視調査による劣化現象から構造強度の低下を簡略的に推測し，劣化低減係数を定めています。

耐震補強設計

【目標評点】

工事費（居住者の予算），大地震時の建物の損傷状況（無被害から中破まで），補強後の耐用年数などに対する居住者の希望に応え目標評点を定めます。居住者の希望によっては，目標評点が 1.5 あるいは 2.0 となる場合もあります。

【補強の心得】

耐震壁には，一般的に使用されている筋かいや構造用合板を用いることが望ましく，材料費が安価であり，だれでも施工できる誤りの少ない簡便な工法となります。

耐震補強設計において特に考慮すべきことは，

- 地震時の柱の傾斜を小さくする（耐震補強，制振，免震）
- 2 階直下の 1 階部分に耐震壁を配置する
- 鉛直支持能力を高める（柱径本数，劣化改修）
- 筋かい・柱・梁の接合部の強度や靱性を高める（接合金物）
- 耐震壁をバランスよく配置する（極端に強度の高い耐震壁を使用しない）
- 床の補強を行い，水平剛性を高める（火打ち梁，構造用合板）
- リフォーム改修に合わせて補強工事を行う（道連れ工事が少なくなり経済的）
- 劣化などの不具合を改修する（蟻害腐朽部材交換）

などです。

耐震補強工事（居ながら補強）

木造住宅の耐震補強工事は，通常居住者が住まいながらの居ながら補強となります。補強工事中，居住者は多大のストレスを感じますので，補強設計や補強工事を行うとき，プライバシー，騒音，粉塵，アレルギーなどについて居住者への特別の配慮が必要です。

おわりに

本書が，たとえ一人の命であっても守ることができるよう，耐震補強のお役に立てることを期待しています。

本書を，命を守ってあげられなかった亡き妻に捧げます。

平成 29 年 6 月吉日

有限会社 設計工房佐久間 代表取締役

佐久間順三

目次

推薦のことば ———— 002
まえがき ———— 004

第1章 基礎知識 012

地震と木造建物 ———— 014
耐震診断とは ———— 016
耐震診断の種類 ———— 018
耐震補強設計とは ———— 020
耐震補強工事とは ———— 022
耐震補強のメリット（人命保護・費用対効果） ———— 024
地震の種類と耐震補強 ———— 026

第2章 耐震診断 028

耐震診断の流れ ———— 030

1：事前打合せ
耐震診断業務の説明 ———— 032
ヒアリングのポイント ———— 034
施主に用意を依頼する資料① ———— 036
施主に用意を依頼する資料② ———— 038

2：業務契約
必ず契約書を作成する ———— 040

3：事前準備
図面を作成する ———— 042
点検口の確認も忘れずに ———— 044
調査道具の準備① ———— 046
調査道具の準備② ———— 048
調査道具の準備③ ———— 050

4：現況調査
調査の流れ ———— 052
間取り調査 ———— 054
柱と床の傾斜測定 ———— 056
劣化調査 ———— 058
内外観調査 ———— 060
コンクリート強度調査 ———— 062
鉄筋探査 ———— 064
1階天井裏部材調査 ———— 066

小屋裏部材調査 ———— 068
　　　床下部材調査 ———— 070
　　　筋かい調査 ———— 072
　　　シロアリ被害 ———— 074
5：調査結果概要速報
　　　調査の報告と追加ヒアリング ———— 076
6：耐震診断報告書作成
　　　報告書作成の流れ，表紙 ———— 078
　　　平面図の作成 ———— 080
　　　部材調査結果 ———— 082
　　　外観・内観写真 ———— 084
　　　内部部材写真 ———— 086
　　　調査風景写真 ———— 088
　　　柱傾斜測定結果 ———— 090
　　　コンクリート強度調査，劣化調査 ———— 092
　　　考察，耐震診断計算の流れ ———— 094
　　　建物概要チェックリスト ———— 096
　　　建物仕様の決め方 ———— 098
　　　床面積の取り方と建物荷重 ———— 100
　　　壁の入力 ———— 102
　　　入力用平面図 ———— 104
　　　配置低減，劣化低減 ———— 106
　　　上部構造評点の計算 ———— 108
7：耐震診断の報告
　　　報告書の概要と注意点 ———— 110
　　　耐震補強案の提示 ———— 112
　　　概算工事費の提示，耐震診断料の受領，業務完了 ———— 114

第3章 耐震補強設計 116

　　　耐震補強設計の流れ ———— 118
1：業務内容の説明 ———— 120
2：補強内容の打合せ ———— 122
3：補強工事の内容 ———— 124
4：目標評点の検討 ———— 126
5：補強計画
　　　補強壁の設置方針 ———— 128
　　　水平構面補強，基礎補強，工事費削減の工夫 ———— 130

6：補強設計図の作成
　　補強前平面図 ———— 132
　　補強後平面図 ———— 134
　　補強軸組図 ———— 136
　　補強軸組図，詳細図 ———— 138
　　柱頭柱脚金物図 ———— 140
7：補強計算
　　診断プログラムの入力 ———— 142
　　各階の床面積を考慮した必要耐力の算出 ———— 144
　　偏心率とは ———— 146
　　偏心率計算の流れ ———— 148
　　偏心率計算例① ———— 150
　　偏心率計算例② ———— 152
8：補強箇所の再確認 ———— 154
9：補強設計業務の完了 ———— 156

第4章 耐震補強工事 158

　　耐震補強工事の流れ ———— 160
1：業務内容の説明 ———— 162
2：見積書の提出 ———— 164
3：工事請負契約 ———— 166
4：工程の打合せ ———— 168
5：補強工事
　　壁の補強 ———— 170
　　基礎の補強 ———— 172
　　水平構面と軸組の補強 ———— 174
　　劣化部分の補修 ———— 176
　　施工の管理と記録 ———— 178
6：工事の変更→業務完了 ———— 180

第5章 優遇策 182

　　補助金申請 ———— 184
　　補助金・優遇制度 ———— 186

第6章 事例 188

1：耐震診断報告書
　　報告書の表紙 ———— 190

報告書の目次 —— 192
　　平面図 —— 194
　　部材調査結果 —— 196
　　調査現況写真① —— 198
　　調査現況写真② —— 200
　　調査現況写真③ —— 202
　　柱の傾斜 —— 204
　　柱傾斜図 —— 206
　　コンクリート強度の推定 —— 208
　　劣化調査シート —— 210
　　考察 —— 212
　　一般診断法による耐震診断結果
　　　　建物概要 —— 214
　　　　壁配置図 —— 216
　　　　低減係数，上部構造評点，総合評価 —— 218
　　補強案，概算工事費① —— 220
　　補強案，概算工事費② —— 222

2：補強設計報告書
　　報告書の表紙 —— 224
　　補強前平面図 —— 226
　　補強後平面図 —— 228
　　補強軸組図① —— 230
　　補強軸組図② —— 232
　　補強軸組図・柱頭柱脚金物図 —— 234
　　一般診断法による耐震補強計算結果
　　　　建物概要 —— 236
　　　　壁配置図 —— 238
　　　　低減係数・上部構造評点，総合評価 —— 240

第7章 付録 242

1981〜2000年建物の耐震診断
　　新耐震基準でも注意が必要 —— 244
　　新耐震基準建物の評点の試算と耐震検証法 —— 246

常時微動測定による補強効果の確認 —— 248

　　あとがき —— 250

第1章：
基礎知識

耐震診断や耐震補強設計・工事を適切に行うためには，地震や建物の耐震化に関する基本的な知識を理解しておく必要がある。

地震によってどのように建物は倒れるのか。どうすれば地震による建物の倒壊を防げるのか。耐震診断とは何か——。耐震診断，補強設計，補強工事では具体的に何をするのか。本章では，実務をするうえで欠かせない基礎知識を拾い出した。

耐震補強を進めるには，施主の理解も欠かせない。そのため本章では，耐震補強工事の費用対効果に関する筆者の研究成果や，耐震補強した2階建木造住宅の実大振動台実験の結果も併せて紹介する。

施主に対して耐震補強のメリットを的確に説明し，耐震補強を実現に結び付けていきたい。

1 基礎知識 地震と木造建物

地震による建物の倒壊と法改正の流れ

傾いた柱が支えきれなくなり倒壊

大きな地震に襲われた建物は、どのようにして倒壊に至るのだろうか。震災被害の様子や実大実験の結果をみると、揺さぶられ、建物自身の重量を支えきれなくなったとき、柱が傾いて押しつぶされるように倒壊することがわかる。

建物の重量は、「柱」が支えている。揺れによって建物の変形が大きくなると、傾いた柱が上階の重量を支え切れなくなる（図1）。実際には、1階の柱が2階より上の重量を支えられなくなって倒壊するケースが多い。

つまり、建物の倒壊には三つの要素が大きく関係してくる。「建物の重量」、「変形の大きさ」、「重量を支える耐力（主に柱の本数）」だ。

表1に、三つの要因と倒壊しやすさの関係を示した。

倒壊を招く三つの要因を改善する

言い換えると、①建物重量を軽くする、②変形を小さくする、③支える耐力を大きくする、の三つを改善すれば、建物は倒壊しにくくなる。

耐震補強とはこのように建物倒壊の要因となる状態を改善し、倒壊を招かないようにする工事をいう。

具体的には、①建物重量を軽くするために屋根、壁、床などを軽くする、②変形を小さくするために耐震補強壁の増設を行う、③重量を支える力を大きくするために柱を増設したり、シロアリ被害の柱や梁を改修する――などの工事を組み合わせて行う。

木造建築物の法改正の流れ

建築基準法における木造建物の耐震基準は、

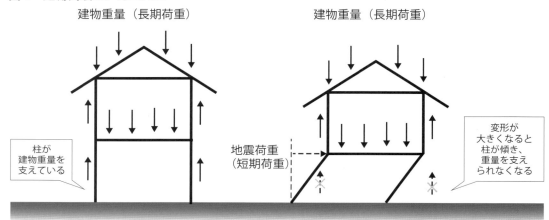

図1　建物倒壊のメカニズム

平常時：長期荷重　　　　地震時：短期荷重＝長期荷重＋地震荷重

表1　倒壊しやすさ

倒れにくい←		→倒れやすい
軽い	建物重量	重い
小さい	変形	大きい
大きい	重量を支える耐力	小さい

1981年5月以前を「旧耐震基準」、1981年6月以降を「新耐震基準」、2000年6月以降は「2000年基準」と一般に呼んでいる。

旧耐震基準と新耐震基準の大きな違いは、必要壁量にある。新耐震基準の必要壁量は旧耐震基準の1.2〜1.4倍あり、その分、高い耐震性能が求められている（1959年12月以前は、さらに必要壁量が少なかった。）

一方、2000年基準で変わった点は、それまでは明記されていなかった内容がいくつか仕様規定として定められたことだ。筋かい金物の設置、耐力壁両端の柱頭柱脚金物の設置、耐力壁の配置バランスを検討するなどがその内容である（**図2**）。

なお、構造計算では水平変位や柱の鉛直支持力を算出するが、これはやや難解だ。計算を簡易化にするため、耐震診断では地震力（必要水平耐力）と存在水平耐力を計算し、その比率で安全性を判断している。

新耐震基準で耐震診断が必要な場合も

現在は、1981年5月以前の建物について耐震診断が必要とされている。旧耐震基準で設計されている建物は、地震に抵抗する耐力が足りていない可能性が高い。そこで、耐震診断を行って地震に対する建物の耐力を確認し、耐力が不足する場合には補強を行って必要な耐力を確保する。

ただし、1981年6月以降の建物でも、シロアリ被害などの劣化や施工不良などによって耐力が不足している可能性は否定できない。新耐震基準の建物も、場合によっては耐震診断が必要となる（246頁参照）。

図2 木造建物の法規の変遷

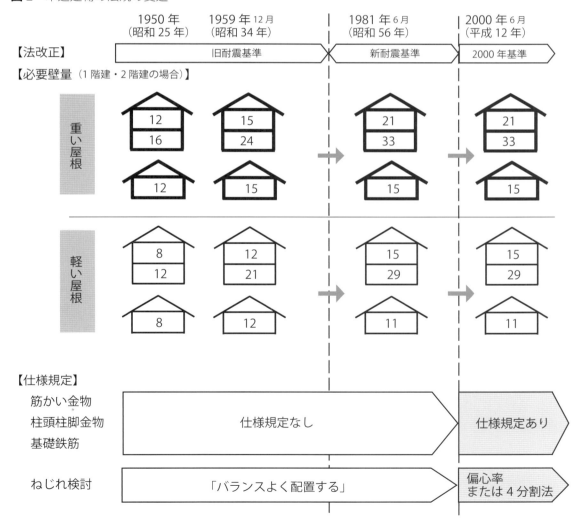

1 基礎知識 耐震診断とは

「上部構造評点」で倒壊の可能性を判定する。加えて、基礎地盤の危険性について判定する。

対象は極稀地震

耐震診断とは、震度6強または7程度の地震、いわゆる「極稀地震」が発生した場合に、既存の建物が倒壊する可能性があるかないかを判定する作業をいう（**図1**）。新築建物の場合は「震度5強程度の稀地震で損傷しない」、「震度6強または7程度の極稀地震で倒壊しない」という2段階の耐震性能が求められるのに対し、耐震診断は後者のみを対象としている点が特徴になる。

耐震性能の判定は、建物の上部構造評点の計算によって行い、併せて基礎、地盤の危険性も判定する。

上部構造評点＝保有する耐力÷必要耐力

上部構造評点とは、「建物の保有する耐力 $_{ed}Q_u$」を、地震の際に建物に加わる力「必要耐力 Q_r」で除した値である。

上部構造評点が1.0以上になれば、「一応倒壊しない」という判定になる（**図2**）。なお、上部構造評点は、各階、各方向で1番低い値（弱い方向）を建物全体の評点として用いる。

$$上部構造評点 = \frac{_{ed}Q_u}{Q_r}$$

$_{ed}Q_u$：保有する耐力，Q_r：必要耐力

建物被害の可能性を示す

上部構造評点は、「0.7未満」、「0.7以上1.0未満」、「1.0以上1.5未満」、「1.5以上」の4段階に区分され、極稀地震が起きた場合に建物がどのような状態になるかを知ることができる（**図3**）。例えば、上部構造評点が0.7の場合の判定は「倒壊する可能性がある」となる。具体的な建物被害の度合いは、図3に示すイメージとなる。

図1 耐震診断とは

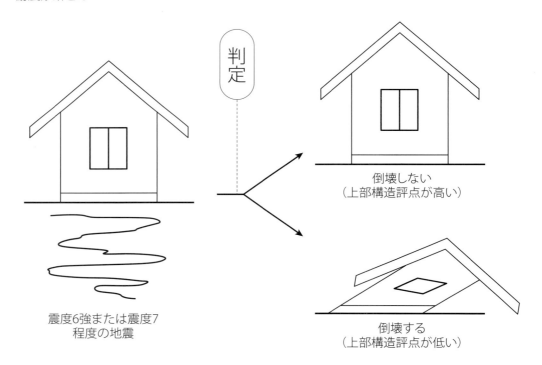

図2 上部構造評点とは

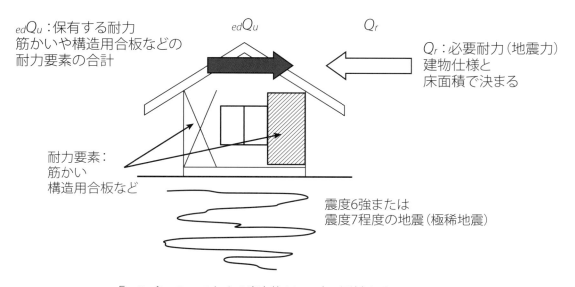

$_{ed}Q_u$：保有する耐力
筋かいや構造用合板などの
耐力要素の合計

Q_r：必要耐力（地震力）
建物仕様と
床面積で決まる

耐力要素：
筋かい
構造用合板など

震度6強または
震度7程度の地震（極稀地震）

「$_{ed}Q_u \geqq Q_r$」であれば建物は一応，倒壊しない

図3 上部構造評点の区分と建物被害の状況

0.7未満	0.7以上 1.0未満	1.0以上 1.5未満	1.5以上
倒壊する可能性が高い	倒壊する可能性がある	一応倒壊しない	倒壊しない

倒壊してしまう可能性が高い	倒壊する可能性があり，倒壊しなくても建物の被害は大きい	一応倒壊しないが，補修可能な被害は受けることもある	倒壊はしない。被害も軽微であることが多い

1 基礎知識 耐震診断の種類

広く使用されているのは「一般診断法」

専門家向けの一般診断法と精密診断法

木造住宅の耐震診断の具体的な方法は、「木造住宅の耐震診断と補強方法」（一般財団法人日本建築防災協会、国土交通大臣指定耐震改修支援センター）で定められている。耐震改修促進法（建築物の耐震改修の促進に関する法律）によって、公的に認められている診断法である。2004年に現行の方法が整備され、2012年に改定された。

木造住宅の耐震診断法は、4種類ある。

通常、利用されているのは、①一般の人が行う「誰でもできるわが家の耐震診断」、②主に現況建物の耐震診断のため、建築士および建築関係者が行う「一般診断法」、③主に補強後の耐震診断に適した診断法として、専門的な知識を有する建築士が行う「精密診断法1」で、いずれも在来軸組構法、伝統的構法、枠組壁工法を対象としている。もう一つ、④高度な知識が必要な「精密診断法2」もあるが、一般的な木造住宅では用いられない。

表1に、それぞれの診断法の概要を示した。本書では、一般診断法を主に解説する。

一般診断法は非破壊調査

耐震診断では現況建物を調査し、その調査結果をもとに耐震診断の計算を行っていく。具体的な調査項目は、①屋根など、②部材寸法、③耐力要素、④基礎、⑤劣化調査、⑥地盤——となる（図1）。

なお、一般診断法の場合、基本的には非破壊調査を前提としている。外観の調査は外からの目視で行い、内部については天井裏や床下を覗いて調査を行う。

表1　耐震診断の概要

	誰でもできるわが家の耐震診断	一般診断法	精密診断法1	精密診断法2
診断者	一般人	建築士および建築関係者	建築士	建築士
対象建物	住宅	住宅	住宅	住宅 非住宅
費用	無料	約5〜20万円（一般的には10万円程度）	約10〜30万円（一般的には15万円程度）	高額 建物の規模による
診断・補強設計期間	約30分	短期間 1週間〜1か月	中期間 1か月〜2か月	長期間 3か月〜12か月

図1 建物調査の概要

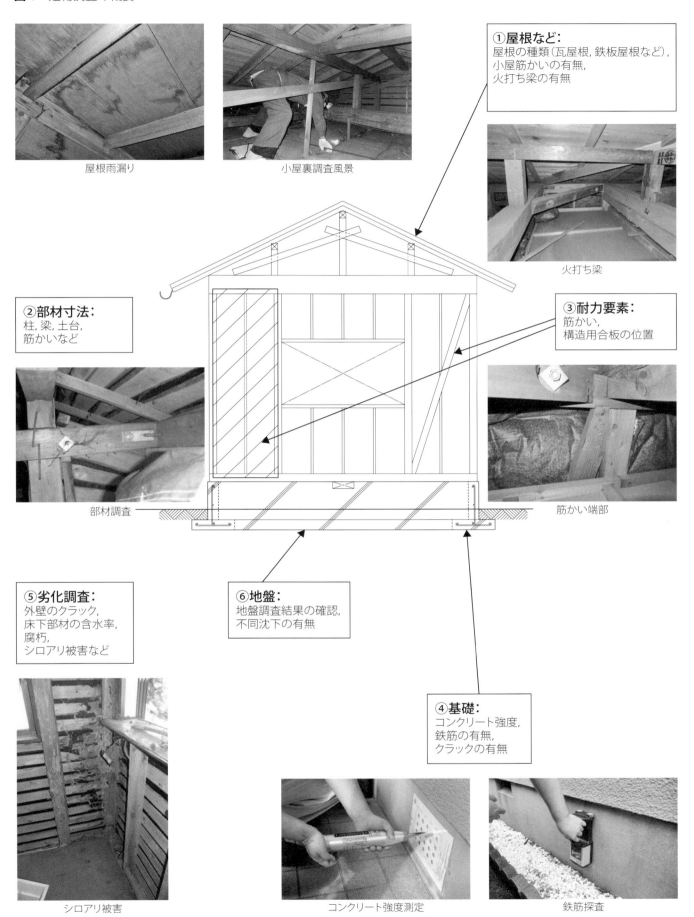

1 基礎知識

耐震補強設計とは

補強の内容と効果を事前に設定・確認する

目標は上部構造評点 1.0 以上

耐震診断を行った結果，上部構造評点が 1.0 未満であった建物については，評点が 1.0 以上となるように補強工事を実施する必要がある（**図1**）。ただし，むやみに補強すればよいというわけではない。耐震診断の結果を踏まえて，弱点となる箇所を補修・補強し，適切に耐震性能を高めていく作業が大切になる。

そのために，工事着手前に行うのが「耐震補強設計」だ。

補強設計では，実施する工事内容を記載した補強設計図を作成する。さらに，その工事を行った後の評点を計算（補強計算）し，目標とした上部構造評点を確保できることを確認する。

なお，評点が 1.0 以上の既存建物であっても，補強工事を行って評点を上昇させ，地震に対する強度をさらに高める場合もある。

補強設計図は補強平面図，補強軸組図など

補強設計図には，定められた様式があるわけではない。本書では，これまで多数の経験を踏まえて，私たちの事務所が確信を得た補強設計図の作成法を紹介する。

補強設計図は，現況を示した「補強前平面図」と補強位置や全体の補強内容を表す「補強後平面図」，補強の詳細を表す「補強軸組図」からなる。**図2** と **図3** に，補強後平面図と補強軸組図の例を示す。このほか必要に応じて，N 値計算，基礎補強図などの資料を作成する。

補強計算で目標を確認

補強計算は，補強設計図に基づいて補強工事を実施した場合の上部構造評点を改めて計算するものだ。耐震補強で目標とする評点は，「すべての階，方向で 1.0 以上」である。

図1 耐震補強設計とは

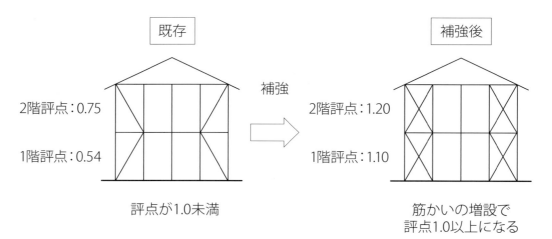

図2 補強後平面図の例

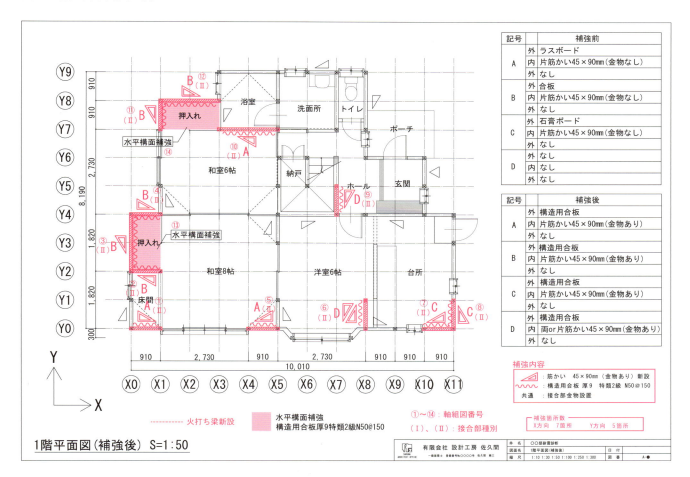

図3 補強軸組図の例

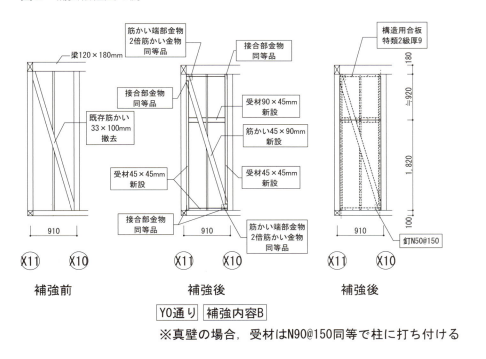

1 基礎知識 耐震補強工事とは

耐力要素の増設、劣化箇所の修繕などを行う

耐震補強工事では，耐震補強設計に基づいて，耐力要素の増設や劣化箇所の修繕などの工事を行う。具体的な内容は，大きく分けると以下のようになる。

壁，水平構面，基礎の補強など

①耐力要素の増設（写真1）

既存建物には，「筋かいが入っていない」，「筋かいの寸法が小さい」，「全体のバランスが取れていない」という事例が少なくない。筋かいや構造用合板を設置して，耐力要素を増設し，かつ全体のバランスをよくする。

②接合金物の増設（写真2・3）

木造軸組工法では，筋かいの端部や柱頭柱脚などの接合部が構造上重要である。しかし，古い建物では適切な金物を設置していない場合も多い。筋かいや柱頭柱脚などの接合部には，適切な金物を取り付ける。

③水平構面，小屋裏の補強（写真4）

小屋裏や水平構面を補強する。小屋裏の補強には雲筋かいや金物の設置，水平構面の補強には火打ち梁や構造用合板の設置などがある。

④劣化部分の補修（写真5）

雨漏りや腐朽，蟻害などによって，劣化した木材を補修する。劣化した部分を撤去して，新しい材で補強する。

⑤基礎の補強（写真6）

玉石基礎および無筋コンクリート基礎の場合には，抱き合わせ補強や新設によって基礎を補強する。

写真1 筋かい，構造用合板などの耐力要素の増設

既存

補強
（筋かいの設置）

補強
（構造用合板の設置）

写真2 筋かい金物，引き寄せ金物の設置

柱頭金物設置

羽子板ボルト設置

写真3 筋かい，柱頭柱脚の接合金物設置

筋かい金物，柱脚金物の設置

柱頭金物の設置

写真4 小屋裏，火打ち梁の設置

小屋裏雲筋かいの設置

火打ち梁の設置

写真5 劣化部材の交換

土台撤去

土台新設

写真6 基礎抱き合わせ補強

配筋

コンクリート打設

1 基礎知識 耐震補強のメリット

耐震補強は費用対効果が高い

耐震補強工事を行うことによるメリット

近年の喫緊の課題とされてきた耐震補強だが、なかなか実現に至らないという現場の声を聞く。そもそも補強工事を行うと、どのようなメリットがあるのだろうか。大きく次の三つが考えられる（**図1**）。

①人命が助かる

建物を地震による倒壊から防ぎ、中にいる人の命を救う。これは最大の目的となる。

②改修費用を低減できる

地震時に建物が損傷を受けたとしても、その後の改修費用が少なくて済む。補強工事に費やしたコスト以上の効果を見込める。

③地震後に自宅での生活を継続できる

建物が倒壊してしまうと、避難所で生活を送らなければならない。プライバシーなどがない環境での生活が続くとストレスがたまり、体調を崩し、最悪死に至る事例は過去の震災でも多く発生した。耐震補強をしておけば自宅でそのまま生活できるので、肉体的にも精神的にも過酷な状況に陥ることを防げる。

耐震補強工事の費用対効果を試算

これらのメリットのうち、「耐震補強工事の費用対効果」について試算した結果があるので説明しよう。

試算に用いたのは、私たちの事務所が実際に耐震診断、耐震補強設計、補強工事を行った13例だ。同じ建物で補強前と補強後に地震が発生した場合に、建物がどのくらい損傷するかを時刻歴応答解析により算出。被害の度合いに応じて、元どおりに改修するための費用を計算して比較した（**図2**）。

「補強有建物の改修工事費」には、地震前に行った補強工事の金額も含む。「補強無建物の改修工事費」よりも「補強有建物の改修工事費」が少なければ、耐震補強の効果があったと考えられる。

改修によって工事費は約4分の1に

試算の結果は**図3**のとおり。

事前に補強を施した建物の総工事費の平均値は、41,172円/m^{2}になった。一方、補強をしていない建物の改修工事費の平均値は162,141円/m^{2}になる。耐震補強を行った場合はしない場合の約1/4（41,172/162,141≒1/4）となり、費用対効果が生まれることが確認された。

耐震補強の費用が高くて施主が二の足を踏むという話をよく耳にするが、地震被害に遭ったときのことを考えると工事費は決して高くない。適切な耐震補強を実現していくためにも、ぜひこのデータを活用してほしい。

なお、この試算では最大速度50kine程度の地震動が起こったことを前提としている。地震の生起に関する確実性や、耐震補強後の住宅の寿命などについては考慮に入れていない。今後、さらなる資料の充実を目指したい。

図1 耐震補強のメリット

図2 耐震補強の費用対効果

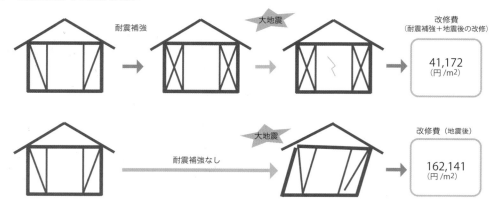

図3 耐震補強の費用対効果の試算

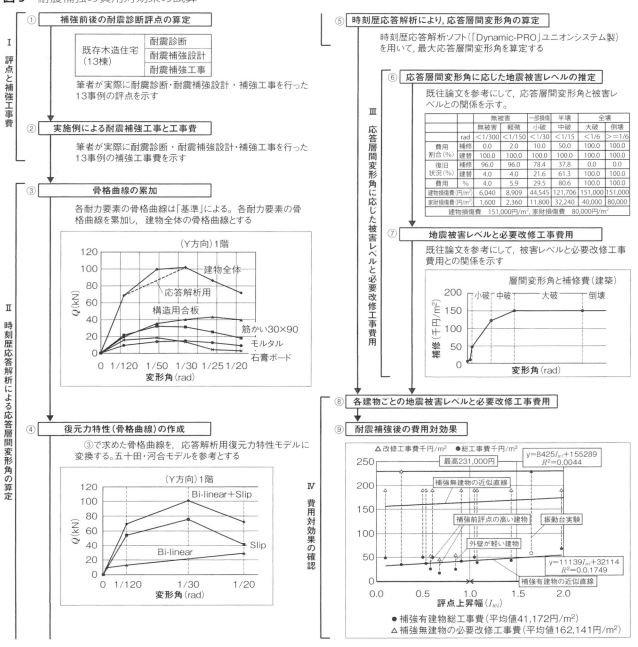

1 基礎知識

地震の種類と耐震補強

極稀地震でも補強の効果を実証

プレート境界型と直下型

地震は，プレートとプレートの境界の比較的深い位置でずれることにより発生する「プレート境界型地震」と，プレートの中の比較的浅い位置で発生する「直下型地震」に分けられる（**図1**）。それぞれの周期年数，マグニチュード，震源の深さ，事例を**表1**に示す。

表内の周期年数とは，地震が何年に1回くらいの頻度で発生しているかを表す指標だ。

マグニチュードは，震源でのエネルギーの大きさを表す。マグニチュードが大きいほど，大地震になる可能性が高い。

震源の深さは，震源と地表面との距離を表す。同じマグニチュードの地震であれば，震源の深さが浅いと地表面の揺れが大きくなり，震源の深さが深ければ地表面の揺れは小さくなる。

耐震診断の対象地震は震度6強以上

日本の気象庁が定めている震度階（震度）は，地表面での揺れの大きさを表す。「震度0」，「震度1」，「震度2」，「震度3」，「震度4」，「震度5弱」，「震度5強」，「震度6弱」，「震度6強」，「震度7」の10階級に分かれ，大きくなるほど地表面の揺れは大きい（**表2**）。極稀地震は，震度6強または7程度を指す。

なお，震度7には上限がない。そのため耐震診断法では，対象とする地震を「震度6強または7程度」と表現している。震度7程度とは，あくまでも震度6強に近い揺れということである。

2005年振動台実験で効果を実証

2005年，兵庫県三木市に設置されている実大三次元震動破壊実験施設「Eディフェンス」（**写真1**）で，耐震補強した木造住宅の効果を検証する振動台実験が行われた。実際に建っていた同じ間取りの建物を2棟移築して，揺れを与えた場合の挙動を比較。1棟は既存のまま，もう1棟は上部構造評点が1.5となるように補強を行ったうえで，兵庫県南部地震で記録したJR鷹取波100%の地震動を同時に与えた。

実験の結果，耐震補強をしなかった建物は倒壊した。一方，耐震補強を行った建物は倒壊せず，損傷は中破程度となった。この振動台実験によって，耐震補強の効果は実証された。

表1 プレート境界型地震と直下型地震

	周期年数	マグニチュード	震源の深さ	事例
プレート境界線	100年〜数千年	大きい	深い 40 km〜100 km	1978年宮城県沖地震 2011年東北地方太平洋沖地震
直下型	10〜100年	小さい	浅い 10 km〜20 km	1995年兵庫県南部地震 2016年熊本地震

表2 震度階

小さい←									→大きい	
0	1	2	3	4	5弱	5強	6弱	6強	7

6強：
2000年鳥取県西部地震（鳥取県西部）／
2003年宮城県北部地震（宮城県中部）／
2007年能登半島地震（能登半島沖）／
2007年新潟県中越沖地震（上中越沖）／
2008年岩手・宮城内陸地震（岩手県内陸南部）など

7：
1995年兵庫県南部地震（大阪湾）／
2004年新潟県中越地震（中越地方）／
2011年東北地方太平洋沖地震（三陸沖）／
2016年熊本地震（熊本地方）など

図1 地震発生のメカニズム（気象庁「地震発生の仕組み」より引用）

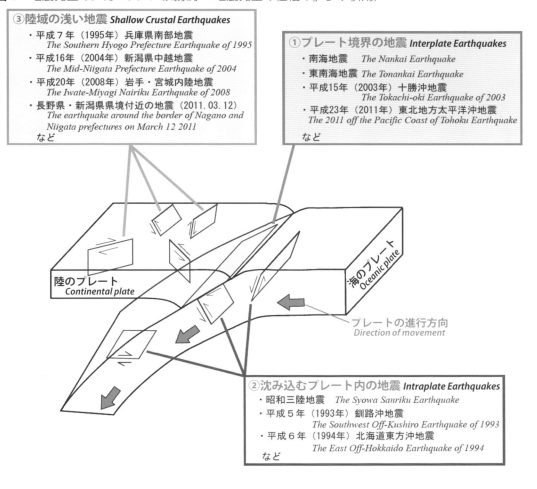

写真1 2005年振動台実験（右：耐震補強あり，左：耐震補強なし）

第2章：
耐震診断

耐震診断の現況調査と，一般診断法に基づく耐震診断計算法および報告書の作成方法について解説する。

耐震診断の精度を高めるために必要なのが，現況調査による的確な情報収集だ。本章では，耐力要素の適切な拾い方や，判断に迷いやすい劣化度の判定法など，現況調査の実務に即した留意点を整理した。

現況調査は，補強設計や補強工事を見据えて行うことが大切だ。ここでは，コンクリート強度調査や，より詳細な劣化調査など，一般診断法の入力内容を超えた調査内容も紹介する。

報告書については，現況調査と耐震診断計算の結果をわかりやすく伝える工夫も盛り込んだ。耐震性が低いと判定した場合，筆者の事務所では，耐震補強案と工事費概算を添付している。施主の不安を解消する工夫例として参考にしてほしい。

2 耐震診断

耐震診断の流れ

打合せ→準備→現況調査→報告・補強案の提案

Start! 〜約1週間

相談
- 施主からの相談
- 耐震診断の依頼

事前打合せ

耐震診断に関する説明 →14〜27
- 建物の崩壊
- 耐震診断の必要性
- 耐震診断が必要な建物
- 耐震補強の効果とメリット

耐震診断業務の説明 →32
- 調査時間, 業務期間
- 耐震診断の内容と成果物
- 耐震補強設計の内容と成果物
- 耐震補強工事の内容
- 見積書

ヒアリング →34
- 施主の基本情報（名前, 住所, 電話番号）
- 建物の確認日付
- 建物概要（階数, 床面積, 構造）
- 建築図面, 増改築履歴
- 雨漏りの有無
- シロアリ駆除の履歴, シロアリ被害
- 地盤調査の有無
- 住んでいて気になること

用意していただく資料 →36
- 確認通知書
- 検査済証
- 建築図面, 構造図面
- 壁量計算書
- （・役所の無料簡易耐震診断書類）
- 施工写真

業務契約

契約書の作成 →40
- 耐震診断業務契約書
- 重要事項説明書

事前準備

図面の準備 →42
- 平面図
- （立面図コピー）
- （矩計図コピー）
- （基礎伏図コピー）
- （梁伏図コピー）

各種確認 →44
- 調査箇所（点検口の位置）
- 建物の所在地
- 駐車場の有無

施主への連絡 →44
- 調査日時
- 作業者の人数

道具等の準備 →44, 46
- 調査道具の用意
- 大工の手配

補助金申請の流れ（例）

役所による簡易診断 → 耐震診断補助金申請 → 補助金交付決定通知

表内の「→●●」は「●●ページ参照」を意味する

現況調査（半日）

- チェックリスト →53

内外観調査
- 間取り調査 →54
- 柱と床の傾斜測定 →56
- 劣化調査 →58
- 写真撮影 →60
- コンクリート強度調査 →62
- 鉄筋探査 →64

内部部材調査
- 天井裏部材調査 →66
- 小屋裏部材調査 →68
- 床下部材調査 →70
- 筋かい調査 →72

シロアリ被害 →74

概要速報

調査の報告 →76
- 図面と現況の比較
- 筋かい
- 柱の傾斜
- 部材
- 基礎, コンクリート強度
- 建物劣化（シロアリ, 腐朽）
- 地盤, 地形

追加ヒアリング →76

診断報告書の作成（～2, 3週間）

調査結果
- 平面図（筋かい） →80
- 部材調査結果 →82
- 現場写真（内外観, 内部ほか） →84
- 柱の傾斜 →90
- コンクリート強度 →92
- 劣化調査 →92
- 考察 →94

耐震診断計算
- 計算の流れ →95
- 建物概要チェックリスト →96
- 建物仕様の決め方 →98
- 床面積の取り方と建物荷重 →100
- 壁の入力 →102
- 入力用平面図の作成 →104
- 配置低減, 劣化低減 →106
- 上部構造評点の計算 →108
- 総合評価 →108

耐震診断の報告（～事前打合せから約1か月）

報告書の説明 →110
- 図面
- 部材調査
- 現況調査写真
- 柱の傾斜
- コンクリート強度の推定
- 建物劣化調査シート
- 考察
- 一般診断法による耐震診断結果

補強案の提案

上部構造評点が1.0未満の場合

耐震補強案
- 補強案 →112
- 概算工事費 →114
- 耐震補強設計業務の説明 →115

→ 耐震補強設計へ

上部構造評点が1.0以上の場合

→ 業務終了

内容変更届け → 耐震診断業務完了報告 → 補助金交付額決定通知 → 補助金請求書提出 → 補助金入金 → 補助金申請完了 → 耐震補強設計の補助金申請へ

2 耐震診断

① 事前打合せ

耐震診断業務の説明

耐震診断の業務は，施主から依頼を受けてスタートする。通常はまず事務所に相談の電話が入るので，その時点で耐震診断の業務について概要を説明する。その後，直接相談者と会って行う事前打合せで，さらに詳しい説明とヒアリングを行う。

電話でもポイントを伝える

施主は自分の家に対して不安を抱き，具体的にどうすればよいのかわからなくて困っている。最初の電話相談ではまず次の点を説明し，少しでも不安を取り除くようにしておきたい。

①耐震診断業務の簡単な説明

耐震診断では何をするかというポイントと，耐震性が低かった場合には耐震補強設計，耐震補強工事へと進む流れを説明する。

②建築年代の確認

耐震診断する木造家屋が「1981年5月以前の旧耐震基準」，「1981年6月以降の新耐震基準」のどちらで建設されたのかを確認する。

③費用

耐震診断と耐震補強の費用は，施主が最も知りたいことの一つだ。事前に準備をしてもらうためにも，早めに概要を伝えておきたい。基本的に，一般診断法による耐震診断は10万円以上，耐震補強設計は15万円以上かかる。耐震補強工事は建物の状態と補強内容によって異なるが，私たちのこれまでの経験では工事費用は150万円から300万円程度のことが多い。

④補助金制度

多くの自治体では，耐震診断に対する補助金制度を設けている。建設予定地である自治体の補助金制度の有無や，補助金を受けるまでの流れなどの概要を説明する。補助金申請前に業務を行うと，補助金の申請が受理されない場合があるので，注意が必要である。

⑤確認申請資料等の確認

事前打合せの際に，必要な確認申請資料や図面等の資料を持参いただくようにお願いする。内容については，36頁に示す資料を参照してほしい。

⑥疑問点への回答

施主が抱いている疑問点や不安の内容を聞き，それに対して，丁寧にわかりやすく回答する。重要なポイントは，何度でも繰り返し説明することが大切だ。

電話相談の後，耐震診断の実施に向けた具体的な事前打合せを行う。

事前打合せでは，「建物はどのように倒壊するか」，「なぜ耐震診断が必要なのか」，「耐震診断を行うべき住宅とは」，「耐震補強をすると地震の際にどうなるか」，「耐震補強工事のメリットと費用対効果」について説明したうえで（詳細は「基礎知識」を参照），具体的な業務の内容を説明する。

耐震診断のための現況調査時間

延床面積100 m^2程度の一般的な住宅の場合，調査スタッフ4人で3時間程度かかる。スタッフの人数，面積の大きさにより時間は増減する。調査の時間帯は施主の希望を第一とし，負担のかからない時間帯とする。午前9時から正午までの3時間が，比較的負担の少ない時間帯である。

耐震診断の業務期間

耐震診断の作業自体は約2週間程度であるが，業務期間は余裕をもって約1か月を見込んでおくとよい（**図1**）。補助金を申請すると，期間が長くなることもある。

耐震診断の内容と成果物

耐震診断の調査内容を施主に説明する。間取り，筋かい位置，部材寸法，柱の傾斜，劣化などの調査内容をひとつずつ説明する。成果物の報告書を例として見せながら説明すると，施主は理解しやすい。

施主に提出する成果物は，調査内容をまとめた耐震診断調査結果と一般診断法による耐震診断結果を「耐震診断報告書」にまとめたものとなる。上部構造評点が1.0を下まわった場合には，どのくらい補強すれば評点が1.0以上となるかを簡略的に計算した耐震補強案と，耐震補強工事を行った際にかかる概算工事費を一緒に提出するのが望ましい。

耐震補強設計の内容と成果物

耐震補強設計の内容を施主に説明する。ここでも，成果物の報告書を例示しながら説明すると，施主は理解しやすい。耐震補強設計での成果物は，補強計算と補強設計図をまとめるとそ

のまま「補強設計報告書」となる。

耐震補強工事の内容

耐震補強工事の内容を施主に説明する。工事写真を見せて，どのような流れで工事を行っていくのかを説明すると，施主は理解しやすい。工期の目安や，耐震補強工事では一般的な「居ながら工事」についての注意点も説明する。

見積書の提出

耐震診断の見積書を提出する。耐震診断業務では，施主と直接会う機会が限られているので，事前打合せの際に渡せるように準備しておく。ただし，打合せで，まったく図面がなかったり，筋かい位置がわからなかったりして，通常より調査時間が必要な可能性があるときには，見積書に反映する必要がある。

ここ が 重 要 ！
- 「耐震診断→補強設計→補強工事」の流れを伝える
- 耐震診断の内容を説明する
- 耐震診断の費用，調査にかかる時間，成果物の説明も忘れずに

図1 耐震診断の業務期間

事前説明	→	契約・調査	→	報告	→	完了
	～1週間		2～3週間			

表1 説明事項チェックリスト

●電話相談時チェックリスト

	項目	参照
	耐震診断業務について	→基礎知識16頁参照
	建築年代の確認	→基礎知識14頁参照
	耐震診断・耐震補強設計・耐震補強工事の費用	→基礎知識18，32頁参照
	補助金制度	→優遇策184頁参照
	確認申請資料や図面等の確認	→32頁参照

●事前打合せ時チェックリスト

	項目	参照／成果物	
	建物はどのように倒壊するか	→基礎知識14頁参照	
	なぜ耐震診断が必要なのか	→基礎知識14頁参照	
	耐震診断を行うべき住宅とは	→基礎知識14頁参照	
	耐震補強工事を実施すると，地震の際に建物はどうなるか	→基礎知識26頁参照	
	耐震補強工事のメリット，その費用対効果	→基礎知識24頁参照	
	耐震診断の調査時間，業務期間		
	耐震診断で行う内容と成果物		●耐震診断報告書
			●耐震補強案
			●概算工事費
	耐震補強設計の内容と成果物		●補強計算
			●補強設計図
			●補強設計報告書
	耐震補強工事の内容		
	見積書の提出		

2 耐震診断 ① 事前打合せ

ヒアリングのポイント

耐震診断のための現況調査は，3時間程度という限られた時間内で行う必要があることから，調査を円滑に進めるためには事前の情報収集が欠かせない。事前打合せの際に，既存建物に関する基礎的な情報や施主が住みながら感じている不安などについて，できるだけ詳しくヒヤリングすることが重要になる。

施主の名前，住所，電話番号

施主の基本情報を確認しておく。

建物の確認日付

確認通知書を見て，確認の年月日を確かめる。申請時期が「1981年5月以前（旧耐震基準）」，「1981年6月～2000年5月（新耐震基準）」，「2000年6月以降（2000年基準）」のどこに該当するのかを把握しておく。

建物階数，床面積，構造

耐震診断を行う既存建物の階数，床面積，構造といった基本事項を確認する。

一般診断法が対象とするのは在来軸組構法，伝統的構法，枠組壁工法のいずれかで，3階建以下の木造建物となる。丸太組構法，旧38条認定および型式適合認定によるプレハブ工法の木造住宅には，一般診断法は適用できない。また木造を含む混構造の場合，適用できるのは立面的な混構造に限られ，平面的な混構造は対象外となる。一般診断法が適用外の建物には，別の方法で耐震診断しなければならないので，その旨を施主に伝える必要がある。

建築図面等の確認

施主に用意していただいた資料（詳しくは次項を参照）を一緒に見ながら，間取りや筋かいの位置などの情報を確認する。

建物増改築履歴

新築以降の増築や改修を，実施した場合はその位置を確認しておく。増改築に伴う柱や壁の撤去の有無，新設などがある場合はその場所を確認する。図面が残っている場合は増築前後で比較して，どのように変わったかを把握する。特に，重要な柱や壁が撤去されていないかを確認する。工事を行った大工や工務店についても，聞き取る。既存住宅の工事を手掛けた大工や工務店に耐震補強工事を頼む場合には，一緒に調査をしてもらうとよい。

雨漏りの有無

これまでに雨漏りをしたことがあるかを聞く。ある場合には場所と時期，改修の有無を確認する。

台風のような横殴りの雨のときにだけ漏る場合や，通常の雨で雨漏りが軽微な場合には雨漏り修善をしていない可能性があるので，調査の際には注意を要する。

シロアリ駆除

ほとんどの木造住宅は，何らかのシロアリ被害を受けているおそれがあることから，シロアリに関する調査は特に重要だ。

これまでにシロアリ駆除を行ったことがあるかを聞く。シロアリ駆除に使用する薬の有効年数は5年程度のため，駆除経験がある場合はその時期が5年以内か，5年を超えるかで分類する。駆除の際に，床下換気扇の設置や除湿剤の散布などの対策を行っている場合にはその内容を確認する。

駆除の有無や時期などによってシロアリの発生しやすさは予測できるので，発生しやすいと考えられる場合は調査の際に注意する。

シロアリ被害

これまでにシロアリが発生して，被害を受けたことがあるかを確認する。ある場合には，発生場所，時期を確認する。近隣でのシロアリ発生の有無も，シロアリの発生しやすさを検討するにはよい診断材料となる。

発生してからもシロアリ駆除を継続的に行っているか，やめてしまっているかも確認する。やめてしまっている場合には，再度シロアリが発生している可能性が高い。調査の際には，注意して蟻道などを探す必要がある。

地盤調査の有無

地盤調査を行っている場合には，その結果を確認して地盤の良否を判別する。軟弱地盤の場合には，耐震診断の際に必要耐力（地震力）を割り増しする必要がある。地盤改良などを行っている場合には，その内容を考慮して地盤の良否を判断する。

住んでいて気になること

施主が住んでいて気になることがあれば、その内容を丁寧に聞く。サッシが閉まりづらい、床が傾いている、車の通行や地盤で揺れやすい、などの点を確認しておくと、建物の不具合を予測する材料になる。調査では、不具合の可能性がある要素に留意する。

ここが重要！
- 限られた時間で正確な調査を行うためには、事前の情報収集が大切になる
- 建物の基礎データのほか、増改築の履歴、雨漏りやシロアリの有無は必ず確認する
- 施主が気になっていることを丁寧に聞く

表1　事前ヒアリングのチェックリスト
※事前に施主からいろいろと確認しておくことで、調査はスムーズに進められる。

名前		
住所		
電話番号		
建築年	（　　）年（　　）月（　　）日（確認番号：　　　）号	
	1981年（昭和56年）5月以前	
	1981年（昭和56年）6月以降〜2000年（平成12年）5月以前	
	2000年（平成12年）6月以降	
階数	（　　　　　　　）階	
床面積	1階：（　　　　　）m²	
	2階：（　　　　　）m²	
	階：（　　　　　）m²	
構造	在来軸組構法　枠組壁工法　伝統的構法　その他（　　）	
建築図面等の確認	確認通知書・検査済証・確認図面・構造図　その他（　　）	
増改築・リフォーム履歴	（　　）年に増改築・リフォーム	内容：
	（　　）年に増改築・リフォーム	内容：
	（　　）年に増改築・リフォーム	内容：
雨漏りの有無	あり	
	場所：（　　　　　）	
	なし	
シロアリ駆除	実施：5年以内　・　5年超	
	実施していない	
シロアリ被害	なし	
	被害あり：場所（　　）時期（　　）	
地盤調査の有無	実施：SS試験・ボーリング試験・その他（　　）	
	実施していない	
住んでいて気になること	サッシが閉まらない	
	床が傾斜している	
	車の通行や地震で揺れやすい	
	その他（　　　　　　　　　）	

2 耐震診断 ① 事前打合せ

施主に用意を依頼する資料①

現況調査を効率的に，かつ診断をより正確に行うためには，できるだけ関連資料を整えておくことが大切になる。施主には，下記の関連資料を用意していただくよう依頼する（**表1**）。できれば確認通知書や建築図面などは，事前打合せまでに用意してもらう。

確認通知書

確認通知書からは，確認番号，確認年月日，住所，建築面積，延床面積などの建物概要を知ることができる。また，確認通知書には建築図面が添付されているため，一通りの情報を得られる（**図1**）。確認通知書などがない場合には，役所（特定行政庁）で建築計画概要書を閲覧もしくはコピーすることで上記の内容の一部を確認できる可能性がある。

検査済証

確認申請の内容どおりに建物が建てられたことを証明する書類。既存不適格を証明する際に必要となる。この書類があれば，その当時の基準に適合していたことが証明される。なお，旧耐震基準の建物の場合は，確認通知書は受けているが，完了検査を受けていない事例が多い。

建築図面

建築図面とは，建物の平面図，立面図，矩計図などを指す。平面図からは間取り，筋かいの位置が読み取れる（38頁図1）。立面図からは外観，外壁の仕様がわかるほか，筋かいの位置が立面図にだけ示されている場合もある（38頁図2）。矩計図では，部材や仕様を細かく確認できる（39頁図3右）。

構造図面

構造図面とは，基礎伏図，梁伏図，土台伏図，小屋伏図，軸組図などを指す。基礎伏図では，基礎形状（布基礎，べた基礎）や鉄筋の有無などが確認できる。そのほか伏図などでは，使用されている部材寸法が把握できる（39頁図3）。

壁量計算

当時の基準で，建物にどれくらいの耐力があるのかを把握できる。図面と比較しながら，筋かいの種類や本数が確認できる（39頁図4）。

役所の無料簡易耐震診断

役所が無料で簡易耐震診断を行っていることがあり，それらの結果からある程度，建物の耐力を推察できる。ただし，役所の耐震診断は図面のみで行われることがほとんどで，多少の聞き取り調査は行うとしても現地調査を行うことは稀である。そのため，確認図面がない場合や筋かいの位置がわからない場合には，簡易診断の結果は参考程度にとどめる。

施工写真

工事中の写真を見ると，筋かいの位置などを推測することができる。しかし，施工写真はほとんどない場合が多い。

資料の入手のしやすさと必要性は，**図2**のような関係になる。

ここが重要！
- 確認・検査の書類，建築図面はできるだけ入手する
- 役所の無料簡易耐震診断の結果を鵜呑みにはしない

表1 できれば用意しているとよい資料

資料	備考
確認通知書	
検査済証	
建築図面	
構造図面	
壁量計算の資料	
役所の簡易耐震診断の結果	
施工写真	

図1 確認通知書（例）

確認通知書（建築物）

確認通知欄	この申請書および添付図書に記載の建築物の計画は，当該建築物の敷地構造及び建設設備に関する法律並びにこれに基づく命令及び条例のきれいに適合することを確認しましたので通知します。			
	確認番号　　第　　　号 確認年月日　昭和　　年　　月　　日			建築主事

1. 建築主住所氏名	住所		
	氏名		
2. 代理者資格 住所氏名 建築士事務所名	（　）級建築士（　　）登録第　　号		
	住所		氏名
	（　）級建築士事務所（　）登録第（　）号　電話		
3. 設計者資格 住所氏名 建築士事務所名	（　）級建築士（　　）登録第　　号		
	住所		氏名
	（　）級建築士事務所（　）登録第（　）号　電話		
4. 工事監理者資格 住所氏名 建築士事務所名	（　）級建築士（　　）登録第　　号		
	住所		氏名
	（　）級建築士事務所（　）登録第（　）号　電話		
5. 工事施工者住所 住所氏名	建設業者登録（　　）第　　号		
	住所		氏名
	電話		

6. 敷地の位置	イ．地名地番			
	ロ．用途地域	1種住専．2種住専．住居．近隣商業．商業．準工．工業．工専	ニ．その他の区域地域，地区，街区	
	ハ．防火地域	防火，準防火，指定なし		

7. 主要用途	専用住宅	8. 工事種別	新築，増築，改築，移転，用途変更，大規模な修繕，大規模な模様替

		申請部分	申請以外の部分	合　計	12. 敷地面積との比	
9. 敷地面積				m²		
10. 建築面積		m²	m²	m²	建ぺい率	容積率
11. 延床面積		m²	m²	m²	％	％
13. 工事着工予定日		昭和　年　月　日	14. 工事完了予定日	昭和　年　月　日		
15. その他必要な事項						

16. 申請建築物概要	イ．用　途			ニ．屋　根	
	ロ．工事種別			ホ．外　壁	
	ハ．構　造			ヘ．軒　裏	
	階　別	1階	2階	階　　　　階	合計
	ト．床面積　申請部分	m²	m²		m²
	申請以外	m²	m²		m²
	合　計	m²	m²		m²
	チ．柱の寸法	cm	cm	ヲ．最高高さ	m
	リ．横架材間距離	m	m	ワ．最高軒高	m
	ヌ．階の高さ	m	m	カ．居室床高	m
	ル．居室の天井高	m	m	ヨ．便所種類　水洗	
	タ．建築設備				

図2 書類の入手しやすさと必要性

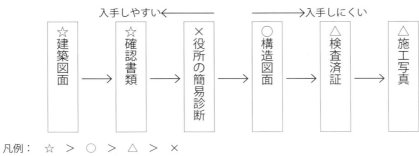

凡例：　☆　＞　○　＞　△　＞　×

必要性が高い←　　→必要性が低い

2 耐震診断
① 事前打合せ

施主に用意を依頼する資料②

図1 平面図の例

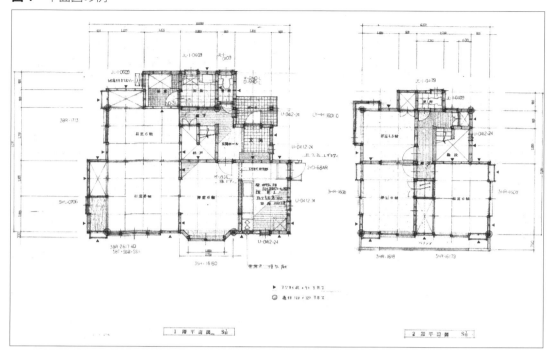

図2 立面図の例

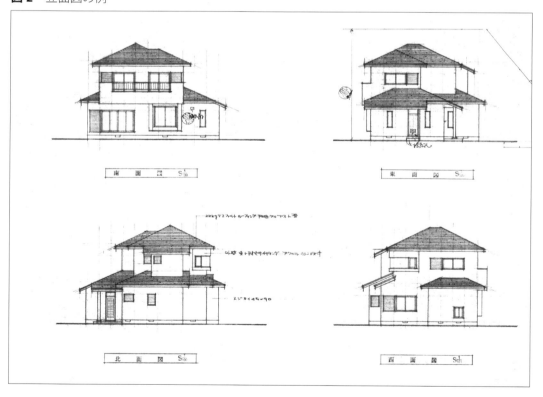

図3 基礎伏図，梁伏図，矩計図の例

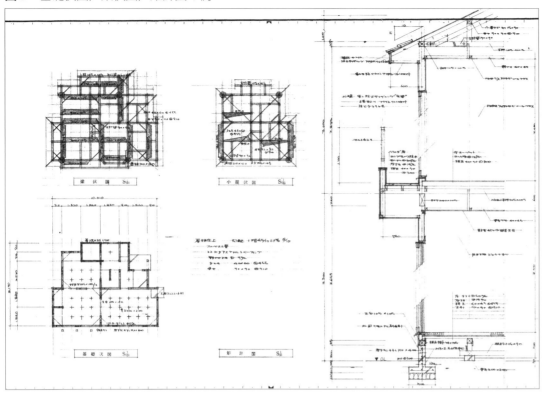

図4 壁量計算の例

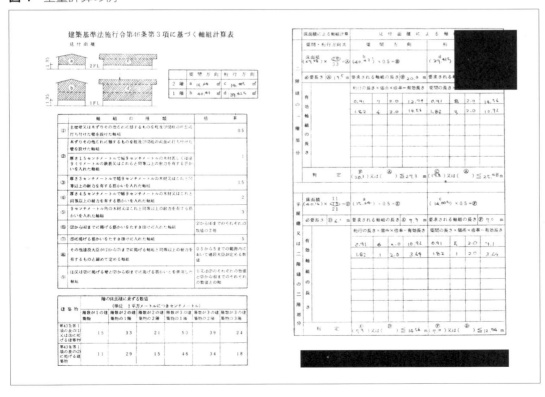

2 耐震診断 ② 業務契約

必ず契約書を作成する

事前打合せによって施主が耐震診断の実施を決めたら、業務契約を結ぶ。実際には現況調査を実務する日に契約書を用意し、調査を開始する前に捺印をもらうという段取りにすると効率的だ。

耐震診断は業務期間が短いため、契約書の締結や重要事項説明がおろそかになりやすいが、新築などの設計時と同様の手続きを行うことが大切だ。施主との基本的な信頼関係を築くとともに、業務内容や費用に関するトラブルの防止にもつながる。

契約書や重要事項説明書は、新築の設計業務のものを転用すればよい。主な注意点を**図1**、**図2**にまとめた。

> **ここが重要！**
> ● 一般的な新築工事と同じように業務契約を結ぶ
> ● 重要事項説明も忘れずに行う

図1 耐震診断業務契約書の例

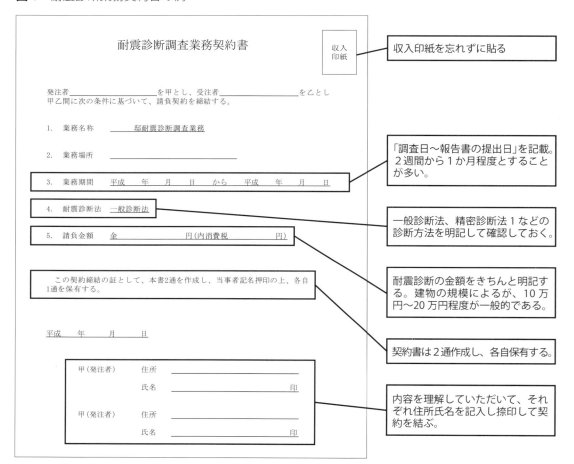

正しい手順を踏み、トラブルを防ぐ

耐震診断は短い期間内に業務を行うために忘れやすいが、新築工事と同様の契約を結ぶことが大切だ。最初は面倒に感じるかもしれないが、正しい手順を踏むことによって業務の内容や期間、費用に関するトラブルを防ぐとともに、施主に対して安心感を提供する役割も果たす。

同時に、新築に比べて規模が小さい業務であるため、作業の効率化を意識することも重要だ。何度も打合せに行く余裕はないので、現況調査の日に契約を結ぶのも工夫の一つになる。

図2 重要事項説明書（引用：「四会推奨重要事項説明書様式03」（一社）日本建築士事務所協会連合会HPより）

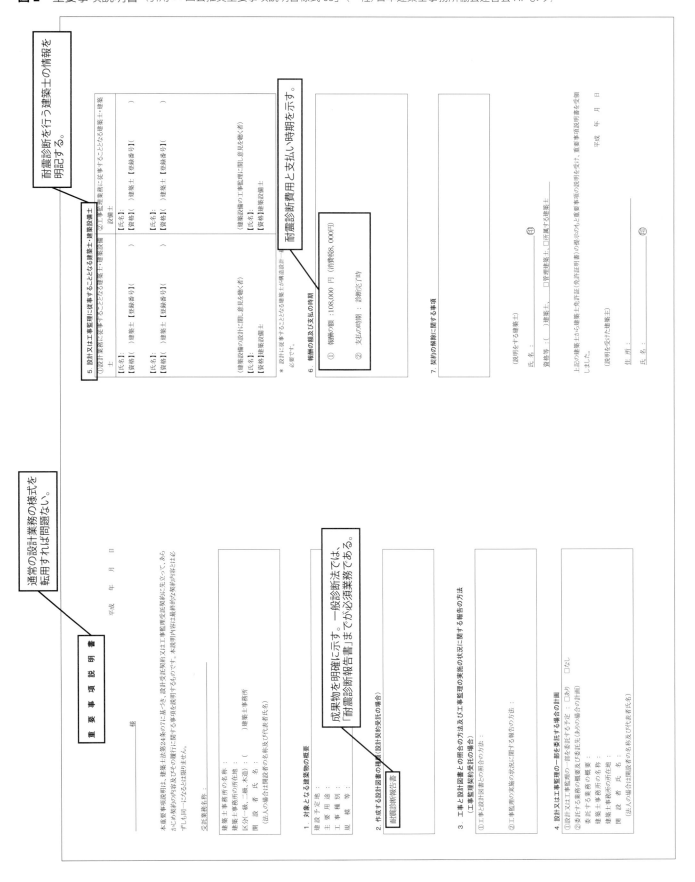

2 耐震診断 ③ 事前準備

図面を作成する

スムーズに現況調査を進めるために

現況調査は，一般に3時間程度で行うことが求められる。現況調査で得た情報は平面図に記録するので，必ず事前に平面図を用意しておく。

調査時には施主から受領した確認図面のコピーを用いてもよいが，報告書にはCADで作成した図面を使用するのであらかじめ作成しておくとよい。もし，確認通知書などがない場合には，調査前に間取りの調査を実施して簡単な平面図を作成しておく（**図1～3**）。

その他，立面図，矩計図，基礎伏図，梁伏図などがある場合はこれらも用意しておく。こちらはコピーで十分だ。

調査用平面図作成のポイント

確認通知書の図面をそのままトレースすればよい。耐震診断で必要なのは，柱，筋かい，壁，窓やドアなどの開口の情報であるから，それらがわかる図面であれば，細かい内容は必要ない。

また，確認図面には通り符号がないものがほとんどなので，通り符号を記入しておく。通り符号は，調査の際に位置を確認するのに役に立つ。

作図をしていて疑問に感じたことは，調査の際の確認項目とする。

用紙サイズや縮尺は，一般的な住宅であれば用紙サイズA3判に縮尺1/50で描くのがちょうどいい。

ここが重要！
- 平面図は必ず事前に用意する
- コピーでもよいが，報告書でも使うのでCADで作成しておくとよい
- 施主が図面類を持っていない場合は，事前に現地で調査する

図1 確認申請の平面図

図2 平面図がないため手書きで書き起こした例

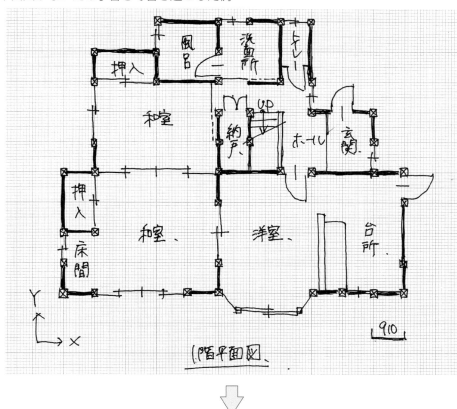

図3 調査用平面図の例

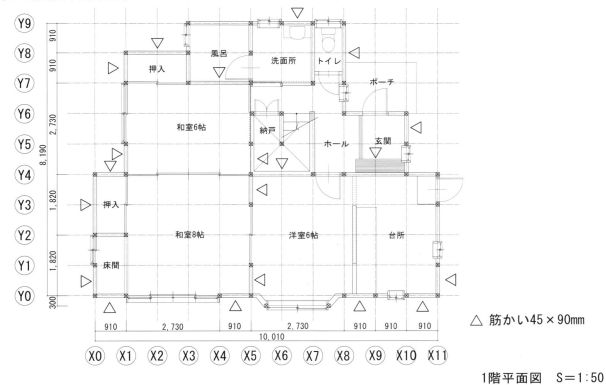

2 耐震診断 ③ 事前準備

点検口の確認も忘れずに

図面以外にも，事前準備しておくことはいくつかある。一般診断法の現況調査は基本的に非破壊で行う。小屋裏や床下などの確認は必須となる。当日，手際よく作業できるようにするための確認と手配も欠かせない。

調査箇所の確認

調査では，小屋裏，1階の天井裏，床下を確認する作業が重要になる。そのため，天井裏や床下に入って覗き込める場所があるかどうかを，事前に確認しておく必要がある。

こうした調査箇所への入り口としては，天井点検口のほか，入れる可能性の高い場所としては床下収納庫，押入れの天袋，ユニットバスおよび居室の天井点検口などがある（**表2，写真1～4**）。

また，床下収納庫などがなく，シロアリ駆除を行っている場合には，駆除の際に和室の荒板をすでに開けている可能性がある（**写真5**）。

入り口がなければ，床や天井を一部開けて作業することになる。床，壁，天井を壊す必要がある場合には，事前に施主の了解を得ておく。

なお，調査箇所となる部屋や押入れには荷物が入っていることが多い。あらかじめ施主に片付けておいてもらうか，調査当日に施主立合いの下で調査者が荷物を片付ける。特に，施主が高齢者の場合は，調査者による片付けは必須だ。

建物の所在地と駐車場の有無

調査に入る前に，建物の所在地を把握しておく。同時に駐車場の有無，駐車可能な台数を確認しておく。駐車場がない場合は，近くのパーキングを探しておく必要がある。

調査日時・人数

当日の調査時間・人数を施主に伝えておく。前述したように「調査人員4人で3時間」が基本的な内容となる。建物の規模や状態に応じて適宜調整する。平面図が不確定，増改築歴あり，延床面積が150 m^{2}を超えている場合などは，調査に時間がかかる可能性が高い。

調査時間帯は施主の希望に合わせるが，午前9時から正午までの3時間程度にすると施主の負担を小さく抑えられる。

道具の準備と大工の手配

調査道具を準備する（詳しくは46頁参照）。

必要に応じて大工などを手配する。例えば，天井や床に穴を開ける必要があるなど，調査者ではできない作業が生じる場合は大工に依頼する。また，補強工事まで考えている場合であれば，工事を依頼する予定の大工に一緒に調査してもらうと，建物を見ながら意見を聞くことができるメリットもある。

ここが重要！
- 小屋裏，天井裏，床下への入り口の有無を確認する
- 調査場所によっては荷物の片付けをどうするか考えておく
- 必要に応じて大工を手配する

写真1 床下収納庫

床下収納庫があれば，そこから床下の調査を行える。床下収納庫がない場合には，ほかの入り口を検討する必要がある

写真2 押入れの天袋

和室の押入れの天袋の天井は，一箇所は板が外れるようになっている。そこから，小屋裏や天井裏を調査することができる

表1 準備事項のチェックリスト

	図面の準備	施主から図面を受領	
		図面なし	→調査用の図面準備
	床下，天井裏，小屋裏に入れる箇所の確認	あり	
		なし	→穴あけ用のノコギリ，釘抜きを用意
			→解体補修するために大工を手配
	所在地の確認		
	駐車場の確認		
	調査日時・人数の連絡		
	調査道具の準備		
	大工などの手配		

表2 調査に入れる可能性のある箇所

調査場所	調査に入れる可能性のある箇所
小屋裏	押入れの天袋，天井点検口
天井裏	押入れの天袋，ユニットバスの点検口，天井点検口
床下	床下収納庫，床下点検口，和室の荒板

写真3 ユニットバスの天井点検口

浴室をユニットバスに改修している場合には，天井点検口が設けられているため，そこから調査できる

写真4 天井点検口

部屋に天井点検口がある場合には，そこから調査が可能。また，天井裏を調査する口がない場合には，新たに天井点検口を設置して調査を行うこともできる

写真5 和室の荒板

和室の畳を上げて，荒板を一時撤去して床下に潜る。根太は切らないように，注意が必要である

写真6 壁の撤去

施主の了解を得れば，壁を一時撤去して，筋かいを確認することも可能である。費用や時間がかかるため，注意が必要である

2 耐震診断 ③ 事前準備

調査道具の準備①

調査前には調査道具を一通りチェックし，使用できる状態になっているか確認しておく。チェックリストを作成しておくと，確認に漏れが生じない。

車に道具を載せる際も，忘れ物がないように注意する。調査場所が事務所から遠く離れている場合には，取りに戻ることができない。基本的に毎回調査に持っていくものを，ひとまとめにしておくと忘れにくくなる。

現況調査で，使用する主な道具は次のとおり。

> **ここが重要！**
> ● 調査道具はひとまとめにしておく
> ● 調査道具は前日までにチェックする
> 　電池などは切れていたら交換する
> ● 当日は忘れ物がないように再確認する
> 　チェックリストなどを作成すると忘れにくい

写真1　ヘルメット＆ヘッドライト

小屋裏や床下は危険なのでヘルメットで頭を守る。ヘッドライトをつけることで，部材が見えやすくなる

写真2　ゴーグル，マスク

小屋裏や床下はほこりなどが多いので，ゴーグルや専用のマスクをして入ることが望ましい

写真3　ビニールシート

室内を汚すおそれのある場合に使用する。何枚か用意しておくと便利である

写真4　脚立

高い場所の調査には脚立を使用する。脚立は2～3種類用意しておき，高さにより選択できるようにするとよい

写真 5　養生シート

ビニールシートだけでは傷がつきそうな場合や，調査の際に道具を置いておく場合のために使用する

写真 6　木板

和室の天袋の板は薄いため，厚さ 9 mm 程度の合板を渡して乗ると，床板を傷めることがない

写真 7　工事看板

同じような箇所がたくさんある場合など，調査内容を記入して写真を撮るときに使用する

写真 8　掃除用具

掃除用具を用意する。調査終了後は必ず調査箇所を掃除して，ごみなどは持ち帰る

写真 9　カメラ

カメラは，内観写真には部屋全体を映しやすいように広角のカメラ，小屋裏などの内部は防水，防塵のカメラを使用するなど使い分ける

写真 10　スコープカメラ

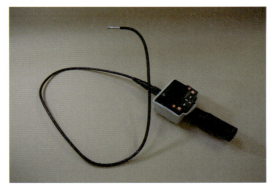

壁の内部をスコープを使用して確認できる

2 耐震診断
③ 事前準備

調査道具の準備②

写真11 投光ライト

小屋裏，天井裏，床下では，投光ライトを使用する。広範囲を明るくするので，視認性が高まる

写真12 手持ちライト

手持ちライトは大小さまざま用意し，必要に応じて大きさを選択する

写真13 ドラム

電源が遠い場合もあり得るので，延長コードは必ず準備しておく

写真14 コンベックス

大小さまざまなコンベックスを用意しておき，状況によって使い分ける

写真15 レーザー距離測定器

レーザーで距離を測定できる機器。天井高さや間取りなど，コンベックスでは測りにくい箇所を簡単に測定できる

写真16 メジャー

建物外周部の寸法や敷地の寸法などを測る際に使用する

写真 17 釘抜き

畳を上げる際や，荒板の釘を抜く際に使用する

写真 18 インパクトドライバー

ビスを使用するときに用いる。復旧時はビスを使用することが多い

写真 19 のこぎり

和室の荒板を開ける際や，天井の石こうボードに穴を開ける際に使用する。木用，ボード用など使い分ける

写真 20 ハンマー

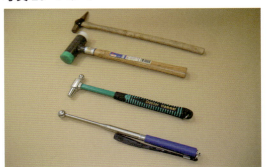

ハンマーや打診棒などを使用して，打診，打音検査を行う

写真 21 道具入れ

道具は一つのカバンにまとめて収納しておくと，調査の際にこれを持っていけば忘れ物をしない

写真 22 工具箱

いろいろな工具の入った工具箱を用意しておくと役に立つ

2 耐震診断

③ 事前準備

調査道具の準備③

写真 23 筋かい探査機

筋かいを壁の上から調査することができる機器

写真 24 壁裏探知機

壁裏の金属，木材，配管などを探知するときに使用する。洋室の柱や間柱を確認するときに便利である

写真 25 下げ振り

柱の傾斜測定に使用する

写真 26 デジタル水平器

傾斜測定に使用する。デジタル式のため，数値が読み取りやすい

写真 27 レーザー水平器

レーザーで壁や床に直接水平垂直の線を描き，傾斜を調べる。目で見て確認できるためわかりやすい

写真 28 サーモグラフィ

赤外線を用いて，モルタルの浮きや筋かいの位置を確認する。精度はあまりよくない

写真 29 鉄筋探査機

基礎の鉄筋の有無を調べる際に使用する。鉄筋の位置と大まかな深さを調べることができる

写真 30 リバウンドハンマー

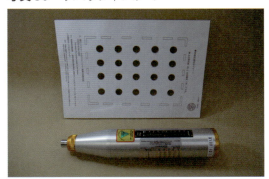

基礎コンクリートの強度を測定するときに用いる

写真 31 クラックスケール

モルタル壁や基礎コンクリートに当てて，クラックの幅を測定する

写真 32 含水率計

木材の含水率を測定する機器。主に床下部材に使用する。シロアリ被害や漏水の可能性も確認できる

写真 33 鏡付き伸縮棒

小屋裏や天井裏で，部材の裏側などを確認するときに使用する

写真 34 伸縮棒

小屋裏や天井裏で，断熱材をよける際に使用する

2 耐震診断 ④ 現況調査

調査の流れ──「4人で3時間」が目安

図1 当日のスケジュール例

時刻	項目	内容	人数			
8:00	出発準備	調査用具などの搭載	4人			
8:30	事務所出発	役割分担などを事前打合せ	4人			
8:50	調査建物に到着					
9:00	挨拶	本日の調査の流れなどを施主に簡単に説明	1人	作業準備	荷物下ろし	3人
9:30	調査開始					
	内外観調査			内部部材調査		
9:45	間取り調査		2人	1階天井裏調査	2箇所（1箇所約20分）	2人
	柱・床の傾斜測定		2人			
10:00				小屋裏調査	2箇所（1箇所約20〜30分）	2人
10:40	外部調査	1人	コンクリート強度測定	1人		
	内観・外観写真撮影	1人	鉄筋探査	1人	床下調査	1箇所約40分	2人
	調査完了					
11:20	施主への説明	調査結果の速報	1人	調査道具片付け		3人
		今後のスケジュール				
12:00	調査建物を出発					4人
12:30	事務所到着	荷物の片付け				4人
		消耗品の補充の要否確認				
13:00	完了					

※調査時間は，建物の面積，調査内容，調査人数などにより変化する。

現況調査当日のスケジュール例を示した。調査にかかる時間は，建物の面積や調査内容，調査人数によって変わる。**図1**の例は，床面積100m²程度の2階建住宅を想定したものだ。

作業は基本的に4人で行い，2人ずつ2チームに分かれて「内外観調査」と「内部部材調査」を並行して作業すると効率的だ。

内外観調査は早めに終了することが多いため，先に手が空いたスタッフは内部部材調査を助けるなどして，円滑に調査を進めるようにするとよい。内部部材調査は，天井裏や床下に入り込むので，体が汚れる。そのため調査は，汚れにくい場所から着手し，順に汚れが付きやすい場所へ移っていくとよい。具体的には，点検口から覗き込んで確認する。1階天井裏を最初に調査し，次いで小屋裏，最後に床下を調べる。

また，調査箇所の周辺が汚れないように，ビニールシートや養生シートを適宜使用する。特に，床に潜った後は，土などによる汚れが激しい。調査箇所から玄関まで養生しておいて，調査終了後に外で着替えたり，調査箇所の入り口付近に敷いたシート上で着替え，作業着はビニール袋にしまって持ち帰ったりするなど，家を汚さないよう細心の注意を払う。

現況調査当日に行う作業内容を，**表1**のチェックリストにまとめたので参照してほしい。

> **ここが重要！**
> ●施主の負担を考え，調査時間は3時間を目処とする
> ●2人ずつ2組，計4人を基本とする
> ●内外観調査と内部部材調査に分かれて作業すると効率よい
> ●内部部材調査は，汚れにくい場所から始め，順に汚れやすい場所へ移る

写真1 外部調査風景

写真2 内部部材調査風景

表1 作業内容チェックリスト

チェック	作業内容
	間取り調査
	柱・床の傾斜測定
	コンクリート強度調査
	鉄筋探査調査
	内観・外観写真撮影
	筋かい位置調査
	部材寸法・仕様調査（1階天井裏・小屋裏・床下）
	内部部材写真撮影
	建物劣化調査

2 耐震診断 ④ 現況調査

間取り調査

まず，内外観調査チームの作業を解説する。

内外観調査チームが行う作業は，「間取り調査」「柱・床の傾斜測定」「外観調査」，基礎の「コンクリート強度調査」と「鉄筋探査」，「内外観の写真撮影」になる。このうち間取り調査と柱・床の傾斜測定は，測定する人と記録する人が2人1組で行うと手早くできる。その他の作業は1人でできるので，手分けして進めると効率的だ。

柱，壁と開口部を確認する

間取り調査の目的の一つは，上部構造評点を計算する際に必要な「壁・柱の耐力」の算定用データの収集にある。

まず「柱，壁」と「開口部」の位置と仕様，寸法を調べ，用意した平面図と違う箇所があれば現況を記載し，後で確認できるように写真を撮影する（**図1**）。

柱の位置は，真壁なら室内から把握できるが，大壁では見えない。その場合，後述する小屋裏・1階天井裏などの調査で確認することになる。ただし，図面上の柱と開口の位置が重なっていないかは確認できるので，図面と現況が異なる場合は記録する。

開口部は，垂れ壁や腰壁の設置状況によっては「窓型」や「掃き出し型」の有開口壁となり（102頁参照），一定の耐力を持つとみなされる。そこで，開口が窓型か掃出し型に相当するかどうかも確認する。

筋かいは欠損にも注意

改修履歴のある家の場合は，工事の内容を施主から聞き取ったうえで，現況の間取りと照合する。特に，開口部，エアコン，ガス管などを新設した場合には，筋かいが欠損している可能性があるため，注意が必要である（**写真1, 2**）。

部屋の用途，天井高，仕上げ（床・壁・天井）の確認

調査の際には，部屋の用途を調べ，天井高，床・壁・天井の仕上げなどを確認しておく。特殊な仕上げの場合には，復旧が困難なため補強工事ができない可能性があるので，補強設計の際に注意する。

浸み跡や亀裂があれば腐朽を疑う

間取り調査に合わせて，劣化度も確認する。天井，内壁や窓下部分における水の浸み跡，仕上げの剝がれ，亀裂，かびの有無を確認し，問題となる劣化があればその部位を記録する。浴室では，タイル壁の場合には目地の亀裂やタイルの割れ，タイル以外の壁の場合には水の浸み跡や変色，亀裂，かび，腐朽や蟻害の有無を調べて記録する（**写真3**）。

ここが重要！
- 柱・壁，開口部の位置を図面と照合し，違いがあれば記録する
- 筋かいは欠損の可能性にも注意する
- 浸み跡，亀裂などがあれば，腐朽，蟻害に注意する

表1　間取り調査チェックシート

チェック	間取り調査内容
	柱位置，壁位置，寸法
	開口部位置，寸法，種類（窓型開口 M，掃き出し型開口 H）
	部屋用途
	天井高さ
	仕上げ（床，壁，天井）
	設備機器位置（エアコンなど）
	劣化度

図1 間取り調査図面例

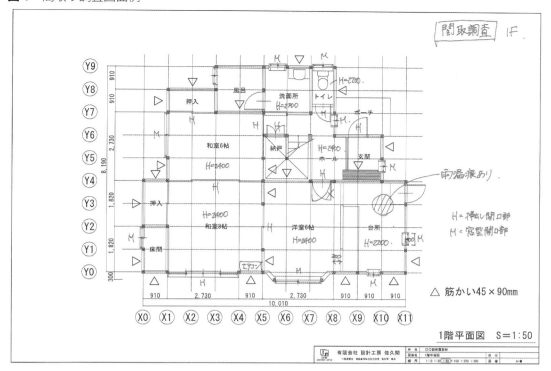

写真1 窓新設による筋かいの欠損

リフォーム工事で開口を新設した際に、筋かいを切っている。開口を新設している場合、周辺の筋かいは切断されている可能性が高い

写真2 エアコン配管による筋かいの欠損

エアコンが設置された壁に、筋かいが入っている場合は、注意が必要である

写真3 タイルの剥がれ

調査の際に、施主からタイルが一枚だけ剥がれたと情報を得た。補強工事の際に開けてみたら、かなり大きなシロアリ被害を発見した

調査の目的は「適切な工事」の実施

現況調査に際して、一般診断法に記載された調査項目だけで済ませてはいないだろうか。

耐震診断の目的は、既存建築物を耐震上、安全な状態にしていく点にある。したがって、「一般診断法の計算をするための調査」にとどまらず、適切な補強工事を行うために「現況をより正確に把握する調査」を実施することが求められている。

なかでも、特に注意してほしいのが劣化の調査だ。木造住宅にとって一番怖いのは、躯体の経年劣化。雨漏りや水漏れ、結露などによる腐朽、シロアリによる蟻害が発生していれば、その部材を取り替える必要がある。

適切な現況調査を行えば、劣化の可能性はほぼ推定できる。それが、実態に即した補強設計を行い、予想以上の追加工事を発生させないことにもつながる。

2 耐震診断 ④ 現況調査

柱と床の傾斜測定

間取りの調査と同時に，柱や床の傾斜を測定する。

一般診断法では，過度な傾斜が存在する場合には，劣化があるとみなすことになっている。柱が傾斜している場合は建物そのものが傾いている可能性が，床が傾斜している場合は不同沈下など地盤に問題が生じている可能性が，それぞれ考えられる。

柱の傾斜が1/300を超える一定方向への傾きは注意

下げ振りを用いて，柱がX，Y方向それぞれに対して，高さ1m当たり何mm傾いているかを調べる（**写真1**）。建物全体の傾斜の傾向を把握するために，各部屋の四隅について計測し，気になる箇所がある場合はその周辺をさらに測定する。特に大きく傾いている箇所は施工誤差の可能性も考えられるので，周辺の複数箇所を測定して状況を確認する。

真壁では柱を直接計測し，大壁では図面上で柱がある部分の仕上げ面上を測る。大壁の場合，数mm程度の傾きは仕上げによる誤差の可能性もある。

傾きは，基本的には高さ1m当たりの水平変位3mm未満であれば問題はない。3mmを超える場合で，一定方向へ建物全体が傾いている場合には，注意が必要である。

傾きが発生している場合には，可能な範囲でその原因を分析しておく。例えば，不同沈下が生じている，柱が損傷しているなどの可能性が考えられる。

床の傾き，レベルの測定

柱に傾きが生じている場合，水平器（**写真3, 4**）などを用いて床面を測定し，建物の傾斜をさらに詳しく把握する。

柱に傾きがあったのに，床が傾斜していない場合は，建物の傾きが原因になっている可能性が高い。柱，床ともに傾斜している場合は，地盤の沈下などによる不同沈下を疑う必要がある。

図1 柱の傾斜測定のポイント（例）

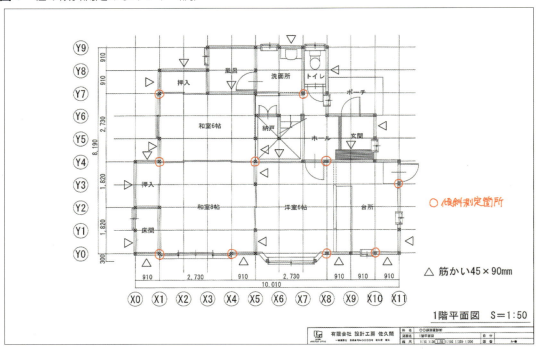

ここが重要！
- 主要な室内の四隅を中心に柱の傾斜を測定する
- 柱の傾斜が1/300を超え，一定方向への建物の傾斜がある場合は注意
- 床が傾斜している場合は，地盤の沈下などによる不同沈下の可能性を疑う

写真1 柱傾斜測定

写真2 柱傾斜測定（寄り）

高さ1m当たり，正負にどのくらい傾いているかを計測する。写真の場合，±0に相当する5の位置に対し，約−2mmを示している。2/1,000＝1/500であり，特に問題ない傾きである

写真3 床傾斜測定

床の傾斜は，写真のようなデジタルの水平器で測定すると簡単である

写真4 床傾斜測定

写真では床の傾きは1m当たり2mm。2/1,000＝1/500であり，特に問題はない

図2 柱傾斜測定概要

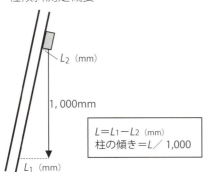

$L = L_1 - L_2$ (mm)
柱の傾き $= L / 1,000$

写真5 床傾斜測定（レーザー）

写真のようなレーザー水平器を用いて，床や柱の傾きを測定することもできる。

2 耐震診断 ④ 現況調査

劣化調査

　2人1組で行う間取り調査と柱・床の傾斜測定が終わった後，調査者は1人ずつに分かれて次の作業に進むと効率的だ。このうち1人は，まず建物の外壁，屋根まわりを調査する。

　調査の目的は，主に二つある。一つは，壁の耐力を算定するために外壁の仕様を確認すること。もう一つは，劣化度の確認だ。

外壁の仕様を確かめる

　外壁は，土塗り壁，モルタル塗り，窯業系サイディングなどに分類される。

　モルタル塗りの外壁に雨戸の戸袋がある場合，その内部にはモルタルを塗っていないことが多い。その箇所をモルタル壁として見込むと，壁量を過大に評価することになるので，戸袋の内部まで見てモルタルの有無を確認する。

劣化状況を目視確認

　劣化度は，建物劣化調査チェックシート（**表1**）に沿って，屋根葺き材，樋，外壁仕上げ，露出した躯体，バルコニーを目視調査し，劣化している箇所があれば○を付ける（室内のチェックは54頁参照）。

①屋根

　屋根の状態は目視で確認する。通常，一般診断法の調査では屋根の上に登る余裕はないので，限定的な調査になることは否めない。特に金属屋根は緩勾配になっているため，地上レベルから直接屋根の状態を見るのは難しい。

　ただし下屋を持つ建物では，2階からその屋根の状態を確認できる場合もある。屋根の状態は下屋も2階もほぼ同じと考えられるので，こうした場合は下屋の屋根で劣化の状況を確認すればよい（**写真1**）。

②軒樋

　雨樋にさびや割れがみられたり，止めるビスがはずれていたりすると，そこから雨が浸入する可能性がある。

③外壁

　仕上げ材が「下見板など」なら水浸みやこけ，割れ，「窯業系サイディング」ならこけや割れ，シール切れ，「モルタル」ならこけや亀裂などの有無を確認する。モルタルの亀裂の場合，0.3mm以上の亀裂かどうかが問題になるので，クラックスケールなどを用いて亀裂の幅をチェックする（**写真2**）。

④露出した躯体

　露出した躯体は，他の部材に比べて劣化しやすい。ポーチの柱は足元が雨で劣化しやすいため，確認が必要である（**写真3**）。

⑤バルコニー・縦樋

　バルコニーや縦樋の場合，特に注意して観察するのは建物との接合部分だ。接合部のシールが切れていると，ここから雨漏りしている危険性が高い（**写真4**）。

⑥内壁

　内壁に浸みや雨漏りの痕がみられる場合には，劣化している可能性がある。

⑦床

　傾斜測定により床に傾斜ありと判断した場合や，過度な振動が見られる場合には，劣化があると判断する（**写真5**）。

　また，床下において基礎のクラックや土台の腐朽，蟻道，蟻害が見られる場合にも，劣化ありと判断する（**写真6**）。

写真1 屋根

屋根の状態を目視で確認し，さびなどの劣化が生じていないかを確認する

写真2 モルタル外壁クラック

写真のクラックは問題ない大きさだが，サッシとの間に隙間が生じているため，そこから水が浸入している可能性がある

表1 一般診断法の建物劣化調査チェックシート

部位		材料，部材等	劣化状況	該当項目 ○
屋根葺材		瓦・スレート	割れ，欠け，ずれ，欠落がある。	
樋		軒・呼び樋	変退色，さび，割れ，ずれ，欠落がある。	
		縦樋	変退色，さび，割れ，ずれ，欠落がある。	
外壁仕上げ		木製板，合板	水浸み痕，こけ，割れ，抜け節，ずれ，腐朽がある。	
		窯業系サイディング	こけ，割れ，ずれ，欠落，シール切れがある。	
		コンクリートブロック	こけ，割れ，ずれ，欠落がある。	
		モルタル	こけ，0.3 mm以上の亀裂，剥落がある。	
露出した躯体			水浸み痕，こけ，腐朽，蟻道，蟻害がある。	
バルコニー	手すり壁	木製板，合板	水浸み痕，こけ，割れ，抜け節，ずれ，腐朽がある	
		窯業系サイディング	こけ，われ，ずれ，欠落，シール切れがある	
		金属サイディング	変退色，さび，さび穴，ずれ，めくれ，目地空き，シール切れがある。	
		外壁との接合部	外壁面との接合部に亀裂，隙間，緩み，シール切れ・剥離がある。	
	床排水		壁面を伝って流れている，または排水の仕組みがない	
内壁	一般室	内壁，窓下	水浸み痕，はがれ，亀裂，カビがある。	
	浴室	タイル壁	目地の亀裂，タイルの割れがある。	
		タイル以外	水浸み痕，変色，亀裂，カビ，腐朽，蟻害がある。	
床	床面	一般室	傾斜，過度の振動，床鳴りがある。	
		廊下	傾斜，過度の振動，床鳴りがある。	
	床下		基礎の亀裂や床下部材に腐朽，蟻道，蟻害がある。	

劣化を認めた箇所に○を付ける。

ここが重要！
- モルタル外壁の戸袋は内部をチェック
- 屋根の劣化は，下屋があればそこで確認するとよい
- モルタル壁の亀裂，バルコニー接合部のシールなどに注意

写真3 露出した躯体

台所でキッチンの乗る部分のみ簡単なつくりで施工されている場合，基礎はなく外部に部材が露出している可能性がある。シロアリなどが入ってきやすい状態となっており，注意が必要な箇所である

写真4 バルコニー・手すり

手すりが取り付いた壁のモルタルにクラックが発生。その箇所から漏水が生じている

写真5 大きな傾斜

写真は床の傾斜測定結果。11/1,000≒1/90の傾きとなっていたため，傾斜があると判断した

写真6 床下の水漏れ

水漏れが発生すると，その周りの部材は常時含水率が高い状態となり危険である

2 耐震診断 ④ 現況調査

内外観調査（写真撮影）

続いて，室内と外部の状態を写真で記録する。写真は，施主への説明という側面のほか，耐震診断の報告書をまとめる際に現況を再確認するためにも役立つ。後で確認できるように，基本的に内外観すべての面を網羅するほか，不安になる部位があれば撮影しておく。常日ごろ規則的に撮影するように心掛けておくと，写し忘れが生じることはない。

外観は四面を撮る

建物全体の状態を把握できるように，東西南北すべての面を撮影する。敷地状況によっては撮りにくい立面や死角の多い部分も出てくるが，できるだけ多くの要素が写り込むように気をつける。

室内は四面と床・天井を撮影

部屋内は，四方の壁に加えて天井と床面も撮影する。家具などによって壁や床がほぼ隠れてしまっている場合でも，撮影記録は残す。さらに，漏水の浸みやタイルの剥がれ，クロスの剥がれ，ボードの凹凸が認められる部分があれば，それぞれ押さえておく。特に恒常的に雨漏りが生じている場合は，シロアリが発生している可能性が高いと推測されるので，その部位を記録しておく。

写真1 内壁①

写真2 内壁②

写真3 内壁③

写真4 内壁④

写真5 天井

写真6 床

内部写真はライトを使用して明るく撮る

　小屋裏，天井裏，床下は，基本的に暗い場所である。フラッシュを用いて明るく撮れる場合はそれでもよいが，遠くまで光が届かないことも多い。投光ライトを点灯すると，広い範囲で明るく照らし出すことができるので，遠い場所まではっきりと撮影できる。

作業写真

　調査中の作業風景の写真がなくても，耐震診断の結果に影響はない。ただし，どのように調査したのかを伝えると，施主の理解が深まるので，撮影しておくとよい。

> **ここが重要！**
> ●後で確認しやすいよう，内外観を網羅するように撮影する
> ●劣化部分など気になる箇所はクローズアップした写真を撮る

写真7 北側外観

写真8 南側外観

写真9 東側外観

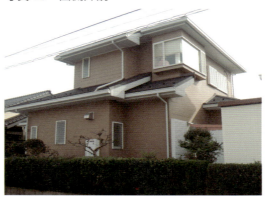

写真10 西側外観

写真11 天井の浸み

写真12 床材の腐朽

2 耐震診断 ④ 現況調査

コンクリート強度調査

内外観調査チームのもう1人は、外に出て基礎を調査する。その一つは、コンクリート強度の調査だ。

一般診断法では、基礎については玉石基礎、石積み基礎、ブロック基礎またはコンクリート基礎の別を確認し、コンクリート基礎であれば鉄筋の有無とひび割れがあるかどうかを確認することが求められる。コンクリート強度の調査は必須項目ではないが、基礎は耐震性能を確保するうえで重要な役割を果たす部位となる。リバウンドハンマーを使えば手軽に調べられるので、強度調査を実施するのが望ましい。

強度は可能なら4箇所で測定

強度調査に用いるリバウンドハンマーは、シュミットハンマーという商品名のほうが認知度は高いだろう。テストする部位にシートを当て、穴の空いた20箇所にハンマーを撃って、それぞれの反発硬度を測定する（**写真1**）。日本材料学会公式準拠の記入表（**表1**）に必要事項を記入して補正し、平均値を算出する。

リバウンドハンマー試験は、可能なら建物全体で東西南北4箇所程度実施したいが、最低でも1箇所は実施する。問題ないとする目安は、18 N/mm²以上とすることが多い。18 N/mm²以下であっても、13.5 N/mm²以上で、基礎にひび割れがなく健全な場合には、問題ないと判断する場合もある。

補正を行う条件

リバウンドハンマーを使用した際に、三つの項目に該当する場合は補正を行う必要がある。一つめは、湿潤補正 R_1 である。測定位置の基礎が湿っていたり、雨で完全に濡れている場合に補正を行う。二つ目は角度補正 R_2 である。測定する際、リバウンドハンマーが水平でなかった場合には角度により補正を行う。三つ目は材齢係数 $α$ である。耐震診断では、**表2**などを参照して0.63を用いることが多い。

リバウンドハンマーができない場合も

リバウンドハンマーはコンクリートの表面を打撃して反発硬度を調べるため、基礎の表面に施したモルタル仕上げが浮いている場所では、数値が小さく出る。試験はこうした場所を避けて別の場所で行うが、もし建物の基礎全体に浮きが生じている場合は、リバウンドハンマー試験は不適当である。

また、より精度の高い方法で調べたい場合には、コンクリートコア採取による試験を行う。

＜推定強度標準式＞
$$F = [-18.0 + 1.27 \times (R_0 + R_1 + R_2)] \times α$$
F：推定強度
R_0：テストハンマーの反発度（20点の平均値）
R_1：湿潤補正…測定位置が湿っており、打撃の後が黒点になる場合は＋3
　　　　　　　　測定位置が濡れている場合は＋5
R_2：角度補正値（水平打撃時の場合、補正しない）
$α$：材齢係数

写真1 リバウンドハンマー試験

リバウンドハンマーを使用して、基礎のコンクリート強度を確認している。機器を水平な状態で基礎に当て測定する。水平に測定できない場合には、基準に準拠して補正を行う

写真2 リバウンドハンマー試験（寄り）

使用すると反発度が目盛りで記されるため、これを記録する

> **ここが重要!**
> ●リバウンドハンマー試験はできれば4箇所行う
> ●コンクリートの圧縮強度の目安は18 N/mm²以上であるか
> ●18 N/mm²以下であっても,
>   13.5 N/mm²以上かつ基礎が健全であれば,問題なしとする場合もある

表1 コンクリート強度の推定結果の記入表(例)

日付 建物	201○年　月　日 ○○邸				
調査個所					
反発硬度					
平均反発硬度					
打撃方向					
補正値					
乾燥状態					
補正値					
材齢					
補正値					
推定強度 F (N/mm²)					
推定強度結果の最大値					N/mm²
推定強度結果の最小値					N/mm²
推定強度結果の最大値と最小値の差					N/mm²
標準偏差 σ					N/mm²
圧縮強度 σ_B					N/mm²

コメント
圧縮強度 σ_B＝　N/mm² である。
劣化などがみられないため,特に問題はない。

図1 材齢と経年係数

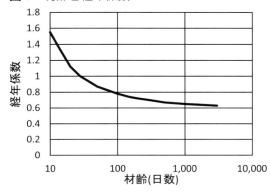

表2 材齢と経年係数

材齢(日)	10	20	28	50	100	150
a_n	1.55	1.12	1.00	0.87	0.78	0.74
材齢(日)	200	300	500	1,000	3,000	
a_n	0.72	0.70	0.67	0.65	0.63	

2 耐震診断 ④ 現況調査

鉄筋探査

基礎がコンクリート造の場合は、ひび割れの有無と、有筋か無筋かを確認する。一般診断法で求められるのはここまでだが、鉄筋探査機を用いれば鉄筋のピッチや深さをある程度検知できるので、合わせて記録しておく。

鉄筋の有無とピッチを計測

鉄筋探査機は、コンクリート基礎の外側を這わせながら動かして、内部の鉄筋の位置や深さなどを調べる機器だ。基本的には、コンクリート内に鉄筋を検知できれば有筋と判断してよい。ただし、縦筋1本だけの場合はアンカーボルトの可能性もあるので、一定の幅を計測して複数の縦筋の存在を確認する（**写真1・2**）。

同時に、鉄筋のピッチも調べる。鉄筋探査機は鉄筋などを検知した際、画面上に表示が出る。そこで探査機を転がしながら表示が出た地点でマーキングしていくと、マーキングしたポイント間の距離が鉄筋のピッチとなる。水平方向、垂直方向それぞれについて調べ、縦筋と横筋のピッチを確認する。木造住宅の基礎の場合、縦筋はD10の鉄筋が200から300 mmピッチで入っているのが一般的だ。横筋は主筋でD10またはD13の鉄筋が上部と下部に入っており、腹筋でD10が中間部に入っている（**写真3〜6**）。

増改築した住宅では前後の部分を確認

鉄筋探査機を使って調べる以外にも、鉄筋の有無を確認できる場合がある。

例えば**写真7**では、床下換気口に不良工事のため露出した鉄筋から、有筋コンクリートであることがわかる。**写真8**では、破壊されている床下の基礎部分に鉄筋が見えないので無筋とわかる。

増改築をしていない住宅であれば、基本的にコンクリート基礎は有筋か無筋かのどちらかに統一されていると判断して問題はないだろう。増改築の履歴がある住宅の場合は、部位によって鉄筋の有無が変わる可能性があるので、新築時に設けたコンクリートと増改築時に設置したコンクリートについてそれぞれ調べる。

ひび割れの確認も

鉄筋の有無を調べると同時に、コンクリートのひび割れの有無も確認しておく（**写真9**）。

一般には、0.3 mm程度以上のひび割れが生じている場合は、構造的なひび割れの可能性を考える。無筋コンクリートで、床下換気口の隅角部のみに0.3 mm程度のひび割れが発生していて、その他は健全な場合は「軽微なひび割れのある無筋コンクリート」とみなす。床下換気口以外で、大きなひび割れが発生している場合には要注意である。

以上で、内外観調査チームの作業は一通り終了する。通常は、作業を開始してからここまで2時間半から3時間弱かかる。所定の調査が完了したら、道具を片付け、時間に余裕があれば内部部材調査チームの作業を手伝う。

写真1 鉄筋探査風景

鉄筋探査機を矢印の方向に動かすことで、鉄筋の有無を確認する。写真では縦筋を確認している

ここが重要！
- 鉄筋探査機で、コンクリート基礎内の鉄筋の有無とピッチを確認する
- 増改築した家では、新築時、増改築時それぞれの基礎を確かめる
- コンクリート基礎のひび割れは幅0.3 mm以上の場合、構造的な原因の可能性がある

写真2　鉄筋探査機

鉄筋が存在する場合には，写真のように黒い棒が画面に確認できる。また，鉄筋のおおよその位置が縦軸で示される

写真3　横筋確認

鉄筋探査によって確認した鉄筋の位置に線を引き，その間隔を測定している

写真4　横筋確認（寄り）

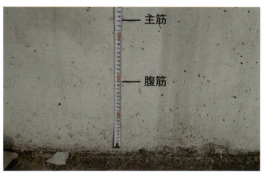

木造住宅の場合，横筋は上下に主筋，中間部に腹筋が配筋されていることが一般的であるため，写真の上部が主筋，下部が腹筋であると推測できる

写真5　縦筋ピッチ確認

鉄筋探査により確認した縦筋のピッチを確認している。木造住宅における縦筋はスターラップであり，おおむね200 mmから300 mm間隔で配筋されていることが多い

写真6　縦筋ピッチ確認（寄り）

写真の場合では，スターラップの間隔は200 mmであることが確認できた

写真7　床下換気口に鉄筋が見えた例

床下換気口部分にフックの鉄筋を確認した。鉄筋コンクリート造の基礎であることが推測できる

写真8　基礎破壊部分

シロアリ業者が基礎を破壊してしまった箇所。鉄筋が見えないことから，無筋であると推測できる

写真9　基礎のひび割れ

ひび割れ幅の測定。0.3 mmを大幅に超える0.85 mmのひび割れが発生している

2 耐震診断
④ 現況調査

1階天井裏部材調査

内部部材調査チームは、1階天井裏、小屋裏、床下の内部を順に調べて、躯体や接合部の状況を目視確認していく。上部構造評点の「柱・壁の耐力」を算定する際に、必要な基本情報を集める重要な作業だ。内外観調査では調べきれない情報もここでわかることが多いので、注意深く観察する必要がある。

1階天井裏では、2階の床の仕様（**写真1**）のほか、1階の梁・柱と筋かい、壁の下地などを確認する（**表1**参照）。基本的な作業は小屋裏と変わらないが、天井裏は一般的に空間の高さが低いため、入り込んで調べることができない（**写真2**）。しかし、なるべく多くの天井裏を覗いて多くの箇所を調査するようにする。

入り口は1階の天井と2階の床下

1階天井裏を調べるための入り口は、押入れの天袋が中心となる。浴室をユニットバスに改修している住宅では、ユニットバスの天井点検口も利用できる。2階に和室がある場合は、畳を上げて荒床を外せることが多い。

点検口などの入り口がなく、そのままでは1階天井裏をほとんど見られない場合、天井や2階の床を切って入り口を設けるというケースも稀に出てくる。こうしたときには「ここを見られないと信頼性の高い耐震診断ができない」ということを、施主に説明して納得していただく必要がある。2階の和室の床面を切ったり、リビングの天井に開口部をあけ天井内部を調査し、その後、金属枠を設けて、点検口を新設したりという経験がある。いずれの方法も時間がかかるためできるだけ避けたいが、耐震要素を「不明」扱いにすると耐震診断の精度は低くなる。基本的には非破壊調査とされている一般診断法にあっても、肝となる耐震要素を確認するための努力は最大限行いたい。

梁継手の接合方法

耐力壁内の梁に、継手が設けられていることがある。この場合、継手を金物などで緊結していないと、地震の際に耐力を発揮することができない（**写真3**）。

2階内壁の下地もチェック

内壁は、天井までしか施工されていないことがほとんどである。壁を上から覗き込むと下地の断面が見え、仕様を確認することができる（**写真4**）。下地は仕上げが一緒であれば同様であることが多いため、仕上げが違うごとに確認するとよい。

一般的な下地は、和室でラスボード、洋室で石こうボードか化粧合板、押入れは合板となる。土壁の場合は、土壁が梁まで施工されているか、もしくは天井までの施工かを確認する必要がある。一般的に外壁の土壁は梁まで施工されており、内壁は天井までしか施工されていないことが多い（**写真5**）。

既存部分と増築部分の梁の接合方法

増築をしている場合には、既存部分と増築部分の接合方法がどのようになっているかを確認する（**写真6**）。梁がボルトなどで緊結されていればよいが、接合強度が弱い場合は要注意である。

写真1 2階床根太、床下地

床根太や下地を確認する。写真では、根太落とし込みで、合板下地であることがわかる

写真2 天井裏

天井裏は狭いため、あまり遠くまで見通すことができない。大きな梁があるとその先はほとんど目視できないので、天井や2階床を開ける際には考慮して選ぶ必要がある

> **ここが重要！**
> ● 2階の床の仕様，接合部，壁の下地を調べる
> ● なるべく多くの箇所を確認するよう努力する

表1 1階天井裏の調査チェックリスト

調査箇所	1階天井裏	調査日		月		日
部材	部 材 寸 法					
梁（1階）							
筋かい（1階）							
柱（1階）・間柱							
火打ち梁							
床根太（2階）							
梁継手金物							
柱梁接合部金物							
壁下地							
羽子板ボルト	有	無	雨漏り		有	無
備　考：							

写真3 梁継手

天井の見上げ。梁継手が金物で固定されているか確認する。写真では金物がない

写真4 内壁下地（石こうボード，合板）

下地の断面を確認。写真では右が合板，左が石こうボードということがわかる

写真5 土壁

奥の外壁は梁まで土壁があるのに対し，右の内壁は天井までしか土壁がない

写真6 増築部分

2階を増築している箇所の梁。1,350 mm間隔に配したボルトで既存と増築の梁を緊結している

2 耐震診断 ④ 現況調査

小屋裏部材調査

続いて、小屋裏を調査する。

小屋裏調査作業内容

まず、躯体の状態を調べる（**写真1**）。押入れの天袋などから小屋裏に体を入れて現況を目視確認し、手を伸ばして届く範囲で部材の寸法を計測する。より正確に把握するためには、2～3箇所程度は確認したい。

また、小屋裏は懐が広いため、梁などを足場に全体を調査することが可能である。しかし、その際は梁を踏みはずして天井を突き破ったりしないよう、体重をかけても大丈夫な部材を見極めて移動することが大切だ（**写真2**）。

部材の寸法、接合部、雨漏りの有無を確認

チェックする内容は、**表1**に示すように躯体の構成、主な部材の寸法、接合方法（金物の有無と種類）、雨漏りの有無だ。部材の寸法が、一般的な寸法の部材が使用されているかを確認する。**表1**に、1981年以前の建物の一般的な部材の寸法を記入した。

垂木や母屋などは間隔も測定する。火打ち梁は、木製・鋼製の別や接合方法も記録する（**写真3**）。**表1**のように確認する内容を一覧表にまとめておくと、より正確に調査できる。合わせて、小屋裏の構成がわかる写真と、接合部などの細部の写真を撮影する。柱梁接合部の仕様は金物の種類により判断するが、旧耐震基準の建物はほとんどが金物は使われず、かすがい、釘、ほぞ程度（接合部Ⅳ）である（**写真4**）。

増築部分は既存との接合部に注意

増築している場合は、既存部分と増築部分で部材寸法や仕様が違うため、それぞれ寸法を調査する。また、既存部分と増築部分の接合部を注意して観察する。両者の梁が簡便に接合されているなど、接合強度が低い例がしばしば見られる。特に注意すべき箇所があれば、備考欄に記録する。

2階内壁の下地もチェック

小屋裏の調査では、2階の内壁についても確認できる（詳しくは前項参照）。

梁の位置確認は補強設計時に役に立つ

小屋裏では、梁の位置を単線でもよいのでわかる範囲で記録しておくと、補強設計の際に補強壁を設ける位置を検討するのに役に立つ。時間があったら実行するとよい。時間がない場合には、補強設計の際にもう一度調査を行えばよい。

写真1 小屋裏

小屋裏は懐が広いので、覗き込むだけでも多くの情報を得ることができる

写真2 小屋裏調査風景

天井を踏み抜かないように気を付けて調査を行う。必要に応じて足場板などを使用する

写真3 木製火打ち梁（ボルト接合）

火打ち梁は木製か鋼製を確認し、梁との接合方法も釘かボルトかを確認する

> **ここが重要！**
> ● 2, 3箇所以上の開口から，手を伸ばして部材寸法を計測する
> ●各部材の接合部の仕様，雨漏りの有無を確認する
> ●増築部分の接合部は要注意

表1 小屋裏の調査チェックリスト（記入例は，1981年以前の建物の一般的な寸法）

調査箇所	小屋裏	調査日		月		日
部材	部材寸法					
屋根下地	野地板　t＝9mm　防水紙あり					
垂木	45×60mm@455					
母屋	90×90mm@910					
小屋束	90×90mm　かすがい					
雲筋かい	15×90mm　釘止め					
火打ち梁	木製90×90mm　釘orボルト接合					
梁（2階）	105×105mm　105×180mm					
柱・間柱（2階）	一般：105×105mm　通し柱：120×120mm					
筋かい（2階）	30×90mm　釘による接合					
柱梁接合部金物	かすがい，釘，ほぞ　→　接合部（Ⅳ）					
梁継手金物	かすがい					
壁下地	和室：ラスボード，洋室：石膏ボード，押入れ：合板					
羽子板ボルト	有	無	雨漏り		有	無
備　考：羽子板ボルトは釘による接合　雨漏り補修あり						

写真4 柱梁接合部（かすがい）

柱梁接合部金物はかすがい（接合部Ⅳ）である。
羽子板ボルトは，接合方法が釘かボルトか確認する

写真5 垂木（ひねり金物）

垂木の先端に，風で飛ばないようにひねり金物が付けられているか確認する

写真6 雨漏り跡

野地板に雨漏りの跡が見られる。雨漏りの補修をしているか，現在も雨漏りしているかなどを施主に確認する

写真7 既存—増築接合部

上が増築梁，下が既存梁。増築梁は既存梁に載っているだけで金物で緊結されておらず，接合強度が低い

2 耐震診断 ④ 現況調査

床下部材調査

最後に，最も汚れる床下を調査する。土台や基礎の状況確認に加え，1階の天井裏で確認しきれなかった筋かいの調査も行う。

土台の固定，筋かいの有無を確認

部材については床板，根太，大引，土台，床束などの寸法を計測し，土台に火打ち梁があれば記録する。土台では，アンカーボルトの有無を確認する（**写真1**）。アンカーボルトは根太などに隠れて見えないことが多いので，手探りして確かめるとよい。

足下の隙間から筋かいの端部が覗いていることもあるので，見えた場合には記録する。

基礎の劣化，破損の状況を確かめる

床下調査でもう一つ重要なのは，基礎や土台まわりの現況を確認する作業だ。

基礎については，基礎の形状，クラックや破損の有無などを確認する（**写真2**）。シロアリ駆除を実施した際に，作業の邪魔になる基礎を壊している事例も見かけるが，これは絶対に行ってはいけない行為である（**写真3**）。耐震補強で耐力壁を設置する場合に健全な基礎は不可欠なので，基礎の状態の正確な把握は重要だ。

外部で鉄筋探査ができなかった場合には，床下で鉄筋探査を行うこともできる。

含水率30％以上は要注意

土台や大引，根太，床束などの含水率を計測する（**写真4**）。含水率が15％以下であれば乾燥状態，20％以下ならおおむね問題なく，それ以上であれば劣化に注意する。20％を超えている場合は，シロアリ被害などの可能性が高くなるので，周辺の劣化状態を特に注意深く観察する（**写真5**）。30％を超えると，ほぼ確実に劣化が発生している。

浴室など水まわりの下部のように，湿度の高い場所の土台や柱脚は，シロアリや腐朽菌による被害が生じている可能性が高い（**写真6**）。配管から水漏れしている場合もある。特に，蟻害は木造住宅が地震で倒壊する大きな要因となる。蟻道を確認したら，ドライバーなどで被害の程度を調べるなどして，詳しく確認しておかなければならない。

確認した蟻道は，写真で記録した後はできるかぎり破壊する。破壊することで蟻害の拡大を防ぎ，時間をおいて再確認することで，新しい蟻道の有無によりシロアリが現在いるかいないかを判断することもできる。

また，床下に木材の切れ端などにシロアリ被害につながるものを発見したら，持ち帰り施主に処分してもらう。

ここが重要！
- アンカーボルトは手探りして確かめる
- 基礎ではクラックや破損の状況も確認する
- 木部は含水率20％超なら劣化に注意，30％超は蟻害の可能性大

写真1 アンカーボルト

床下に潜り，土台と根太の隙間からアンカーボルトを確認できる

写真2 基礎形状測定

人通口部分で，基礎の幅を確認できる。床下換気口でも，同様に確認できる

表1 床下の調査チェックリスト

調査箇所	1階床下		調査日		月	日
部材	部 材 寸 法				含水率	
床板						%
根太						%
大引						%
土台						%
床束						%
間柱						%
土台火打ち梁						%
筋かい						
アンカーボルトの有無	有	無	基礎鉄筋	有	無	
備考:						

胸板の高さがあれば潜れる

　筆者は，これまで数多くの床下に潜って調査してきた。最初の頃は，床下点検口から内部を覗くだけだった。あるときシロアリ駆除業者が人通口を抜けていく姿を見て，胸板の厚さの穴さえあれば通り抜けられることを知った。それ以降，積極的に潜るようになった。
　その際には，作業着にも気を配る。普通の作業着だと，上衣の隙間から土が入ってしまうので，つなぎを着るようにしている。

写真3 基礎破壊

写真は，シロアリ業者が基礎を破壊してしまった例である

写真4 含水率測定

写真では，束の含水率を測定している。湿度の高そうな部分を中心に計測する

写真5 含水率測定（20％以上）

写真では28.3％と高い数値が出たので，周囲の蟻害や腐朽などの状況を注意深く確認する

写真6 腐朽部材

土台が，腐朽している様子が見られる。反対側が浴室であり，水が回り劣化したと推測した

2 耐震診断 ④ 現況調査

筋かい調査

耐震診断調査において，一番重要なのが筋かい調査である。地震の際に，筋かいが建物の水平変形を抑える働きをしているため，適切に調査をする必要がある。

筋かい調査の内容は，筋かいの位置，寸法，筋かい端部の仕様（釘打ち，金物）を確認することである。

筋かい位置の確認

確認通知書の図面に記載されている筋かいの位置をもとに，図面どおりの位置に筋かいが施工されているかを確認する。筋かいの情報がない場合には，目視確認した箇所を図面に記入する。筋かいの位置はすべて目視確認することが望ましいが，天井裏調査では天袋から覗く程度になるので，その周辺の筋かいしか確認できない。そのため，なるべく多くの箇所から筋かいを確認することが重要となる。小屋裏は入れる箇所が一箇所あれば，そこから小屋裏に上がり全体を確認することも可能である。

筋かいが全部確認できていない場合でも，確認した箇所がすべて確認通知書と同じ位置に入っているのであれば，図面を正としてほかの箇所にも筋かいは入っていると判断することもできる。逆に，確認通知書と比較してかなりの数が入っていない場合や位置が違う場合などには，筋かいが不足している可能性が高く，注意が必要だ。

筋かいの向きの確認

確認通知書の図面では，筋かいを△で示し，向きは記入されていないことが多い。そこで調査の際には，筋かいを確認したら向きがわかるように記録を取っておく。筋かいは向きにより耐力が変わるので，ハの字やVの字になるように設置することが基本である。しかし，これらは法的には何も明記されていないことから，間違って同じ向きに筋かいが配置されていることもある。

筋かい寸法と端部の仕様

筋かいの寸法や端部の仕様は階ごとに同じものであることが多いため，各階1箇所詳しく確認すれば，他は同様であると判断できる。まれに，同じ階で違う寸法の筋かいを使用しているケースがある。その際は，注意が必要である。

筋かいの寸法は30 mm×90 mmと45 mm×90 mmが基本となる。1階は，年代が古いと30 mm×90 mm，年代が新しいと45 mm×90 mmを用いていることが多い。2階は，30 mm×90 mmが使用されていることが多い。まれに30 mm×90 mmより薄い筋かいが使われていることがあるため，寸法を正確に測定する。

筋かい端部の仕様は，旧耐震基準の建物では釘による接合がほとんどである（**写真1**）。釘の径，本数を確認する。

住宅金融公庫の仕様で建てている場合に，SM-12（**写真2**）というZマークの帯金物が使用されていることがある。ただし，これはかすがい程度の耐力しかなく，筋かい金物とみなすことはできない。

筋かいの確認方法

小屋裏では，柱と梁の隅に筋かい端部が見えるので，それで確認する。断熱材が施工されている場合には，筋かいが隠れて見えないので，棒などで断熱材をめくり確認する（**写真3**）。

1階の天井裏では基本的には小屋裏と同様であるが，下屋部分から覗き込んだ場合には，1階の筋かいだけではなく，2階の筋かいの足元が見えるため，そこで筋かいを確認することができる（**写真4**）。

和室の場合には，畳を上げ，板の隙間から筋かいを確認することもできる（**写真6，7**）。また，和室であれば荒板を外すことで，2階床の場合は1階の天井裏，1階の場合には床下の調査箇所が確保できる。

床下では，床下点検口から覗き込むだけでは筋かいを確認することは難しい。しかし，床下にもぐり調査を行うと，筋かいの足元が見え，かなりの数の1階の筋かいを確認することができる（**写真5**）。

写真1 筋かい（一般部分）

調査では，写真のように筋かいを確認できる。釘が見える場合には，釘の径，本数を確認する（軸径は釘の頭径から推測する）

> ここが重要！
> ●筋かいの位置と寸法，接合部仕様を確認する。
> ●なるべく多くの筋かいを目視確認する。
> ●筋かいの方向を確認する。

写真2 接合部金物 SM-12

写真の金物はZマークのSM-12金物である。耐力はかすがい程度であり，筋かい金物とはみなせない

写真3 断熱材をよけて筋かい確認

断熱材で筋かいが確認できない場合には，写真のような棒で断熱材をめくり，筋かいを確認する

写真4 2階筋かい足元

下屋部分から覗いた場合，1階の筋かいだけでなく2階の筋かいを確認することができる

写真5 床下1階筋かい足元

床下では，筋かいの足元が写真のように確認できる。根太掛けなどがある場合は，確認できないこともある

写真6 和室畳を上げた状態

和室の場合には，筋かいが配置されている壁の手前の畳を挙げることで，筋かいを確認できる場合がある

写真7 隙間から筋かいを確認

畳を上げ，荒板と畳寄せの隙間から筋かいを確認した

2 耐震診断 ④ 現況調査

シロアリ被害

シロアリ被害は，木造住宅にとって脅威である。経験上，ほとんどの木造建物はシロアリ被害を受けていると，筆者は考えている。

シロアリ被害を受けた住宅は著しく耐震性が下がり，被害の改修には多大な手間が掛かる。シロアリ被害を受けないようにすることが，最も重要である。

シロアリの発生しやすい条件

シロアリ被害を受けやすい条件は以下となる。
① 床下の湿度が高い。
② 床下の木材の含水率が高い。
③ 暗い（シロアリは光を嫌う）。
④ 雨漏りなど水分が多くなる要素がある。
⑤ 木材が地面に直接触れている箇所がある（そこから建物へ侵入して来る）。

シロアリ対策

シロアリ対策としては，布基礎で床下の湿気が多い場合には，除湿剤，換気扇や防湿シートなどで地面から上がってくる湿気を軽減する方法が有効である。しかし，これらの対策で湿気を下げるには限界があるため，シロアリ駆除を行うことが一番であると考えられる。

シロアリ駆除

シロアリ被害を受けないようにするためには，薬剤によるシロアリ駆除を定期的に行うことが大切である。地盤と木材それぞれに薬剤を散布，注入してシロアリ被害を受けない環境を作る。また，近年はシロアリの薬剤は人に対して害を与えないように作られているため，効果期間は5年程度に限定される。施主には，5年ごとに駆除を継続することの重要性を伝える必要がある。

シロアリ被害の調査方法

写真1に写る小さい白い虫がシロアリである。シロアリは写真2の蟻道を作り，その中を移動しながら木材を食べて進む。そのため，調

写真1 シロアリ

シロアリが木材に発生した様子。多くのシロアリが木材に群がっている。

写真2 蟻道

蟻道が梁の上から垂木の上までつながっている。調査の際には，蟻道からシロアリ被害を推測する

写真3 タイルの剝がれ

調査の際に，台所のタイルが一枚だけ剝がれていると施主から聞き，シロアリ被害を想定した

写真4 柱頭被害

補強工事の際に壁を開けてみると，柱がほとんどシロアリに食われていた

写真5 柱脚被害

柱脚は跡形もなくなっている。モルタル外壁の木ずりも，広範囲でシロアリ被害を受けていた

査では蟻道を見つけることで、シロアリ被害を発見できる。

シロアリの被害が大きければ見た目でわかるが、表面に現れていない内部の被害は目視ではなかなかわからない（**写真3〜5**）。そこで、道具を使用して被害状況を確認する。

まず、**写真6**に示すようにドライバーを木材に刺す。中まで侵されている場合には、簡単にドライバーが刺さる。次に、ハンマーを用いる。被害の可能性のある箇所をハンマーでたたき、音を聞いて判断する（**写真7**）。健全な部材とシロアリ被害を受けた部材では、音が違う。最後にビス打ちを行う。インパクトドライバーを用いて、懸念される部分にビスを打ち込む（**写真8**）。シロアリに食われている場合には、簡単にビスが入って行ってしまう。このようにさまざまな方法を使用しながら、目に見えないシロアリ被害の状況を把握していく。

シロアリは何でも食べる

シロアリは、食べやすいものから食べる生き物である。そのため、柔らかい木材が被害に遭いやすい。**写真9**は押入れのシロアリ被害を記録したものだが、受材は柔らかいスギのため被害を受けており、柱はスギより堅いヒノキのため被害を受けていない。ただし、それしかなければ、シロアリは何でも食べる。たとえヒノキであっても、最終的には必ず食べられてしまう。水や湿気からの隔離、シロアリ駆除などの対策は欠かせない。

ここが重要！
- シロアリ被害を受けない環境を作ることが大切である
- シロアリ被害は調査の際に慎重に確認する

写真6　ドライバー

ドライバーを木材に刺して簡単に入るようだと、内部がシロアリに侵されている可能性が高い

写真7　ハンマー

ハンマーでシロアリ被害の可能性がある部材をたたくと、健全な部分とシロアリにやられた部分で違う音が鳴るのでそれで確認する

写真8　ビス打ち

木材にビスをインパクトで打ち込むと、被害を受けている場合には簡単にビスが入っていく

写真9　シロアリ被害

押入れ内部。受け材は柔らかいスギのため被害を受け、柱は堅いヒノキのため被害を受けなかった

2 耐震診断
⑤ 調査結果概要速報

調査の報告と追加ヒアリング

以上で，現況調査は終了した。調査チームが片付けをしている間，1人が調査終了の報告と合わせて調査結果の概要を施主に説明する。簡潔な内容でかまわないが，施主が知りたいことを早めに伝えることは大切だ。また，調査結果を踏まえて，追加で知りたいことを尋ねる機会にもなる。

記録結果を見ながら簡潔に説明

基本的に，調査結果を書き込んだ図表を示して説明するとよい。平面図を見ながら壁や柱の位置の変更場所，筋かい調査結果（**図1**），柱傾斜測定結果（**図2**），部材調査結果（**表1**）を報告する。撮影した写真を示しながら伝えると，施主は理解しやすい。コンクリート強度の実測値や劣化状況についても説明する。

シロアリの被害や雨漏りの跡を発見した場合，あらためてこれまでのシロアリ対策や大雨のときの状況などを質問する。柱の傾斜が大きいときは，戸の建付けに支障がないか，ある場合，いつ頃からかなどを尋ねる。建物全体に傾きが見られた場合は，以前の地盤はどうだったのかを確認し，不同沈下の調査を行う。

一通り説明が終わり，施主からの質問を受けた後は，調査の内容を踏まえて上部構造評点を計算すること，2～3週間後までにまとめるのであらためて連絡することなどを伝えて調査業務を終了する。

> **ここが重要！**
> - 調査が完了したら結果の概要を，その場で施主に説明する
> - 蟻害，雨漏り，柱の傾斜などで気になる点があれば，追加情報を施主に尋ねる
> - 報告のスケジュールを伝える

図1 筋かい調査結果（例）

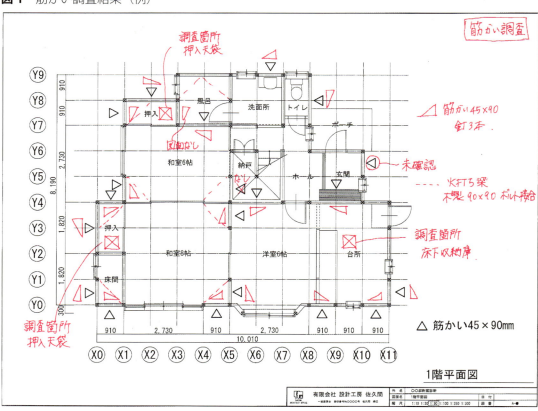

図2 柱傾斜測定結果（例）

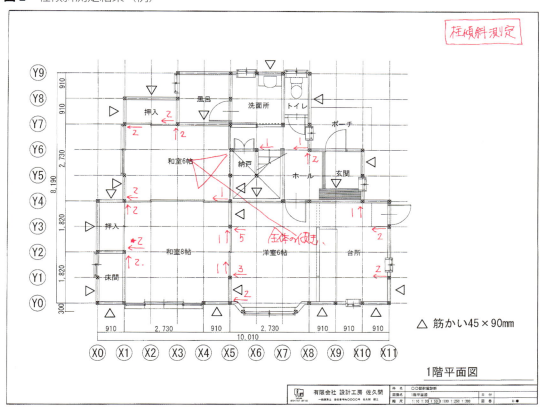

表1 部材調査結果（例）

・部材調査結果

調査部位	1階床下	調査日	8月4日
部材寸法			含水率
床板	荒板 t=12 巾300		％
根太	45×60＠303		13.8％
大引	90×90		14.3％
土台	105×105		16.3％
床束	90×90		15.2％
間柱	30×105		％
土台火打ち梁	30×90		％
アンカーボルトの有無	有 無	基礎鉄筋	有 ⦿無
備考：シロアリ被害はみられない			

調査箇所	1階天井裏	調査日	8月4日
部材	部材寸法		
梁（1階）	105×300、105×240、105×105		
筋かい（1階）	45×90 釘による接合		
柱（1階）・間柱	105×105、通し柱120×120、間柱30×105		
火打ち柱	木製 90×90 ボルト接合		
床根太（2階）	45×105		
梁継手金物	かすがい		
柱梁接合部金物	なし		
壁下地	和室＝ラスボード、洋室＝せっこうボード、押入＝合板		
羽子板ボルト	⦿有 無	雨漏りの有無	有 ⦿無
備考：			

調査部位	小屋裏	調査日	8月4日
部材寸法			
下地	野地板 t=9		
垂木	45×90＠455		
母屋	90×90＠910		
小屋束	90×90 かすがい		
雲筋かい	15×90 釘止め		
火打ち梁	木製 90×90 ボルト接合		
梁（2階）	105×105		
柱・間柱（2階）	105×105 通し柱 120×120		
筋かい（2階）	30×90 釘3本		
柱梁接合部金物	なし		
梁継手金物	かすがい		
壁下地	和室＝ラスボード、洋室＝せっこうボード、押入＝合板		
羽子板ボルト	⦿有 無	雨漏り	有 ⦿無
備考：羽子板ボルト、釘による接合			

2 耐震診断
⑥ 耐震診断報告書作成

報告書作成の流れ、表紙

現況調査の結果をもとに，耐震診断報告書を作成する。現況調査から報告までの期間は，通常2〜3週間程度を見込んでおく。

報告書作成の流れを以下に示す。

まず，目次を作成して報告書の内容を決定し，その内容に沿って調査結果を整理する。整理した調査結果に基づき，一般診断法による耐震診断を行う。上部構造評点が1.0を下まわる場合には，どの程度補強すれば評点が1.0を上まわるかを示す補強案を作成する。

それらをひとまとめにして，耐震診断報告書の作成は完了となる。

目次（例）

1) 平面図（1, 2階）
2) 部材調査結果
3) 現状写真（外観・内観，内部調査風景）
4) 柱傾斜測定結果
5) コンクリート強度測定結果
6) 劣化調査結果
7) 考察
8) 一般診断法による耐震診断
9) 補強案・概算工事費

報告書作成の流れ

表紙，目次の作成
まず表紙と目次を作成して，報告書の内容を決定する。

調査結果まとめ
- 平面図（1, 2階）
- 部材調査結果（小屋裏，天井裏，床下）
- 現況写真（外観・内観，内部・調査風景）
- 柱傾斜測定結果
- コンクリート強度測定結果
- 劣化調査結果
- 考察

耐震診断調査をした内容結果を項目ごとにまとめる。

調査結果に基づき
一般診断法による耐震診断

調査結果に基づき，一般診断法による耐震診断を行う。本書では，計算ソフトはWeeを使用する。

評価1.0未満の場合
補強案の作成

どの程度補強すれば，評点が1.0以上になるのかを示した補強案を作成する。同時に，概算工事費も算出する。

耐震診断報告書作成完了

作成した資料をまとめて，耐震診断報告書とする。

ここが重要！
- 報告書作成時は，まず目次を作成し，内容を決定する
- 報告書の表紙には，建物の外観写真を載せる

表紙には建物の外観

まず初めに，報告書の表紙の作成を行う。

報告書の表紙に建物の外観を載せると，どの建物の報告書かわかりやすい。

建物の外観写真は，全体が写っているものを使用する。調査の際には，表紙に使用することを意識して撮影する。

報告書の表紙には，調査日，会社名，住所，電話番号，診断者の氏名などの情報も載せる。

目次の章ごとに章扉を用いることで，資料の内容がわかりやすいようにする（**図 2**）。

図 2　章扉（例）

1）平面図（1，2 階）

図 1　耐震診断調査報告書表紙

○○邸耐震診断　調査報告書

建物住所 ○○市○○

調査日　　平成○○年○○月○○日

○○会社

住所

電話番号

名前

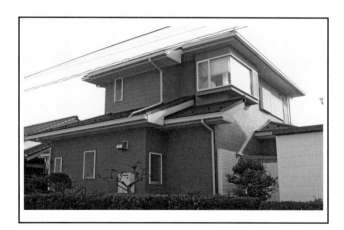

2 耐震診断 ⑥ 耐震診断報告書作成

平面図の作成

耐震診断報告書を作成するための基本的な資料になるのが，平面図や立面図などの現況図面だ。現況調査の前にあらかじめ作成しておいた場合には，その図面に必要な情報を加筆修正する。調査時に施主から入手した図面のコピーなどを利用した際には，報告書作成時点で平面図を描き起こす。

◆平面図作成方法

壁・開口部の位置を記入

平面図には，調査図面と相違があった箇所について，現場で確認した壁と開口部の位置と幅などの内容を図面に反映させる。

筋かいの位置，寸法，方向を記入（図1中※1）

調査で確認した筋かいの位置を示し，記号は筋かいの方向が判別できるように記入する。記号の意味は，凡例でわかりやすく解説する。筋かい記号は赤色などで示し，一目で把握できるように工夫するとよい。

筋かいの判断基準も記載（図1中※2）

筋かいの有無をどう判断したかという基準は，図面上にも正確に記録しておくことが重要だ。**図1**の例では，目視確認した筋かいに「①」，図面を正とした筋かいに「②」と付記している。施主が見てもすぐ理解できるように，わかりやすい伝え方に留意する。

筋かいの有無を判断する方法は，大きく分けて3種類ある。

①目視により確認

現況調査で目視確認できた筋かいは，そのまま記載する。実際に手で採寸した断面寸法と金物の有無も，確認した内容を記録する。

確認通知書の図面にあったが，目視調査すると存在していなかった箇所には「なし」と記入する。

②筋かい探査機により確認

目視できなかった部位でも，筋かい探査機で筋かいの存在を確認できれば，筋かいがあるとみなす。筋かい探査機は，確実に検知できるものではないので注意して使用する。

③図面を正とする

目視や筋かい探査機で確認できなかった場所でも，図面の記載が信頼できる場合は正とする。

ただし，図面に描かれた筋かいが実際には入っていない場合もある。確認できなかった筋かいについて，そのまますべて安易に「図面を正」と判断するようなことはしない。「目視確認できた場所すべてに図面中の筋かいがあれば，その他の部分も入っているとみなす」，「図面に記載されていた筋かいが設置されていない場所が多い場合は，入っていないとみなす」など，状況に応じて判断する。

確認通知書の図面の筋かい記号は残す（図1中※3）

確認通知書の図面に記載された筋かいの記号を残しておけば，確認と現況の違いを明確に把握できる。

火打ち梁の記入（図1中※4）

調査の際に目視確認した火打ち梁を，平面図に示す。凡例には，寸法，種類，接合方法を記載すると，さらにわかりやすい。

劣化箇所は平面図に示す（図1中※5）

雨漏りやシロアリ被害などの劣化があった場合には，劣化箇所を平面図にコメントとともに記入する。どこに劣化箇所があるのか，一目でわかるようにすることが重要である。

図面には方向の凡例を示す（図1中※6）

図面には，X方向，Y方向などの方向がわかるように凡例を示す。

ここが重要！
- 平面図に筋かいの位置，向き，判断基準を明記する
- 凡例はわかりやすいものとする
- 劣化内容は平面図に場所を示したうえ，コメントを記入する

切断された筋かいは無効

筋かいの有無と断面寸法は診断計算時の耐力の算定にかかわってくるので、現況に応じて判断することが求められる。例えば改修時などに、窓枠や空調吹き出し口がぶつかる部分の筋かいを切断している場合もある。こうした箇所は計算上、筋かいとして拾わない。

図1 報告書平面図（仮）

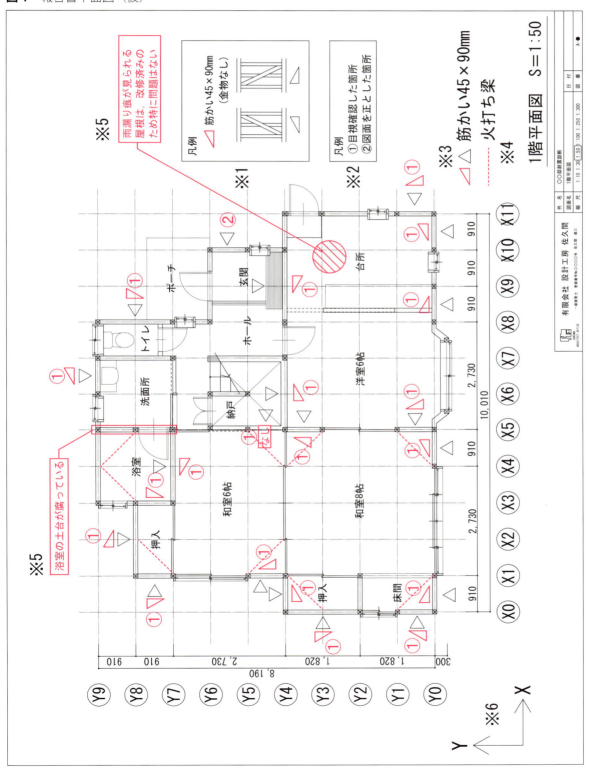

2 耐震診断

⑥ 耐震診断報告書作成

部材調査結果

調査で測定した部材の寸法や仕様などを，**表1, 2**のような形式に整理する。まとめるときには，小屋裏，天井裏，床下の3グループに分ける。

小屋裏部材

屋根下地，垂木，母屋，筋かいなど，小屋裏部材の寸法を表に記入する。小屋裏の筋かいである，雲筋かいの有無も忘れずに記入する。雨漏りがある場合には，劣化とみなすかどうかを備考欄に注記する。**表1**の例では，「雨漏り痕はみられるが，改修しており，現在は漏っていない。周辺部も劣化していないことから特に問題はない。」と記載している。

天井裏部材

1階の筋かいや柱，梁，火打ち梁など，天井裏部材の寸法を表に記入する。壁下地は，和室，洋室，押入など下地の種類ごとに記入する。

床下部材

床板，根太，大引，土台など，床下部材の寸法を記入する。含水率測定の結果を部材ごとに記入し，備考欄には「含水率は20%以下であり特に問題はない。」などのコメントを記載する。鉄筋探査結果を備考欄に記入し，基礎仕様を併記する。シロアリ被害の有無や劣化部材の有無なども適宜まとめる。

一般診断法の計算に必要な部材仕様

一般診断法に必要な，基礎仕様，床仕様，接合部仕様などを部材調査結果から把握する。それぞれの部材の欄に，仕様を記入しておくと，計算の際に便利だ。

表1 小屋裏部材（例）

調査部位		小屋裏		調査日	8 月 4 日	
部 材 寸 法							
下地	野地板　厚9mm						
垂木	45 mm×90 mm@455 mm						
母屋	90 mm×90 mm@910 mm						
小屋束	90 mm×90 mm@ かすがい						
雲筋かい	15 mm×90 mm　釘止め						
火打ち梁	木製　90 mm×90 mm ボルト接合 → 床仕様（Ⅱ）						
梁（2階）	105 mm×105 mm						
柱・間柱（2階）	一般：105 mm×105 mm, 通し柱：120 mm×120 mm → 主要な柱の径120 mm 未満						
筋かい（2階）	30 mm×105 mm　釘3本						
柱梁接合部金物	なし → 接合部Ⅳ						
梁継手金物	かすがい						
壁下地	和室：ラスボード，洋室：石膏ボード，押入れ：合板						
羽子板ボルト	(有)	無		雨漏り	(有)	無	
備　考：雨漏り跡は見られるが，改修しており，現在は漏っていない。周辺部も劣化していないことから特に問題はない。						

> **ここが重要！**
> ●調査した部材の情報をわかりやすく表にまとめる
> ●劣化などの情報は備考欄にコメントを記入する
> ●調査結果から一般診断法に必要な部材仕様を決める

表2 床下，1階天井裏部材調査結果（仮）

調査部位	1階床下			調査日	8 月 4 日	
部　材　寸　法						含水率
床板	荒板　厚 12 mm，幅 300 mm					％
根太	45 mm×60 mm@303 mm					13.8％
大引	90 mm×90 mm@910 mm					14.3％
土台	105 mm×105 mm					16.3％
床束	90 mm×90 mm					15.2％
間柱	30 mm×105 mm					％
土台火打ち梁	30 mm×90 mm					％
アンカーボルトの有無	㊲有	無	基礎鉄筋	有	㊲無	
備　考：鉄筋探査機により鉄筋の有無を確認した結果，鉄筋がないことを確認した。 　　　　特に問題となるクラックはみられないことから健全な無筋コンクリート造基礎であると判断する。 　　　　→基礎仕様（Ⅱ） 　　　　含水率は約15％であり特に問題はなく，シロアリ被害は見当たらなかった。						
調査箇所	1階天井裏			調査日	8 月 4 日	
部材	部　材　寸　法					
梁（1階）	105 mm×105 mm，105 mm×240 mm，105 mm×300 mm					
筋かい（1階）	45 mm×90 mm　端部釘3本による接合					
柱（1階）・間柱	一般：105 mm×105 mm，通し柱：120 mm×120 mm，間柱 30 mm×105 mm					
火打ち梁	木製 90 mm×90 mm ボルト接合　→　床仕様（Ⅱ）					
床根太（2階）	45 mm×105 mm					
梁継手金物	かすがい					
柱梁接合部金物	なし　→　接合部仕様（Ⅳ）					
壁下地	和室：ラスボード，洋室：石膏ボード，押入れ：合板					
羽子板ボルト	㊲有	無	雨漏りの有無	有	㊲無	
備　考：羽子板ボルトは釘により接合されている。						

2 耐震診断

⑥ 耐震診断報告書作成

外観・内観写真

　耐震診断報告書では，現況調査時に撮影した写真をまとめて提示する。耐震性能にかかわる部位を示し，重要なポイントを理解してもらいやすいように整理しておく。

　写真は，外観，内観，内部部材で分類すると読み取りやすい。それぞれの写真について「調査場所」，「調査項目」，「特記すべきポイント」のように項目を決めておくと，見る側も理解しやすいだろう。劣化部分など注意すべき部分については，丸で囲んで示すと一目でわかる。

材料や劣化状況を注記

　外観は，できるだけ東西南北の4面から撮影しておく。報告書では，建物の形状がわかる全景の写真を中心に並べ，必要に応じて細部を拡大した写真を加える。

　注記するポイントとしては，屋根や外壁の素材と劣化状況，樋の劣化状況などがある。例えば，瓦のずれ，屋根上のコケ，外壁のクラック，木部の劣化，樋の詰まりなどだ。

　内観については，現況調査時には各室の天井・床・壁の4面を撮影するが，報告書には注意すべき点があればその箇所を拾い出す。例えば，天井・壁面の雨漏り跡や結露による浸み痕，浴室のタイル壁のひび割れ，木部の腐朽部分などだ。

> **ここが重要！**
> ●写真は部位ごとに整理するとわかりやすい
> ●外観は全体形状を示し，必要に応じてクローズアップ写真を添付
> ●内観は，水の浸み痕やひび割れなどが生じた部分を中心に見せる

図1　外観写真（例）

調査現況写真（外観・内観・内部部材）				20○○年○月○日	
No. 1			No. 2		
調査場所	外観		調査場所	外観	
調査項目	北側		調査項目	南側	
屋根：コロニアル 樋：劣化なし 外壁：サイディング　劣化なし			屋根：コロニアル 樋：劣化なし 外壁：サイディング　劣化なし		

図2 外観・内観写真（例）

調　査　現　況　写　真（外観・内観・内部部材）		20○○年○月○日	
No. 3		No. 4	
調査場所	外観	調査場所	外観
調査項目	東側	調査項目	西側
屋根：コロニアル 樋：劣化なし 外壁：サイディング　劣化なし		屋根：コロニアル 樋：劣化なし 外壁：サイディング　劣化なし	

No. 5		No. 6	
調査場所	和室天井	調査場所	脱衣所
調査項目	雨漏り	調査項目	劣化
和室の天井に雨漏り跡あり。屋根改修済のため，特に問題なし。		床材が腐朽している。土台を床下から調査したが，土台は特に問題ない。	

2 耐震診断

⑥ 耐震診断報告書作成

内部部材写真

内部の現況を記録した写真は，耐震診断報告書の写真のなかでも重要な要素といえる。診断計算の根拠になると同時に，日常生活では見られない部分を施主に確認してもらえるからだ。併せて，含水率やコンクリート強度を調べた際の様子も載せておくと，現況調査の内容と作業の密度を理解してもらいやすい。

注意箇所を丸で囲むなどポイントを明確に

内部の写真は，小屋裏，1階の天井裏，床下の現況など観察した部分を載せる。内部はどの場所であるのかがわかりにくいので，「小屋裏→1階の天井裏→床下」のように場所ごとにまとめるとイメージしやすい。

接合部の金物は「Z金物SM-12（ひら金物）」「羽子板ボルト」のように，できるだけ具体的に記載する。金物の接合方法が適切でない場合には，その点も注記する。

施主は，部位や金物の名前を知らないことも多い。必要に応じて写真の当該部分を丸で囲み，趣旨が伝わりやすいようにしておく。

含水率，劣化状況，調査方法なども見せる

木部の含水率調査や，コンクリート基礎まわりのクラック状況・コンクリート強度試験の様子などの写真も，必要に応じて載せる。その際は，計測した数値の写真だけでなく，どういう内容の作業をしているのかを簡単に記しておくと親切だ。

含水率やクラックの状況を記載する際には，特に問題があるかどうかにも触れておくようにする。

ここが重要！
- 「小屋裏→1階の天井裏→床下」のように，イメージしやすいように整理する
- 架構，接合部，劣化状況のポイントは，丸で囲む，注記を加えるなどしてわかりやすく
- 調査風景の写真も載せると，現況調査の内容を理解してもらいやすい

図1　内部写真（例）

	No. 7		No. 8
調査場所	小屋裏	調査場所	小屋裏
調査項目	小屋裏部材，雨漏り	調査項目	雲筋かい
小屋裏部材には，構造的に問題となる劣化はみられない。雨漏り痕は見られなかった。		雲筋かいあり	

垂木／母屋

雲筋かい

図2 内部写真2（例）

調査現況写真（外観・内観・内部部材）		20○○年○月○日	
No. 9		No. 10	
調査場所	小屋裏	調査場所	小屋裏
調査項目	火打ち梁	調査項目	羽子板ボルト
木製火打ち梁 90×90 mm ボルトによる接合であり，問題なし。		梁–梁接合部は羽子板ボルトで接合されている。 接合はボルト接合であり，特に問題はない。	

No. 11		No. 12	
調査場所	小屋裏	調査場所	1階天井裏
調査項目	2階筋かい	調査項目	1階筋かい
2階の筋かいは寸法 45×90 mm である。 筋かい金物は設置されていない。		1階の筋かいは寸法 45×90 mm である。 筋かい金物は設置されていない。 釘3本による接合である。	

2 耐震診断

⑥ 耐震診断報告書作成

調査風景写真

可能であれば，どのような調査を行ったか，調査風景の写真を残す。

調査風景の写真を撮る

内部部材調査，筋かい探査，柱の傾斜，床の傾斜，鉄筋探査，リバウンドハンマー試験などは，調査している風景を写真に撮り報告書に載せる。そうすることで，施主はどのような調査を行ったのか理解しやすくなる。調査写真は，全体がわかる写真と手元や数値が表示される部分を拡大した写真の，2種類を撮影するとわかりやすい。

調査結果をコメントで残す

写真のコメントには，調査内容だけではなく調査結果の内容を簡単に示す。

床壁天井を撤去した場合にも写真を撮る

調査の際に天井裏や床下へ入る場所がないこともある。その場合には，調査用の開口部を設けて目視調査を行う。調査後に開口部を閉じた場合や，天井や床に点検口を作成した場合などには復旧後の写真を撮り，記録を残しておくことが大切である。

> **ここが重要！**
> ● 調査風景を写真で示すと，調査内容に対する施主の理解を促すことができる
> ● 調査のために床壁天井を破壊した場合には，復旧写真を撮って示すとよい

図1 調査風景写真（例）

調査現況写真（外観・内観・内部部材）		20○○年○月○日	
No. 13		No. 14	
調査場所	1階天井裏	調査場所	1階台所
調査項目	天井裏調査風景	調査項目	筋かい探査風景
和室の天袋から天井裏を調査した。		筋かい探査機により，筋かいの有無を確認した。探査の結果，筋かいがあることを確認できた。	

図2 調査風景写真（例）

調　査　現　況　写　真（外観・内観・内部部材）		20○○年○月○日	
No. 15		No. 16	
調査場所	和室	調査場所	玄関ホール
調査項目	柱傾斜測定	調査項目	床傾斜測定
下げ振りにより柱の傾斜を測定した。 柱の傾斜は特に問題ない。		デジタル水平器により床の傾斜を測定した。 床の傾斜は特に問題ない。	

No. 17		No. 18	
調査場所	基礎	調査場所	基礎
調査項目	鉄筋探査	調査項目	コンクリート強度測定
鉄筋探査機により鉄筋の有無を確認した。 鉄筋探査の結果，鉄筋がないことを確認した。		リバウンドハンマーを用いコンクリート強度を測定した。 コンクリート強度は18 N/mm^{2}以上であり，特に問題はない。	

2 耐震診断

⑥ 耐震診断報告書作成

柱傾斜測定結果

柱の傾斜を確認した箇所の計測結果を，平面図上にまとめる。測定した柱ごとに，傾きの数値，傾いている方向を記載する。注意が必要な箇所があれば注記する。

柱の傾きを整理する

直感的に理解してもらうようにするため，私たちの事務所では**図1**のように，傾きの方向を矢印で示し，傾きの数値を横に記載することが多い。個々の矢印のほかに，建物全体の傾斜を示す矢印を図面に記入すると，この建物はどの方向に傾いているかが一目でわかる。一定の方向に傾いていない場合，記入する必要はない。

「柱傾斜一覧表」では，階ごとの傾きをX，Y方向に分けて数値として整理する。1階，2階に分け，柱通り名，傾き，傾斜をそれぞれ記入し整理する。そこから，X方向，Y方向それぞれの最大の傾斜，平均の傾斜を算出する。傾斜の方向も記入する。算出した結果をもとに，傾斜に問題があるかないかを考察する。表の最後にコメント欄を設け，問題の有無とそのように判断した根拠を簡潔に記す。

> **ここが重要！**
> ● 柱の傾斜について，図と表で傾きの傾向と程度をまとめ，問題の有無を判断する
> ● 図は，テーマとなる要素を赤で描くなど，施主にもわかりやすいようにまとめる

図1 柱傾斜図（例）

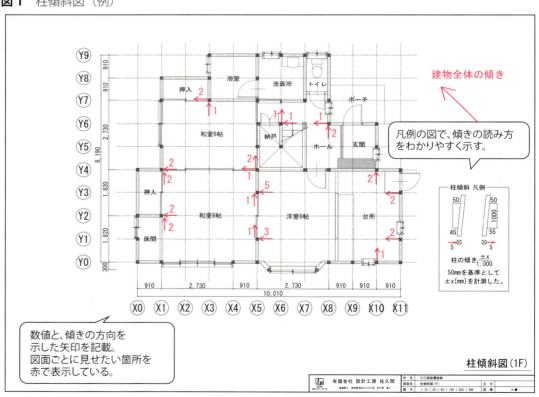

表1 柱傾斜（例）

柱傾斜一覧表　〇〇邸

1階
X方向

柱通り名	傾き（mm）	傾斜（勾配）
X1, Y2	2	1/500
X1, Y4	2	1/500
X3, Y7	2	1/500
X5, Y1	3	1/333
X5, Y3	5	1/200
X5, Y4	1	1/1,000
X6, Y6	1	1/1,000
X8, Y6	1	1/1,000
X11, Y1	2	1/500
X11, Y3	2	1/500
平均値	1.10	1/476

Y方向

柱通り名	傾き（mm）	傾斜（勾配）
Y0, X10	1	1/1,000
Y1, X5	1	1/1,000
Y2, X1	2	1/500
Y3, X5	1	1/1,000
Y4, X1	2	1/500
Y4, X5	2	1/500
Y4, X10	2	1/500
Y6, X6	1	1/1,000
Y6, X8	2	1/500
Y7, X3	1	1/1,000
平均値	1.50	1/666

	最大	平均	傾斜の方向
X方向	1/200	1/476	西
Y方向	1/500	1/666	北

2階
X方向

柱通り名	傾き（mm）	傾斜（勾配）
X1, Y0	2	1/500
X2, Y4	2	1/500
X2, Y7	2	1/500
X5, Y2	3	1/333
X8, Y0	0	なし
平均値	1.80	1/555

Y方向

柱通り名	傾き（mm）	傾斜（勾配）
Y0, X1	1	1/1,000
Y0, X8	3	1/333
Y2, X5	1	1/1,000
Y4, X2	1	1/1,000
Y7, X2	1	1/1,000
平均値	1.40	1/714

	最大	平均	傾斜の方向
X方向	1/333	1/555	西
Y方向	1/333	1/714	北

> 傾斜に関する問題の有無と判断の根拠をまとめる。

1階X方向の柱の傾斜は、最大で1/200と少し大きいが、平均では約1/500であり問題はない。
　Y方向の柱の傾斜は、最大で1/500、平均で1/700と小さいため問題はない。
　　傾斜の方向は、北西である。
2階の柱の傾斜は、X, Yともに最大で1/333と問題はない。
　　傾斜の方向は、1階と同様の北西である。
以上から特に問題はない。

2 耐震診断

⑥ 耐震診断報告書作成

コンクリート強度調査、劣化調査

リバウンドハンマー試験の結果を示す

コンクリート基礎で実施した，リバウンドハンマー試験の結果をまとめる。日本材料学会の公式に準拠し，打設した箇所ごとに反発硬度の平均値を補正して圧縮強度を求める。試験したコンクリート基礎の強度に，問題があるかどうかを記載する（**表2**）。

劣化部位をまとめる

一般診断法の建物劣化調査チェックシートに，劣化の有無を記載する（**表1**）。

ここで難しいのは，どの程度の劣化を拾って，○を付けるかという点だ。というのも上部構造評点の算定では，耐震診断で劣化に気付いた場合，その箇所を補強時に補修したとしても，劣化した部分はどこかに残っている可能性があると想定する。そのため，劣化ありとして，低減係数が0.9未満となった場合，劣化箇所を改修しても上部構造評点は最大0.9までしか戻らない。

同時に，一般診断法における劣化度の想定は，間接的な影響を踏まえたものである点にも，留意する必要がある。屋根や外壁などに割れやさびが発生している場合は，雨漏りを誘引しやすく，内部の躯体に劣化が生じているかもしれないと考えるわけだ。

つまり，内部の躯体が健全であることを確認できれば，外側にこけが見えても，劣化状況に○を付ける必要はない。構造体の強度に，影響のある雨漏りやシロアリの被害を確認した場合には，迷わず○を付ける。

ここが重要！
- 建物劣化調査チェックシートの○は，躯体への影響を考慮して記入する
- 躯体が劣化していないことを確認できれば，○を付ける必要はない
- むやみに○を付けると，補強計画が過剰になるおそれがある

表1 劣化調査結果

部位		材料，部材等	劣化状況	該当項目 ○
屋根葺材		瓦・スレート	割れ，欠け，ずれ，欠落がある。	
樋		軒・呼び樋	変退色，さび，割れ，ずれ，欠落がある。	
		縦樋	変退色，さび，割れ，ずれ，欠落がある。	
外壁仕上げ		木製板，合板	水浸み痕，こけ，割れ，抜け節，ずれ，腐朽がある。	
		窯業系サイディング	こけ，割れ，ずれ，欠落，シール切れがある。	
		コンクリートブロック	こけ，割れ，ずれ，欠落がある。	
		モルタル	こけ，0.3mm以上の亀裂，剥落がある。	
露出した躯体			水浸み痕，こけ，腐朽，蟻道，蟻害がある。	
バルコニー	手すり壁	木製板，合板	水浸み痕，こけ，割れ，抜け節，ずれ，腐朽がある	
		窯業系サイディング	こけ，われ，ずれ，欠落，シール切れがある	
		金属サイディング	変退色，さび，さび穴，ずれ，めくれ，目地空き，シール切れがある。	
		外壁との接合部	外壁面との接合部に亀裂，隙間，緩み，シール切れ・剥離がある。	
	床排水		壁面を伝って流れている，または排水の仕組みがない	
内壁	一般室	内壁，窓下	水浸み痕，はがれ，亀裂，カビがある。	
	浴室	タイル壁	目地の亀裂，タイルの割れがある。	
		タイル以外	水浸み痕，変色，亀裂，カビ，腐朽，蟻害がある。	
床	床面	一般室	傾斜，過度の振動，床鳴りがある。	
		廊下	傾斜，過度の振動，床鳴りがある。	
	床下		基礎の亀裂や床下部材に腐朽，蟻道，蟻害がある。	

劣化を認めた箇所に○を付ける。

表2 コンクリート強度測定結果

日本材料学会公式準拠

日付　建物	\multicolumn{8}{c}{2016年7月12日　○○邸}
調査箇所	\multicolumn{2}{c}{西}	\multicolumn{2}{c}{北}	\multicolumn{2}{c}{東}	\multicolumn{2}{c}{南}
反発硬度	42	45	43	45	42	45	43	45
	42	44	42	44	44	44	42	45
	43	42	44	43	43	42	43	45
	44	45	45	45	45	45	44	45
	44	43	44	42	44	43	44	42
	43	43	41	43	43	44	45	41
	42	43	42	41	41	44	45	43
	41	44	41	41	41	44	45	44
	43	42	41	41	43	42	45	42
	44	41	44	41	44	41	44	41
平均反発硬度	\multicolumn{2}{c}{43.0}	\multicolumn{2}{c}{42.7}	\multicolumn{2}{c}{43.2}	\multicolumn{2}{c}{43.7}
打撃方向	\multicolumn{2}{c}{水平}	\multicolumn{2}{c}{水平}	\multicolumn{2}{c}{水平}	\multicolumn{2}{c}{水平}
補正値	\multicolumn{2}{c}{なし}	\multicolumn{2}{c}{なし}	\multicolumn{2}{c}{なし}	\multicolumn{2}{c}{なし}
乾燥状態	\multicolumn{2}{c}{乾燥}	\multicolumn{2}{c}{乾燥}	\multicolumn{2}{c}{乾燥}	\multicolumn{2}{c}{乾燥}
補正値								
材齢	\multicolumn{2}{c}{92日以降}	\multicolumn{2}{c}{92日以降}	\multicolumn{2}{c}{92日以降}	\multicolumn{2}{c}{92日以降}
補正値	\multicolumn{2}{c}{0.63}	\multicolumn{2}{c}{0.63}	\multicolumn{2}{c}{0.63}	\multicolumn{2}{c}{0.63}
推定強度 F [N/mm²]	\multicolumn{2}{c}{23.1}	\multicolumn{2}{c}{22.8}	\multicolumn{2}{c}{23.2}	\multicolumn{2}{c}{23.6}
推定強度結果の最大値	\multicolumn{8}{c}{23.6　N/mm²}
推定強度結果の最小値	\multicolumn{8}{c}{22.8　N/mm²}
推定強度結果の最大値と最小値の差	\multicolumn{8}{c}{0.80　N/mm²}
標準偏差 σ	\multicolumn{8}{c}{0.33　N/mm²}
圧縮強度 σ_B	\multicolumn{8}{c}{22.8　N/mm²}

圧縮強度σ_B=22.8N/mm²である。18N/mm²以上であり特に問題はない。

推定強度標準式

$$F = [-18.0 + 1.27 \times (R_0 + R_1 + R_2)] \times \alpha$$

F：推定強度
R_0：テストハンマーの反発度(20点の平均値)
R_1：湿潤補正……測定位置が湿っており，打撃の後が黒点になる場合は＋3
　　　　　　　　測定位置が，濡れている場合は＋5
R_2：角度補正値(水平打撃時の場合補正しない)
α：材齢係数

2 耐震診断
⑥ 耐震診断報告書作成

考察、耐震診断計算の流れ

図1 考察（例）

調査結果

① 屋根
　屋根は，1階，2階はコロニアルであり，劣化は見られない。
　屋根仕様から軽い建物とする。

② 外壁
　外壁はサイディングである。
　特に問題のある劣化はなし。

③ 基礎
　無筋コンクリート基礎である。鉄筋探査機により無筋を確認した。
　コンクリートの強度は平均 22.8 N/mm^2 である。特に劣化などみられないため，問題はない。
　床下換気口付近に軽微なクラックがみられるが，特に問題はない。
　よって，無筋コンクリート造基礎（Ⅱ）とする。

④ 小屋裏
　和小屋である。
　木製火打ち梁あり（ボルトによる接合）
　雲筋かいあり。
　雨漏りの跡はあるが，改修済みのため特に問題はない。

⑤ 床　床下
　床材は荒板である。
　床下の部材の含水率は 20% 以下であり，問題ない。
　シロアリの蟻道などはみられなかった。
　特に問題となる劣化はみられない。

⑥ 内壁・柱
　内壁は，和室がラスボード，洋室が石こうボード，押入が合板である。
　筋かいは，1階では 45×90 mm，2階では 45×90 mm である。
　柱の傾斜は，
　1階 X 方向の柱の傾斜は，最大で 1/200 と少し大きいが，
　平均では約 1/500 であり問題はない。
　　Y 方向の柱の傾斜は，最大で 1/500，平均で 1/700 と小さいため問題はない。
　　傾斜の方向は，北西である。
　2階の柱の傾斜は，X，Y ともに最大で 1/333 と問題はない。
　　傾斜の方向は，1階と同様の北西である。
　以上から特に問題はない。

⑦ 天井
　構造的には，特に問題となる劣化はみられない。

調査結果を考察でまとめる

ここまで分析，整理した内容を，**図1**に示すように「考察」としてまとめる。

屋根，外壁，基礎，小屋裏，床，内壁・柱，天井，バルコニーといった部位ごとに，それぞれの仕様や劣化の有無を記載する。問題点があれば注記する。

耐震診断計算の流れ

調査結果のまとめが完了したら，次はその情報をもとに耐震診断計算を行う。耐震診断計算のおおまかな流れを下図に示す。なお，本書では，日本建築防災協会の「一般診断法による診断プログラム Wee2012」を使用することを前提として進める。

> **ここが重要！**
> ● 調査結果の全体像をまとめて記述する
> ● 耐震診断計算の流れを理解する

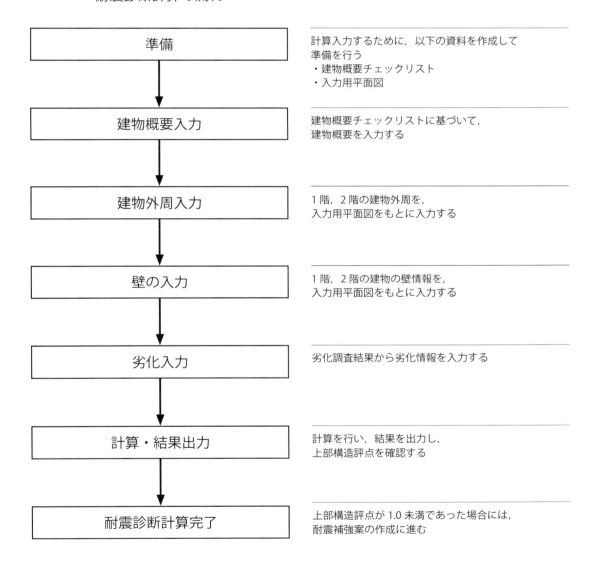

耐震診断計算の流れ

準備	計算入力するために，以下の資料を作成して準備を行う ・建物概要チェックリスト ・入力用平面図
建物概要入力	建物概要チェックリストに基づいて，建物概要を入力する
建物外周入力	1階，2階の建物外周を，入力用平面図をもとに入力する
壁の入力	1階，2階の建物の壁情報を，入力用平面図をもとに入力する
劣化入力	劣化調査結果から劣化情報を入力する
計算・結果出力	計算を行い，結果を出力し，上部構造評点を確認する
耐震診断計算完了	上部構造評点が1.0未満であった場合には，耐震補強案の作成に進む

2 耐震診断
⑥ 耐震診断報告書作成

建物概要チェックリスト

一般診断法の計算ソフトを用いて、上部構造評点を算出する。本書では、一般財団法人日本建築防災協会が発行している耐震診断用計算ソフト「Wee」を用いて算定している。具体事例の計算例を巻末の214頁に掲載しているので、合わせて参考にしていただきたい。

まず、**表1**のように、入力時に必要な項目を整理しておく。

図1 一般診断法による診断プログラム

表1 耐震断用ソフトWee入力用チェックリスト

計算モード	□現況診断　□補強計算
診断方法	□方法1　　□方法2
1モジュール	（　　　）mm
①建物名称	邸　診断依頼者
②所在地	
③竣工年	年　10年未満・10年以上
④建物仕様	木造　　階建て　　□1階はRC造またはS造
	屋根
	外壁
	内壁
	□軽い建物　　□重い建物　　□非常に重い建物
⑤地域係数	Z=
⑥地盤による割増	□普通・よい=1.0　　□軟弱地盤=割増係数（　　）
⑦形状割増係数	□短辺幅4.0以上（1.0）　　□短辺4.0未満（1.13）
⑧積雪深さ	□多雪地域以外　　□多雪地域
⑨基礎仕様	鉄筋・無筋　コンクリート造基礎　玉石基礎　ブロック基礎
	□健全　　□軽微なひび割れ　　□ひび割れあり
	基礎仕様　Ⅰ・Ⅱ・Ⅲ
⑩床仕様	□合板（Ⅰ）　　□火打ち+荒板（Ⅱ）　　□火打ちなし（Ⅲ）
	□4mを超える吹抜あり
⑪主要な柱の径	□120mm未満　　□120mm以上
⑫接合部仕様	□平成12年建設省告示第1460号に適合する仕様（Ⅰ）
	□羽子板ボルト，山形プレートVP，かど金物CP-T，CP-L，込み栓（Ⅱ）
	□ほぞ差し，釘打ち，かすがい等（Ⅳ）

計算モード

Wee では，耐震診断と耐震補強設計それぞれの計算ができるため，どちらで使用するか選択する。耐震診断の場合には現況診断にチェックを入れる。

診断方法

一般診断法の耐震診断には，方法 1 と 2 が存在する。方法 1 が一般的な住宅を対象としており，方法 2 は柱の径が大きい伝統的構法などの建物を対象としている。

1 モジュールの寸法

建物の柱の間隔で，主要なものを入力する。一般的な木造住宅は，910 mm や 909 mm であることが多いが，中には 1,000 mm などのメーターモジュールの場合もある。

平面図を作成する際には，1 モジュールで入力した間隔と，その 2 分の 1 の間隔で壁が入力可能である。

①建物名称

建物名称は，診断依頼者の苗字をとって○○邸とすることが多い。また，診断依頼者の名前も入力する。

②所在地

建物の住所を入力する。

③竣工年

19○○年もしくは昭和○○年で建物の建てられた年代を入力する。

④建物仕様

建物の階数，築年数を入力する。10 年未満と 10 年以上で，劣化調査の項目が異なる。建物の 1 階が RC 造や S 造の混構造の場合は，その旨を入力する。

屋根，外壁，内壁の仕様を入力し，建物が軽い，重い，非常に重い建物の，どれに分類されるかを入力する。これらを判断するための方法は 100 頁に示す。

⑤地域係数 Z

地域係数は，地域ごとに 1.0〜0.7 までに定められた値である。

耐震診断は，極稀地震が起こったときに建物が倒壊しないかどうかを判断するものなので，地域係数は 1.0 としておいたほうが安全側となる。

⑥地盤による割増し

軟弱地盤の場合，地震時に揺れが増幅するおそれがある。そのため，建築基準法では非常に悪い地盤であると判断される場合には，必要耐力を 1.5 倍にすることとなっている。

一方，一般診断法においては，現況に応じて 1.0 から 1.5 の範囲で適宜数値を診断者の判断で設定できる。液状化も同様である。

⑦形状割増係数

2 階建の建物の場合，1 階の短辺方向の長さが 4 m 未満である場合には，建物平均重量が大きくなるため，必要耐力を 1.13 倍する。

⑧積雪深さ

多雪地域の場合はチェックをする。多雪地域の場合には，積雪の影響を考慮した場合と考慮しない場合の両方の計算を行い，評点の低い方を診断結果とする。

⑨基礎仕様

基礎の仕様を調査結果に基づいて入力する。詳しくは 98 頁に示す。

⑩床仕様

床の仕様を調査結果に基づいて入力する。詳しくは 98 頁に示す。

⑪主要な柱の径

主要な柱の径が，120 mm 未満か 120 mm 以上であるかを入力する。

一般的な住宅では，主要な柱の径は 105 mm×105 mm で，通し柱は 120 mm×120 mm を使用していることが多い。そのため，主要な柱の径は 120 mm 未満であることがほとんどである。

⑫接合部仕様

接合部の仕様を，調査結果に基づき入力する。詳しくは 98 頁に示す。

2 耐震診断

⑥ 耐震診断報告書作成

建物仕様の決め方

地盤の分類

地盤は，**表1**に示すような地盤種別から第3種地盤であると判断した場合には，必要耐力を1.5倍に割り増す。地盤に関しては，その土地の現況や元の地形から推測する方法や地盤調査結果などがあればそこから判断できる。

基礎仕様

基礎の種類により，**表2**に示すように基礎仕様を（Ⅰ）～（Ⅲ）のいずれかに定める。基礎仕様（Ⅰ）は，ひび割れがない健全な鉄筋コンクリート造の基礎（**写真1**）である。基礎仕様（Ⅱ）は，ひび割れのある鉄筋コンクリート造の基礎，ひび割れのない健全な無筋コンクリート造（**写真2**），もしくは軽微なひび割れのある無筋コンクリート造をいう。軽微とは，幅が0.3 mm以下のクラックが床下換気口のみに発生しているが，基礎全体は健全な状態をいう。

基礎仕様（Ⅲ）は，ひび割れのある無筋コンクリート造，玉石基礎（**写真3**），石積み，ブロック基礎をいう。なお，玉石基礎であっても，

表1 地盤の分類

地盤の分類	判断基準	昭和55年建設省告示第1793号
良い・普通の地盤	洪積台地または同等以上の地盤	第1種地盤
	設計仕様書のある地盤改良を実施（ラップル，表層改良，柱状改良）	
	長期許容地耐力≧50 kN/m²	第2種地盤
	下記以外	
悪い地盤	30 mよりも浅い沖積層（軟弱層）	
	埋立地および盛り土地で大規模造成工事（転圧・地盤改良）によるもの（宅地造成等規制法・同施行令に適合するもの）	
	50 kN/m²＞長期許容地耐力≧20 kN/m²	
非常に悪い地盤	海・川・池・沼・水田などの埋立地および丘陵地の盛土地で小規模な造成工事によるもので軟弱な地盤	第3種地盤
	30 mよりも深い沖積層（軟弱層）	

表2 基礎仕様

基礎仕様	現況	
Ⅰ	鉄筋コンクリート造基礎	健全（布基礎，べた基礎）
Ⅱ		ひび割れあり（布基礎，べた基礎）
Ⅱ	無筋コンクリート基礎	健全な布基礎
		軽微なひび割れあり
Ⅲ		ひび割れあり
Ⅱ	玉石基礎（柱脚に足固め＋鉄筋コンクリート底盤に柱脚または足固めなどを結束）	
Ⅲ	玉石，石積み，ブロック基礎	

表3 床仕様

床仕様Ⅰ	合板
床仕様Ⅱ	火打ち＋荒板
床仕様Ⅲ	火打ちなし

表4 接合部仕様

接合部Ⅰ	平成12年建設省告示1460号に適合する仕様
接合部Ⅱ	羽子板ボルト，山形プレートVP，かど金物CP-T，CP-L，込み栓
接合部Ⅲ	ほぞ差し，クギ打ち，かすがいなど（構面の両端が通し柱の場合）
接合部Ⅳ	ほぞ差し，クギ打ち，かすがいなど

柱脚に足固めしたうえに鉄筋コンクリート造の底盤を設ける補強を行った場合には，基礎仕様（Ⅱ）としてよい。

床仕様

床の種類により**表3**に示すように，床仕様を（Ⅰ）～（Ⅲ）とする。床仕様（Ⅰ）は合板（**写真4**），床仕様（Ⅱ）は火打ち＋荒板（**写真5**），床仕様（Ⅲ）は火打ちなし（**写真6**）となっている。一般的に火打ち＋荒板である場合が多いが，火打ちの量を確認し，少ない場合には床仕様（Ⅲ）とするなどの判断も必要である。

接合部仕様

接合金物の種類により，**表4**に示すように接合部仕様を（Ⅰ）～（Ⅳ）とする。

接合部（Ⅰ）は，平成12年建設省告示第1460号に適合する仕様である。N値計算を行って，必要性能を満足している金物を設置している場合，これに該当する。

接合部（Ⅱ）は，羽子板ボルトや山形プレート（**写真7**）などの金物が設置されている場合に選択できる。

接合部（Ⅲ）は，構面の両端が通し柱で，その他の柱がほぞ，くぎ，かすがいで接合されている場合に選択することができる。一般診断法による耐震診断において，接合部（Ⅲ）を使用することはほとんどない。

接合部（Ⅳ）は，ほぞ，くぎ，かすがい（**写真8・9**）で接合されている場合に，選ぶことができる。旧耐震基準の建物の場合，ほぼすべて接合部（Ⅳ）である。

写真1 鉄筋コンクリート造べた基礎

写真2 無筋コンクリート造布基礎

写真3 玉石基礎

写真4 構造用合板（床仕様Ⅰ）

写真5 木製火打ち（床仕様Ⅱ）

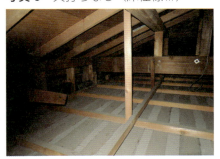
写真6 火打ちなし（床仕様Ⅲ）

写真7 山形プレート（接合部Ⅱ）

写真8 かすがい（接合部Ⅳ）

写真9 ほぞ差し（接合部Ⅳ）

2 耐震診断

⑥ 耐震診断報告書作成

床面積の取り方と建物荷重

耐震診断用計算ソフトに入力する数値について，補足説明する。

床面積は「その階が支える面積」

耐震診断の計算に用いる床面積は，建築基準法上の容積率や建ぺい率などを求める場合とは異なる。建築基準法ではその階の下側を見て計算するのに対し，耐震診断では「その階が支える部分の面積」，すなわちその階から見上げた状態の面積を計算することになる。これは，品確法（住宅の品質確保の促進等に関する法律）の壁量計算の方法に準拠したものだ。

そのため，横架材に囲まれて構造上一体になった部分であれば，図1のように吹抜やオーバーハング部分，玄関ポーチ，外部のバルコニーなども1階の床面積に含める。外部のバルコニーについては，荷重が軽いため0.4を乗じた数値を加えればよい。

建物の重量は，実態に即した計算方法も

建物の重量は，必要耐力の算定に用いる。一般診断法の場合，建物の重さは屋根の仕様によって，簡易に「軽い建物」，「重い建物」，「非常に重い建物」に分類できるようになっている（表1）。

それぞれの建物の壁は，同表の右欄の仕様を想定している。したがって，壁の仕様が右欄と大きく異なる場合には，実情に即して安全側に設定することが求められる。

より正確に建物の重量を計算する場合は，実際の建物の屋根・外壁・内壁・床・積載の各荷重を加算する（多雪区域では積雪荷重も加える）。その場合は，図2のように3,500 N/m²未満が軽い建物，4,575 N/m²以上が非常に重い建物，両者の中間が重い建物となる。

例えば，「石綿スレート板の上に鉄板カバー工法を行った屋根（想定床面積当たり重量950＋350 N/m²），ラスモルタルの外壁（750 N/m²），ボードの内壁（200 N/m²）」に「床荷重（600 N/m²）」と「積載荷重（600 N/m²）」で構成された建物は，合計3,450 N/m²になるので「軽い建物」に分類される。

建物荷重はその階が支える部分を計算

建物荷重は図3のように計算する。

2階の建物荷重は，2階階高の半分以上の部分が対象となる。したがって，図示した例では「2階の屋根」と「2階の外壁と内壁の半分以上の部分」の重量を計算する。

1階の建物荷重は1階階高の半分以上の部分が対象となるので，「2階の屋根」，「2階の外・内壁」，「下屋の屋根」，「2階の床」，「バルコニー」，「1階の外・内壁の階高半分以上の部分」の重量を加える。

ここが重要！
- 計算用床面積は，その階が支える部分の吹抜やオーバーハング部分なども算入する
- 簡易な方法では，建物の重さを屋根と壁の仕様で判断する
- 建物の重さの分岐点は3,500 N/m²と4,575 N/m²

表1 建物重量の分類

分類	屋根の仕様	壁の仕様（参考）
軽い建物	石綿スレート板，鉄板葺など	ラスモルタル壁（外壁），ボード壁（内壁）
重い建物	桟瓦葺など	土塗壁（外壁），ボード壁（内壁）
非常に重い建物	土葺瓦屋根など	土塗壁（外壁・内壁とも）

※壁の仕様が著しく異なる場合は，実情に合わせて安全側に設定する。

図1 床面積の考え方（例）

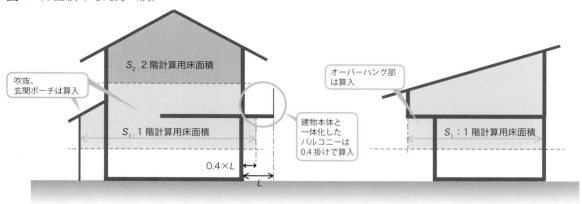

図2 重さの分類の基準

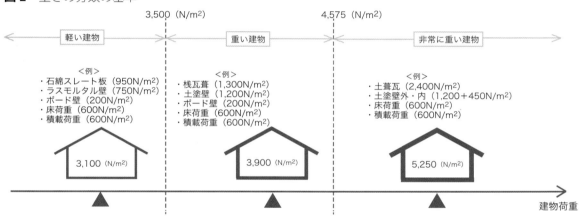

図3 建物荷重算定の考え方（例）

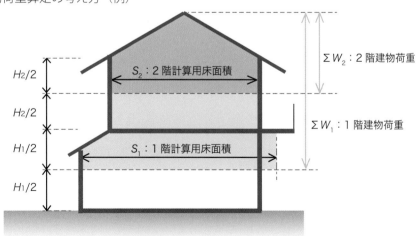

ΣW_2：2階建物荷重※＝（2階屋根＋2階外壁×1/2＋2階内壁×1/2）×S_2

ΣW_1：1階建物荷重※
　＝｛（2階屋根＋2階外壁＋2階内壁＋2階床＋2階積載）×S_2
　　＋（1階外壁×1/2＋1階内壁×1/2）×S_1＋（$S_1 - S_2$）×1階屋根｝×割増係数

※：多雪区域では積雪荷重も加算する

2 耐震診断
⑥ 耐震診断報告書作成

壁の入力

無開口壁を入力する

耐震診断では、柱-柱間の壁ごとに耐力要素を入力していく。耐力要素の内容は、表1のようになっている。入力例を図2に示す。内壁石こうボード、軸材筋かい、外壁モルタル壁の順に入力する。

図3の入力例のように、外壁側に構造用合板とモルタル壁の二つの耐力要素がある場合には、耐力の大きい部材のみ入力する。

有開口壁を入力する

有開口壁は、2012年の改正により一般診断法でも個別に算入できるようになった。耐力評価できる無開口壁に隣接した開口部に限り、高さ600mm〜1,200mm程度の腰窓や、欄間に360mm以上の垂れ壁がある掃き出し窓も一定の耐力を持つとみなす（図1、写真1・2）。

壁の仕様はできるだけ推定する

内壁の仕様は、たいてい天井裏から確認できる。外壁の仕様は目視で判断する。サイディングは水切りや目地の存在で見極め、モルタル壁は断面が見える部分があれば判断できる。戸袋の内部には、モルタルがない場合が多いので気を付ける。

計算ソフトでは「不明な壁」とする設定も可能だが、安易にこれを使用しないようにする。診断の誤差が広がり、過度の補強をする結果に結びつくからだ。例えば、複数ある和室の一つの下地がラスボードであれば、ほかの和室もラスボードとみなすなど、できるだけ推測できる部分は判断をくだすように心掛ける。

ここが重要！
- 同じ側の耐力要素は一つしか耐力に見込めない
- 「一定の耐力を持つ」とみなせる有開口壁もある
- 壁の仕様は安易に「不明」とせず、調査をしっかり行って判断する

図1 有開口壁の種類

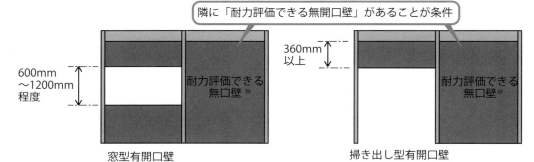

※筋かいのある壁では壁長90cm以上、構造用合板のある壁では壁長60cm以上

写真1 掃き出し開口（耐力あり）

垂れ壁が360mm以上あるため、掃き出し開口とすることができる。

写真2 掃き出し開口（耐力なし）

壁全体が戸となっているため、耐力はない。

表1　壁基準耐力

仕様			壁基準耐力（kN/m）
土塗り壁	塗り厚 40 mm 以上 50 mm 未満	横架材まで達する場合	2.4
		横架材間 7 割以上	1.5
	塗り厚 50 mm 以上 70 mm 未満	横架材まで達する場合	2.8
		横架材間 7 割以上	1.8
	塗り厚 70 mm 以上 90 mm 未満	横架材まで達する場合	3.5
		横架材間 7 割以上	2.2
	塗り厚 90 mm 以上	横架材まで達する場合	3.9
		横架材間 7 割以上	2.5
筋かい鉄筋 φ 9mm			1.6
筋かい木材 15 mm×90 mm 以上		びんたのばし	1.6
筋かい木材 30 mm×90 mm 以上		BP または同等品	2.4
		釘打ち	1.9
筋かい木材 45 mm×90 mm 以上		BP-2 または同等品	3.2
		釘打ち	2.6
筋かい木材 90 mm×90 mm 以上		M12 ボルト	4.8
筋交い製材 18 mm×89 mm 以上（枠組壁工法要）			【1.3】
木ずりを釘打ちした壁			0.8
構造用合板		耐力壁仕様	5.2（1.5）【5.4】
		準耐力壁仕様	3.1（1.5）
構造用パネル（OSB）			5.0（1.5）【5.9】
ラスシートモルタル塗り			2.5（1.5）
窯業系サイディング張り			1.7（1.3）
木ずり下地モルタル塗り			2.2
石こうボード張り		厚 9 mm 以上	1.1（1.1）
		厚 12 mm 以上，枠組壁工法用	【2.6】
合板		厚 3 mm 以上	0.9（0.9）
ラスボード			1.0
ラスボード下地しっくい塗り			1.3

※壁倍率を有する耐力壁では，便宜的に「壁基準耐力＝壁倍率×1.96（kN/m）」を使うこともできる。ただし，補強設計では，壁倍率の大臣認定における規定を満たす場合に限る
（　）：胴縁仕様
【　】：枠組壁構法の場合

図2　入力例1

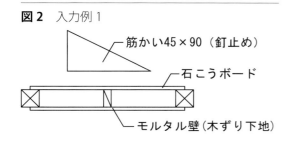

入力　外：石こうボード
　　　内：筋かい45×90（釘止め）
　　　外：モルタル壁（木ずり下地）

図3　入力例2

※同じ側に複数の面材がある場合，耐力は強度の高い面材のみを使用する

入力　外：ラスボード
　　　内：なし
　　　外：構造用合板（耐力壁仕様）

2 耐震診断

⑥ 耐震診断報告書作成

入力用平面図

計算を行う前に，入力用平面図を作成することで入力がスムーズにできる。入力用の平面図の例を**図1，2**に示す。

建物外周

建物の外周部分を平面図に記入する。外周で入力された面積が，必要耐力を算定するために使用される。耐震診断では見上げ方向に面積を算出するため，ポーチの屋根やバルコニーの面積をも含める必要がある。荷重が軽いバルコニーは面積40％を算入すればよいが，Weeでは細かい設定ができないため，筆者はWeeで入力できる40％に近い面積を加えるようにしている。

Weeは，入力の際に1グリッドの寸法の2分の1（1グリッドが910mmなら455mm）間隔でしか入力できない。303や606など入力が難しい場合は，面積を多めにとることで安全側の評価となる。また，そのような部分が2箇所以上ある場合には，片方を小さく，片方を大きく入力するという方法もある。ただし，面積を小さく取ってしまうことがないように注意する。

耐力要素の配置

筋かい，石こうボード，モルタル壁などの，耐力要素の配置を平面図に記入する。耐力要素には，**図2**の右側の凡例に示すように，それぞれ記号を設け平面図に記入する。記号で耐力壁の種類を平面図に記入しておくと，入力時に間違いが減る。

筋かいや外壁などは，建物に対して1種類であることが多いため間違いにくいが，石こうボード，ラスボードや合板などは部屋ごとに違うため，誤りやすい。間違いを防ぐためには，あらかじめ平面図に記入しておくことが重要だ。

有開口壁の配置

窓型開口と掃き出し開口の有開口壁を平面図に記入する。記入の際には，窓型開口をM，掃き出し開口をHなど記号で表して記入すると，簡単でわかりやすい。調査結果をもとに，有開口壁として評価できるものだけを記入することが重要である。

有開口壁は，隣に無開口耐力壁がある場合のみ耐力を有する。Weeの場合には，この条件を満たさないものは入力しても耐力として算定されないため，すべての有開口壁を入力していても，計算結果には問題はない。

図面作成方法

本書では入力用の図面をCADで作成しているが，内容さえわかれば手書きでも特に問題はない。手書きのほうが時間もかからず作成できる。しかし，補助金を申請する場合には，このような内容の図面を提出することもあるので，その場合にはCADで作成する必要がある。また，記入内容はわかりやすいように，記号や色文字などを使用するとよい。**図1**に，入力図面用の凡例を示す。

ここが重要！
- 入力用の平面図を作成しておくと，計算ソフトへの入力をスムーズに行うことができる
- 記入内容は，わかりやすいように記号や色などを使用する

図1 入力用平面　凡例

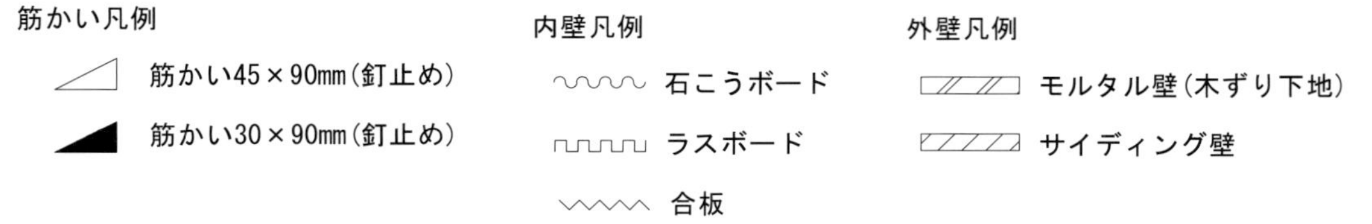

筋かい凡例
- 筋かい45×90mm（釘止め）
- 筋かい30×90mm（釘止め）

内壁凡例
- 石こうボード
- ラスボード
- 合板

外壁凡例
- モルタル壁（木ずり下地）
- サイディング壁

図2 入力用平面図

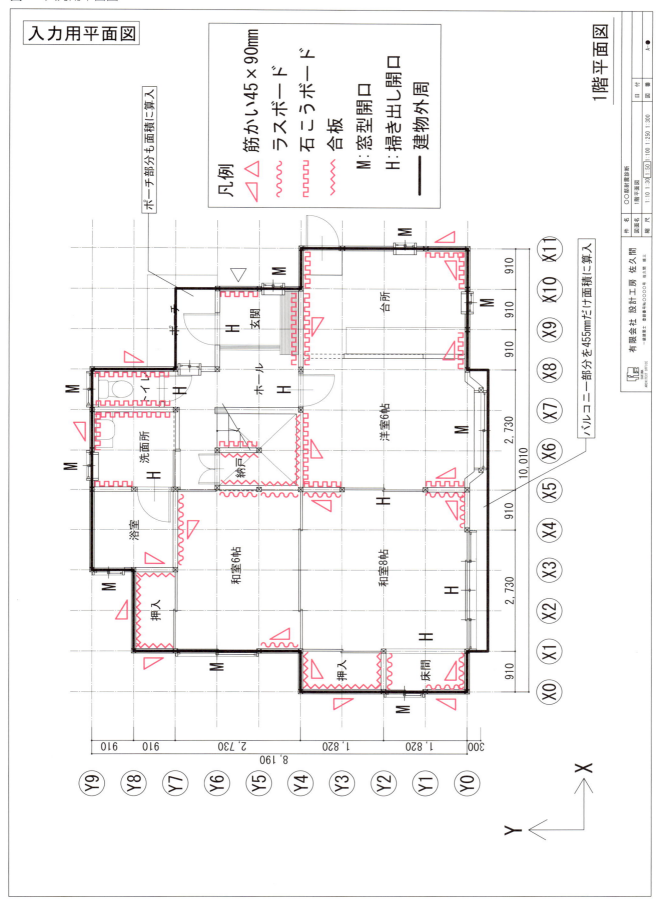

2 耐震診断

⑥ 耐震診断報告書作成

配置低減、劣化低減

耐力要素の配置等による低減係数

耐力要素がバランス悪く配置されている場合には，地震時ねじれが生じ弱い方に力が集中するなど，本来の力を発揮することができない。そこで，4分割法を応用して，**図1**のようにX，Y方向それぞれで外から1/4の領域を領域a，b，領域イ，ロとしそれぞれの領域で必要な耐力を満たしているか充足率を計算し，充足率が1.0を満足していない場合やバランスが悪い場合には保有耐力を低減する。低減係数の算定式は，床の仕様により異なる。これは，床剛性によりねじれやすさが違うためである（146頁参照）。

図2に，低減する場合の簡単な例を載せる。左図のX方向の検討では，領域a，bの各々の必要壁量は2枚である。領域aは耐力壁3枚で壁量を満足している。それに対し，領域bは壁量が1枚しかなく不足している。また，壁のバランスも領域aが3枚に対し，領域bは1枚とバランスが悪いため，地震の際にねじれが生じるため低減を行う。右図のY方向の検討では，領域イ，ロともに壁量は1枚のためバランスはよい，しかし，必要壁量が2枚に対し1枚しかないため，保有耐力を低減する。

図1　領域a, b, イ, ロの定義

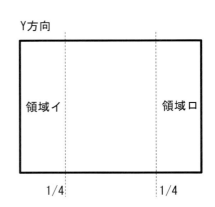

耐力要素の配置などによる低減係数 $_eK_{fl}$

①仕様Ⅰ（合板の場合）

$$_eK_{fl} = \frac{_eK_1 + _eK_2}{2_eK_2}$$

$\frac{_eK_1}{_eK_2} \geq 0.5$ の場合は1.0

ただし，$_eK_1 \geq 1.0$ であれば，$eK_{fl}=1.0$ とする。

②仕様Ⅱ（火打ち＋荒板）の場合
①，③の平均値

③仕様Ⅲ（火打ちなし）の場合

$$K_{fl1} = \frac{_eK_1 + _eK_2}{2.5_eK_2}$$

$_eK_1$＝充足率の低い領域の充足率
$_eK_2$＝充足率の高い領域の充足率

図2　低減を行う場合の壁配置

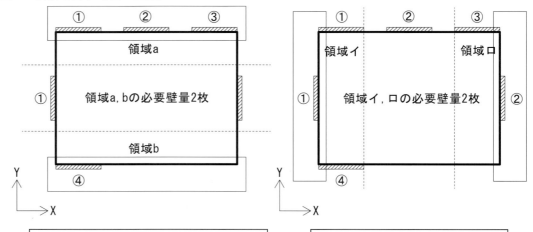

領域aの耐力壁が3枚あるのに対して，領域bは耐力壁1枚で，バランスが悪い。領域aは必要壁量を満足しているが領域bは，必要壁量を満足しておらず，ねじれが生じるので保有耐力を低減する。

領域イとロの耐力壁はそれぞれ1枚でバランスはよい。ただし，領域イ，ロともに必要壁量を満足していないため，保有耐力を低減する。

配置低減は1, 2階X, Y方向それぞれで計算

配置低減は，1, 2階，X, Y方向でそれぞれ計算を行い，それぞれ低減係数を計算する。**図3**に，Weeの計算例を示す。1, 2階，X, Y方向で計算しており，それぞれ違う低減係数が算出されていることがわかる。

劣化度による低減係数

調査による劣化項目をもとに，保有耐力を低減する。

劣化項目に該当する要素がある場合には，建物は劣化している。地震の際に本来の耐力を発揮できないため，保有耐力を低減する。低減は建物全体に行う。

図4に，Weeを用いた劣化による低減係数の計算例を示す。この事例では，床下の基礎や床下部材に劣化が存在していると判断し，劣化点数を2点とした。存在点数24と劣化点数2で計算した結果，劣化度による低減係数は0.92となっている。

図3 耐力要素の配置等による低減係数 Wee 計算例

【床の仕様】II 火打ち＋荒板（4m 以上の吹抜けなし）

階	方向	領域	領域の必要耐力 Q_r	領域の無開口壁の耐力 Q_w	充足率 Q_w/Q_r	耐力要素の配置等による低減係数 $_eK_{fl}$
2	X	a	4.39	7.91	1.80	0.65
		b	5.49	4.33	0.79	
	Y	イ	4.83	3.90	0.81	0.83
		ロ	6.14	3.32	0.54	
1	X	a	14.92	14.92	1.00	0.62
		b	10.63	4.03	0.38	
	Y	イ	13.17	11.17	0.85	0.84
		ロ	14.92	8.80	0.59	

図4 劣化度による低減係数 Wee 計算例

部位		材料，部材等	劣化状況	存在点数	劣化点数
屋根葺材		金属板	変退色，さび，さび穴，ずれ，めくれある	2	
		瓦・スレート	割れ，欠け，ずれ，欠落がある。		
樋		軒・呼び樋	変退色，さび，割れ，ずれ，欠落がある。	2	
		縦樋	変退色，さび，割れ，ずれ，欠落がある。	2	
外壁仕上げ		木製板，合板	水浸み痕，こけ，割れ，抜け節，ずれ，腐朽がある。	4	
		窯業系サイディング	こけ，割れ，ずれ，欠落，シール切れがある。		
		コンクリートブロック	こけ，割れ，ずれ，欠落がある。		
		モルタル	こけ，0.3mm 以上の亀裂，剥落がある。		
露出した躯体			水浸み痕，こけ，腐朽，蟻道，蟻害がある。	2	
バルコニー	手すり壁	木製板，合板	水浸み痕，こけ，割れ，抜け節，ずれ，腐朽がある	1	
		窯業系サイディング	こけ，われ，ずれ，欠落，シール切れがある		
		金属サイディング	変退色，さび，さび穴，ずれ，めくれ，目地空き，シール切れがある。		
		外壁との接合部	外壁面との接合部に亀裂，隙間，緩み，シール切れ・剥離がある。	1	
	床排水		壁面を伝って流れている，または排水の仕組みがない	1	
内壁	一般室	内壁，窓下	水浸み痕，はがれ，亀裂，カビがある。	2	
	浴室	タイル壁	目地の亀裂，タイルの割れがある。	2	
		タイル以外	水浸み痕，変色，亀裂，カビ，腐朽，蟻害がある。		
床	床面	一般室	傾斜，過度の振動，床鳴りがある。	2	
		廊下	傾斜，過度の振動，床鳴りがある。	1	
	床下		基礎の亀裂や床下部材に腐朽，蟻道，蟻害がある。	2	2
			合　計	24	2
劣化度による低減係数			$d_K = 1 -$（劣化点数／存在点数）＝	0.92	

2 耐震診断
⑥ 耐震診断報告書作成

上部構造評点の計算

図1 上部構造評点の計算

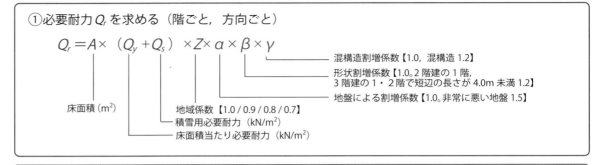

① 必要耐力 Q_r を求める（階ごと，方向ごと）

$$Q_r = A \times (Q_y + Q_s) \times Z \times \alpha \times \beta \times \gamma$$

- 床面積（m²）
- 床面積当たり必要耐力（kN/m²）
- 積雪用必要耐力（kN/m²）
- 地域係数【1.0 / 0.9 / 0.8 / 0.7】
- 地盤による割増係数【1.0。非常に悪い地盤 1.5】
- 形状割増係数【1.0。2階建の1階，3階建の1・2階で短辺の長さが4.0m未満 1.2】
- 混構造割増係数【1.0, 混構造 1.2】

② 柱・壁の耐力 Q_u を求める（階ごと，方向ごと）

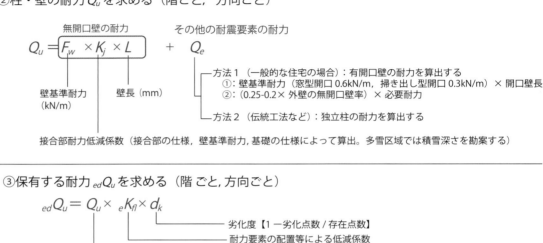

$$Q_u = \boxed{F_w \times K_j \times L} + Q_e$$

無開口壁の耐力　　その他の耐震要素の耐力

- 壁基準耐力（kN/m）
- 壁長（mm）
- 接合部耐力低減係数（接合部の仕様，壁基準耐力，基礎の仕様によって算出。多雪区域では積雪深さを勘案する）
- 方法1（一般的な住宅の場合）：有開口壁の耐力を算出する
  - ①：壁基準耐力（窓型開口 0.6kN/m，掃き出し型開口 0.3kN/m）× 開口壁長
  - ②：（0.25-0.2 × 外壁の無開口壁率）× 必要耐力
- 方法2（伝統工法など）：独立柱の耐力を算出する

③ 保有する耐力 $_{ed}Q_u$ を求める（階ごと，方向ごと）

$$_{ed}Q_u = Q_u \times {_eK_{fl}} \times d_k$$

- 壁・柱の耐力（kN）
- 耐力要素の配置等による低減係数【4分割法による壁量充足率から算定（床仕様Ⅰ：合板，床仕様Ⅱ：火打ち＋荒板，床仕様Ⅲ：火打ちなし。4m以上の吹抜がある場合は床仕様を1段階下げる）。または，偏心率から算定】
- 劣化度【1－劣化点数／存在点数】

④ 上部構造評点を算定する（階ごと，方向ごと）

$$上部構造評点 = \frac{保有する耐力 {_{ed}Q_u} (kN)}{必要耐力 Q_r (kN)}$$

表1 上部構造評点の判定

上部構造評点	判定
1.5 以上	倒壊しない
1.0 以上 1.5 未満	一応倒壊しない
0.7 以上 1.0 未満	倒壊する可能性がある
0.7 未満	倒壊する可能性が高い

ここが重要！
- 地盤・基礎評価では，「○」を記入するだけでなく，その理由も解説する
- 建物の弱い部分と対策の要否を記載する

図 2 上部構造評点 Wee 計算例

階	方向	壁・柱の耐力 Q_u (kN)	配置などによる低減係数 $_eK_{fl}$	劣化度 d_k	保有する耐力 $_{ed}Q_u=Q_u\times{}_eK_{fl}\times d_k$	必要耐力 Q_r (kN)	上部構造評点 $_{ed}Q_u/Q_r$
2	X	20.29	0.65	0.92	12.08	22.16	0.54
2	Y	21.40	0.83	0.92	16.41	22.16	0.74
1	X	27.51	0.62	0.92	15.75	55.30	0.28
1	Y	42.21	0.84	0.92	32.59	55.30	0.58

A　　　B　　　C　　　D　　　E　　　F

（注）プログラムの計算は実数で行っている。上部構造評点（$_{ad}Q_u/Q_r$）に対しては小数点第 3 位を切り捨てる。

A：壁・柱の耐力 Q_u（kN）……建物の純粋な耐力
B：配置などによる低減係数 $_eK_{fl}$……耐力壁のバランスなどによる低減係数
C：劣化度 d_k……建物の劣化による低減係数
D：保有する耐力 $_{ed}Q_u$＝A×B×C……地震時に実際に抵抗する耐力
E：必要耐力 Q_r……地震の際に建物に作用する水平力
F：上部構造評点 $_{ed}Q_u/Q_r$＝D/E……地震時に抵抗する耐力が作用する地震力を上回っているかの評価

図 3 基礎・地盤評価

【地盤】

地盤	施されている対策の程度	記入	注意事項
よい・普通の地盤		○	地盤は平坦地であり，周辺地域での不同沈下などの現象がみられないことから「普通」と判断する
悪い地盤			
非常に悪い地盤（埋立地，盛土，軟弱地盤）	表層の地盤改良を行っている		
	杭基盤である		
	特別な対策を行っていない		

【地形】

地形	施されている対策の程度	記入	注意事項
平坦・普通		○	敷地は平坦であり，周辺地域とほぼ同一レベル出有ることから「平坦・普通」と判断する
がけ地・急斜面	コンクリート擁壁		
	石積み		
	特別な対策を行っていない		

【基盤】

基礎仕様	状態	記入	注意事項
鉄筋コンクリート基礎	健全		一部換気口付近にクラックが生じているが，その他はクラックは見られないことから，軽微なひび割れを生じている無筋コンクリート造基礎とする
	ひび割れが生じている		
無筋コンクリート基礎	健全		
	軽微なひび割れが生じている	○	
	ひび割れが生じている		
玉石基礎	足固めあり		
	足固めなし		
その他（ブロック基礎等）			

判断概拠や注意事項などを必ず記入する

【上部構造】

上部構造評点のうち最小の値	0.28（倒壊する可能性が高い）

注）1.5 以上：倒壊しない　1.0〜1.5 未満：一応倒壊しない　0.7〜1.0 未満：倒壊する可能性がある　0.7 未満：倒壊する可能性が高い

【計算メッセージ】
メッセージがありません。

【その他注意事項】
評点が 1，2 階の X，Y 方向ともに 1.0 を下回っているため，なんらかの補強が必要である。

補強が必要な箇所を示す

2 耐震診断 ⑦ 耐震診断の報告

報告書の概要と注意点

作成した耐震診断報告書を施主に提出し，内容を説明する。

私たちの事務所では，報告書は111頁に示す内容などで構成している。図面，写真と一般診断法による耐震診断結果（＋建物劣化調査シート）に加えて，柱の傾斜とコンクリート強度の調査内容をまとめているのが特徴になる。

平面図説明のポイント

平面図の説明では既存の図面と食い違いがあった箇所を説明し，新しく作成した図面が現況と合致していることを施主と確認する。

調査した筋かいの位置をわかりやすく説明する。筋かいの記号の意味や凡例の読み方などを一通り解説すると施主は理解しやすい。

現況写真説明のポイント

写真は，調査項目の要点を一つ一つかみくだいて説明する。施主は，専門用語をほとんど知らないという前提で説明すると，理解してもらいやすい。

柱傾斜図説明のポイント

柱傾斜図は，図面と数値の2種類の資料があるが，図面で説明したほうが施主には理解してもらいやすい。そして，傾いている方向や問題があるのかないのかなど，具体的に説明する。

劣化調査結果の説明のポイント

劣化調査に関しては，平面図や写真などで内容をすでに説明しているが，耐震診断の計算時に採用する劣化項目を，改めて整理して示す。軽微な劣化については，耐震診断に考慮しない場合もあることも伝える。

耐震診断計算の説明のポイント

耐震診断計算の資料を細部まで解説しても，施主が1度にすべてを理解するのは難しい。重要な内容をわかりやすく説明することが大切である。

耐震診断計算書の流れは大きく分けて，建物概要，耐力壁配置，壁の種類，必要耐力，壁の耐力，配置低減，劣化低減，上部構造評点，総合評価になる。このうち一番重要なのは上部構造評点なので，この部分をわかりやすく時間をかけて説明する。

報告書は複数用意

施主に説明する際は，報告書の構成を伝えてから個々の項目について解説する。平面図では，まず調査の趣旨と図面の読み方を説明したうえで，ポイントを伝えるようにするなどして，要点を理解してもらうように努める。

調査報告では，建物の現況と建物に弱い部分があるかどうかを踏まえて，補強の必要性の有無について説明することが肝になる。調査結果を噛み砕いて伝えると同時に，施主が不安に感じていることがあれば改めて耳を傾けて誠実に応答する。

報告書は通常，2部または3部を用意する。1部は施主用，1部は診断者用，もう1部は補助金申請をする際の提出用となる。住宅以外の木造建築物の耐震診断では，さらに多くの部数を求められる場合もあるので，事前に必要部数を確認しておく。

耐震補強案も添付する

私たちの事務所ではさらに，診断結果を踏まえた耐震補強案も添付している。特に上部構造評点が低い建物の場合，診断結果を見て施主は不安を感じ，どのようにすればよいかを知りたいと考えるだろう。そうした施主に安心してもらうためには，不安な状態のままで終わりにせず，対処の方法まで示しておくことが重要だ。この時点で例示する耐震補強案については，次項で説明する。

以上で，耐震診断の報告業務は終了となる。できれば耐震診断業務を終了した時点で，耐震診断料の支払いを受けられるように，報告する際に領収証も持参しておくとよい。

ここが重要！
- ●報告書は要点をわかりやすく説明する
- ●計算書では上部構造評点を詳しく説明する
- ●報告書は複数部用意する

図1 平面図

図2 調査写真

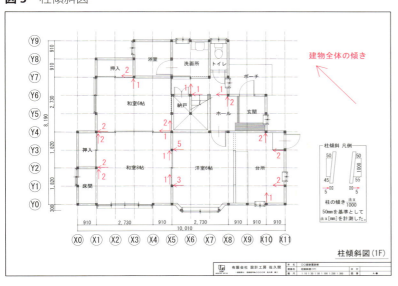

図3 柱傾斜図

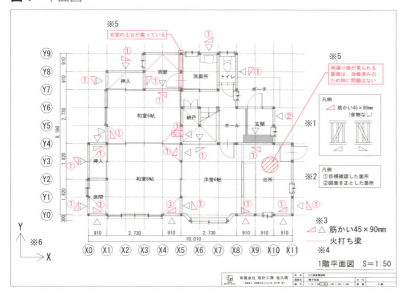

図4 劣化調査結果

部位		材料,部材等	劣化状況	該当項目 ○
屋根葺材		瓦・スレート	割れ,欠け,ずれ,欠落がある。	
樋		軒・呼び樋	変退色,さび,割れ,ずれ,欠落がある。	
		縦樋	変退色,さび,割れ,ずれ,欠落がある。	
外壁仕上げ		木製板,合板	水浸み痕,こけ,割れ,抜け節,ずれ,腐朽がある。	
		窯業系サイディング	こけ,割れ,ずれ,欠落,シール切れがある。	
		コンクリートブロック	こけ,割れ,ずれ,欠落がある。	
		モルタル	こけ,0.3mm以上の亀裂,剥落がある。	
		露出した躯体	水浸み痕,こけ,割れ,腐朽,蟻道,蟻害がある。	
バルコニー	手すり壁	木製板,合板	水浸み痕,こけ,割れ,抜け節,ずれ,腐朽がある	
		窯業系サイディング	こけ,われ,ずれ,欠落,シール切れがある	
		金属サイディング	変退色,さび,さび穴,ずれ,めくれ,目地空き,シール切れがある。	
		外壁との接合部	外壁面との接合部に亀裂,隙間,緩み,シール切れ・剥離がある。	
		床排水	壁面を伝って流れている,または排水の仕組みがない	
内壁	一般室	内壁,窓下	水浸み痕,はがれ,亀裂,カビがある。	
	浴室	タイル壁	目地の亀裂,タイルの割れがある。	
		タイル以外	水浸み痕,変色,亀裂,カビ,腐朽,蟻害がある。	
床	床面	一般室	傾斜,過度の振動,床鳴りがある。	
		廊下	傾斜,過度の振動,床鳴りがある。	
	床下		基礎の亀裂や床下部材に腐朽,蟻道,蟻害がある。	○

該当項目に関して劣化ありと判断する。

図5 耐震診断計算書

2012年改訂版
木造住宅の耐震診断と補強方法
「一般診断法」による診断
方法1

一般財団法人 日本建築防災協会
国土交通大臣指定 耐震改修支援センター

*方法1は、在来軸組構法や枠組壁工法など、壁を主な耐震要素とした住宅を主な対象とする。

1. 建物概要

①	建物名称	：建築邸
②	所在地	：○○県○○市○○-○
③	竣工年	：昭和55年 築10年以上
④	建物仕様	：木造2階建
		軽い建物（屋根仕様：スレート等 壁仕様：ラスモルタル外壁+ボード内壁）
⑤	地域係数 Z	：1.0
⑥	地盤による割増	：1.0
⑦	形状割増係数	：1階=1.00
⑧	積雪深さ	：無し（1m未満）
⑨	基礎仕様	：II ひび割れのある鉄筋コンクリートの布基礎又はべた基礎、無筋コンクリートの布基礎、柱脚に足固めを設け鉄筋コンクリート底盤に柱脚または足固めを緊結した玉石基礎、軽微なひび割れのある無筋コンクリート造の基礎
⑩	床仕様	：II 火打ち+荒板（4m以上の吹き抜けなし）
⑪	主要な柱の径	：120mm未満
⑫	接合部仕様	：IV ほぞ差し、釘打ち、かすがい等

* パスとファイル：D:¥My Documents¥耐震診断・補強設計¥建築邸.w12

2 耐震診断
⑦ 耐震診断の報告

耐震補強案の提示

前述したように，耐震性の低い建物だった場合には，現状を伝えるだけでなく解決方法も同時に提示すると，施主に安心感を与えられる。そこで私たちの事務所では，耐震診断を報告する際に簡易な耐震補強案を添付している。

目的は，一定の耐震性能を確保するためには「どの程度の補強が必要になるのか」という目安を示すことだ。上部構造評点を1.0以上にするための補強部位を想定して補強計画を立て，平面図と工事概算を提示する（概算は114頁参照）。

劣化部や壁量不足の部分を優先する

補強する箇所の優先順位は，次のように考えている。

①劣化が生じている部分

蟻害や腐朽が発生している部材は，必ず取り替える。そこで，劣化部分まわりは最優先で補修または補強を行う。

②壁量不足の部分

壁量が少なく，耐力に乏しい部分を補強する。例えば，大開口が設けられていることが多い南側の外壁面は，補強の候補となる可能性が高い。

③配置バランスが悪い部分

壁の配置バランスが悪い建物では，不足している側で壁を補強する。多くの建物では，水回りなど小割りの部屋を配置することの多い北側には壁が多く，リビングなど広い部屋を置くことが多い南側には壁が少ない。こうした場合，南側の壁を補強する。

④2階の壁面の直下部分

2階壁の直下に1階の耐力壁がない事例は珍しくない。

こうした建物は，大地震時に2階から伝わる荷重を支えきれなくなるおそれがある。特に下屋のある建物では水平構面の強度が不足しがちで，地震力を受けたときの弱点になりやすい。2階の壁の直下に耐力壁を設けることで，耐震性能を高める。

⑤押入れの内部

押入れの内部で補強すると，仕上工事が容易になるため，施工の手間が省け，工事費も低減できる。特に，押入れ内のX方向とY方向を同時に補強すると効果的だ。

後の補強設計を円滑に進めるために

これらの優先順位を踏まえるほか，次の点にも留意する。

①壁の新設部分は盛り込む

状況によっては，耐力壁の新設が避けられない建物もある。そうした場合は確実に設けることになる壁を耐震補強案に盛り込み，早い時点で理解を得ておくようにする。特に広いリビングや続き間などの一部を壁で塞ぐとなると，施主にとっても心理的な抵抗は大きいだろう。耐震補強設計に入ってから初めて提案すると，施主の同意を得られないこともある。事前に，提示しておくことが重要だ。

②変更1～2箇所の精度を目指す

この時点の提案で決定するわけではないとはいえ，後で行う本格的な耐震補強設計が大幅に変わると，施主からの信頼を損なってしまう。作業上の手戻りも大きい。具体化する際には改めて施主の要望を聞いて調整するが，1～2箇所の変更程度で対応できるような精度は必要だ。その点，前述した優先順位をもとに設計すれば，大きな誤差は生じない。

③ギリギリの計画を避ける

もう一つ，この時点の耐震補強案で留意するのは，後に調整の余地を残しておけるようギリギリの設計をしないことだ。例えば，接合部仕様はⅡにして概算をしておく。こうしておけば，実際の耐震補強設計で不利な条件変更を行う必要が生じても，N値計算によって接合部仕様をⅠに上げるなどすれば，大きな変更（耐力壁の増設など）をせずに対応できる可能性が高い。工事費に対する影響も最小限に抑えられる。

④必要以上に目標を高くしない

工事費などの負担が大きいために補強に，踏み切れない施主は少なくない。耐震補強案では，評点1.0～1.1程度を目安とする。施主の要望がわかっている場合にはそれに合わせるが，大幅に高くならないようにする。

ここが重要！

- 耐震診断を行った結果，評点が1.0未満の場合には補強案を提示することが大切である
- 評点が1.0程度になる補強案を作成する
- 必要な新設壁を盛り込んだ補強案を提示し，施主に理解を得る
- 補強案はぎりぎりの設計をせず余裕を設ける

図1 耐震補強案（例）

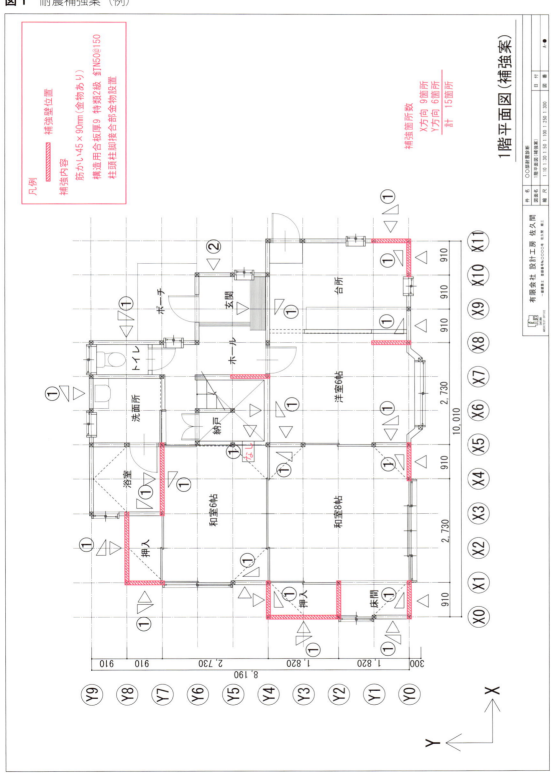

2 耐震診断 ⑦ 耐震診断の報告

概算工事費の提示，耐震診断料の受領，業務完了

施主にとってもう一つ重要な関心事は，「耐震補強にいくらかかるのか」という点だ。そこで，耐震補強案を提示するとともに，その補強で想定される工事費の概算を伝える。

補強壁1箇所当たりの単価で見積もる

概算工事費は，基本的に各工種の1箇所当たりの工事金額を算出し，補強予定の箇所数を掛けて算出する。工種は大きく分けて耐力壁補強，基礎補強，水平構面補強，小屋裏補強，劣化部材交換となる。私たちの事務所の場合，これまでの経験を踏まえて耐力壁補強1箇所当たりの単価は15万円から20万円という幅で提示している。

劣化部材の考慮は忘れずに

調査の際に劣化部材やシロアリ被害などが見られた場合には，それらの改修費用を概算工事費に見込んでおく。細かくはわからない場合には可能な範囲で金額を示し，状態によっては工事費は上下することをあらかじめ説明しておくことが大切である。

また，工事前には劣化箇所に関しては再度調査を行い，どのくらい費用が必要かを再度検討する。

補強案まで説明が完了し，耐震診断報告書を渡すと，報告業務は終了する。

表1 概算工事費（例）

工事内容	1箇所単位		金額
耐震壁補強	0.91m		15〜20万円
基礎補強工事	1.0m		2〜3万円
水平構面補強	0.91×2.73		20万円
小屋裏補強	一式	雲筋あり	10万円
		雲筋なし	15万円
劣化部材取換え	一式		状況により大きく変化

図1 概算工事費資料（例）

◆概算工事費

材料費、工事費を含み概算工事費は、

耐力壁補強	1箇所(0.91m)当たり	15〜20万円
基礎補強	1箇所(1.0m)当たり	2〜3万円
水平構面補強	1箇所(0.91×2.73m)当たり	20万円
小屋裏補強	1式	10万円

耐震壁補強費	○箇所×15〜20万円	＝○〜○万円
基礎補強費	○箇所×2〜3万円	＝○〜○万円
水平構面補強	○箇所×20万円	＝○〜○万円
小屋裏補強		10万円
	合計	○〜○万円

○○市の場合，補強工事の補助金は，工事費の23％か上限50万円の低い方となっています。
今回の場合は，○〜○万円のため，補助金は50万円満額となります。
よって，○〜○万円が実質の負担額となります。

請求書と領収証

耐震診断の報告を終えたら，施主に耐震診断業務料を請求する。**図 2** に請求書の例を示す。請求書には，日付，施主名，会社情報，金額，業務名，振込口座を示す。現金で受け取る場合には口座名は不要となる。

耐震診断料を受領した後，**図 3** に領収証の例を示す。

耐震診断業務完了

ここまでで，耐震診断業務は完了となる。耐震補強設計に入る場合には，補強設計の内容等を改めて説明するなど業務を進めていく。

ここが重要！

- 耐震補強案の概算工事費があると，施主も善後策を検討しやすい
- 補強壁 1 箇所当たり 15 万～20 万円程度で概算
- 業務が完了したら請求書，領収証を用意する

図 2　請求書（例）

請　求　書

平成○○年　○月　○日

建 築 太 郎 様

会社住所
会社名
名前

金 108，000 円
（うち消費税　￥8,000）

内　訳　　○○邸　耐震診断業務

上記のとおりご請求申し上げます。
恐れ入りますが下記銀行に振込みお願いいたします。

振込先銀行　　○○銀行
口座番号　　○○○○
口　座　名　　○○会社

図 3　領収証（例）

領　収　証

建 築 太 郎 様

金 108，000 円
（うち消費税　￥8,000）

内　訳　　○○邸　耐震診断業務

平成○○年　○月　○日

上記正に領収致しました。

埼玉県○○－○○
会社名
名前

第3章：
耐震補強設計

筋かいと構造用合板を用いた，一般的な耐震補強設計の進め方を解説する。

補強計画に当たっては，まず，目標とする上部構造評点を明確に定め，施主と共有する。目標評点は基本的に 1.0 以上となる。

施主の希望や建物の現況を勘案しながら，バランスの取れた補強を目指す。ここでは，耐力壁の配置方針，工事費削減を考慮した優先順位の付け方など，実務を通して得た知見をもとにポイントを整理した。

補強設計では，適切な補強工事を行うための目配りも求められる。見積りの精度を高め，意図したとおりの補強工事を実現させるために，重要な役割を果たすのが補強設計図だ。筆者の事務所では，平面図と耐震補強計算のほか，補強箇所ごとの軸組図を用意している。各図面の明確な目的と具体的な記載内容を紹介する。

3 耐震補強設計

耐震補強設計の流れ

補強方針を明確にして設計を進める

Start! — 半日

耐震診断 → 業務内容説明 → 業務契約 → 打合せ

業務内容説明
- 耐震補強設計業務内容の説明→120
  - ・耐震補強設計の目的
  - ・耐震補強設計の内容
  - ・耐震補強設計の費用

業務契約
- 契約書の作成→120
  - ・耐震補強設計業務契約書
  - ・重要事項説明書

打合せ
- 与条件の確認→122
  - ・補強計算の方法
  - ・上部構造評点の目標
  - ・補強部位と補強方法
  - ・基礎工事の有無
  - ・劣化部材の有無
  - ・リフォームの有無
- 工程の説明→122

計画の準備

補強工事の内容 →124
- ・耐力壁の増設
- ・基礎補強
- ・水平構面補強
- ・劣化部材の交換
- ・屋根ふき替え改修

目標評点の検討 →126
- ・1.0以上が基本
- ・階と方向のバランス
- ・ケーススタディの方法

補強計画

補強壁の設置方針 →128
- ・耐力壁の種類低減
- ・複雑な補強の回避
- ・2階支持部分への補強
- ・配置のバランス
- ・耐力要素のない壁の補強
- ・1箇所への集中の回避
- ・新設壁の基礎と接合部の仕様
- ・南側, 北側の補強

水平構面補強 →130

基礎補強 →130

工事費削減 →130
- ・押入れの補強
- ・L字形補強
- ・リフォームとの連携

補助金の申請

耐震補強設計補助金申請 → 補助金交付決定通知

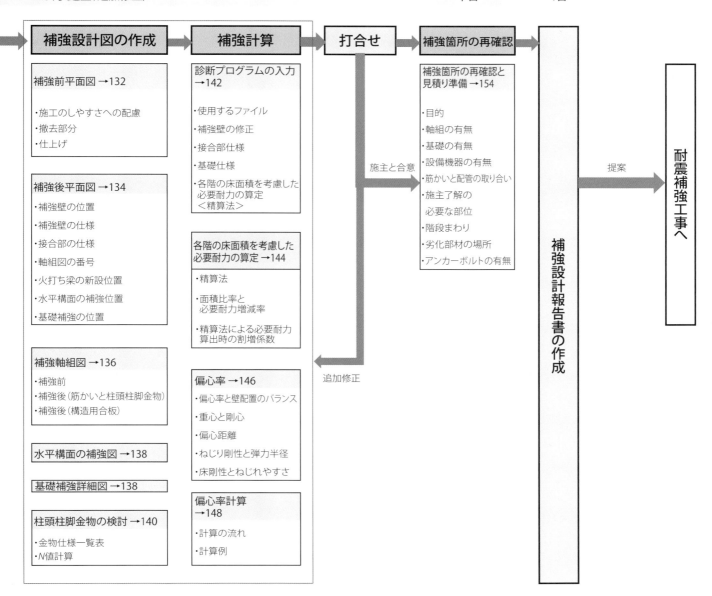

3 耐震補強設計 ① 業務内容の説明

耐震補強設計の内容、契約

耐震補強設計業務を開始する前に、施主に業務の内容を説明する。

目標評点を満たす補強方法を考える

補強設計では、耐震診断による上部構造評点が1.0未満であった建物に対して、①目標評点（1.0以上が一般的）を満たすために、必要な補強壁の数や位置を計算し（図3）、②それらの補強内容で補強図面（図1・2）を作成する。

評点が1.0以上であっても、施主の要望によりそれ以上の評点を目標に補強設計を行うこともある。

設計資料と工事写真で説明

補強設計業務の内容を説明する際は、補強設計を行った住宅の事例を見せながら「どのような流れで補強設計を進めていくか」、「どのような成果物を最終的に作成するか」などを具体的に示す。施主にとって図面はすぐには理解しづらい資料なので、その資料のもつ意味をわかりやすく説明することが大切である。特に、軸組図は一目見ただけではイメージを把握しにくい。実際に工事を行った写真を一緒に見せて説明すると、理解してもらいやすい。

補強設計でも契約と重要事項説明を

補強設計においても、重要事項説明を行い、契約を結んでから業務を開始する。契約書や重要事項説明書の書式は耐震診断のときと同じものを使用し、業務名称を「耐震補強設計業務」にするなど内容に合わせて項目の記載を差し替える。

耐震補強設計の費用

一般的に補強設計の費用は15万円程度となり、面積や補強数によって金額は変化する。診断の補強案をもとに設計費を決めると、実際の業務量に対して大きな食い違いは生じないだろう。

ここが重要！
- 業務内容の説明は補強事例を示しながら行う
- 補強内容は写真を見せると理解してもらいやすい
- 契約と重要事項説明を忘れずに

図1　補強後平面図（例）

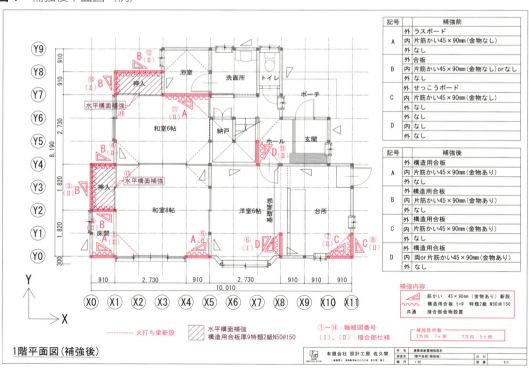

図2 軸組図（例）

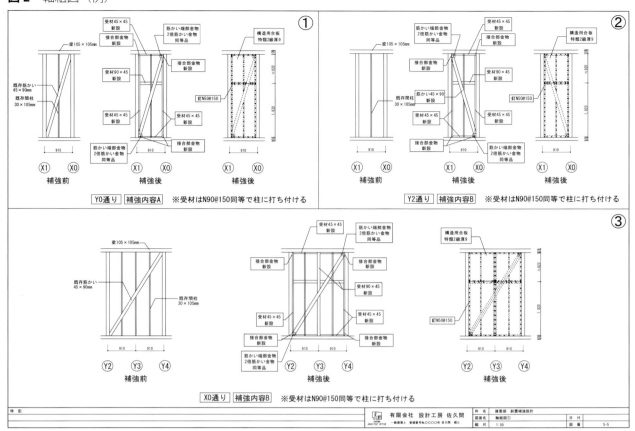

図3 補強計算書（例）

（出典：日本建築防災協会『一般診断法による診断プログラム wee2012』）

3 耐震補強設計
② 補強内容の打合せ

「補強できない箇所」などの与条件を確認する

耐震補強設計について，施主と詳細な打合せを行う。補強設計は通常の設計業務に比べて，業務規模が小さく短期間で進める必要があるため，前項の「業務内容の説明」と「契約」に引き続いて同じ日に打合せすることが多い。

補強計算（補強後に改めて行う上部構造評点の計算）の方法，目標とする評点，補強方法と補強箇所について確認するほか，補強設計の工程や耐震補強以外のリフォームの有無についても確認をしておく。施主にとって具体的な耐震補強の内容はイメージしにくいので，工事写真を示しながら丁寧に説明し，どの程度の作業が発生するのかをあらかじめ把握してもらうようにしたい。

一般診断法か精密診断法1か

補強計算で，一般診断法と精密診断法1のどちらを用いるかを施主に確認する。2012年の耐震診断法改定以前は，補強計算には精密診断法1を使用するよう求められていた。一方，改定以降は筋かいや構造用合板などによる補強の場合，一般診断法による補強計算も利用できるようになった。

私たちの事務所では，普段は一般診断法による補強計算を用いている。精密診断法1は，既存建物のすべての部材や接合部の仕様を明らかにしておくことが前提となるが，実際にすべての部位を確認するのは難しい。こうした状況で精密診断法1を用いると誤差が生じ，危険側となる可能性があると考えるからだ。

評点の目標を定める

耐震補強では，基本的に評点1.0以上の耐震性能の確保が求められる。補助金を利用する際にも通常1.0以上の補強が条件となり，場合によっては1.1以上とされる場合もある。

実際の補強設計でどの程度の評点を目指すか，施主の意向を聞く。いくつかの評点を比較して，設定する場合もある（検討方法を126頁に示す）。

もともとの評点が高い既存建物であれば，目標評点を1.5に設定することも可能だが，評点0.5だった建物を1.5に上昇させるのは相当の壁量を追加する必要が生じ，実際には難しい。状況に応じて，現実的な目標を施主と合意しておきたい。

補強できない場所を確認

どの部位をどういう方法で補強するのかについて，施主と相談する。耐震診断の報告で提示した「評点1.0以上の耐震補強案（112頁参照）」をたたき台に検討すると，話を迅速に進められる。

耐震補強は，室内側からの工事が基本となる。外部からの工事は雨漏りの対策が難しいほか，外からの見栄えが低下する，降雨時に作業できないといった弱点があるため，筆者はできるだけ避けている。

なお，室内からの工事は，現在使っている部屋に手を加えることを意味する。しかも，耐震補強は居ながら工事となるケースが多いため，工事で触れてほしくないと施主が考える部屋や，工事が難しそうな場所を事前に確認しておく必要がある。

例えば，人や物を移動したくない部屋，床の間や造り付けの棚のように工事後の再現が難しい場所は極力避ける。キッチンや洗面台まわりも，工事自体は可能であるが，現状に復旧するのに手間がかかる。

基礎，劣化部材の工事はあるか

このほか，次の内容を事前に確認しておく。

基礎まわりの工事を行う場合は作業が大掛かりになるので，施主に事前周知する必要がある。耐力壁の新設など基礎工事が必要になる場合は，その旨を伝えて理解を得ておく。

土台や柱脚などに劣化が生じている場合には，部材の取り替えや補修が必須となる。劣化を直接確認した部位のほか，診断時に周囲の仕上材の浸み跡や蟻道などを発見して劣化の可能性が高いと思われる箇所があれば，可能な限り劣化状況を目視確認し，施主にも報告する。

その他のリフォームがあれば同時進行も

耐震補強では一部の壁や天井・床を壊すため，その他のリフォームを同時に行うと効率的だ。そこで，リフォームの希望があるかどうかを施主に確認し，リフォームも行う場合には改修部分にからめた補強を検討する。

最後に耐震補強設計の工程を説明し，その日確認した内容に基づいて資料一式を作成することを伝えて，打合せを終了する。

> **ここが重要！**
> ●上部構造評点の目標は原則「1.0 以上」
> ●補強工事ができない場所を確認する
> ●基礎の補修，劣化部材の取り替えがあれば施主に伝えておく
> ●リフォームの希望があればその要望も併せて聞き出し，補強設計に反映させる

表1 打合せ内容チェックリスト

	計算方法		一般診断法	
			精密診断法1	
	目標とする評点		□1.0 □1.1 □1.2 □1.3 □1.4 □1.5 以上	
	補強方法		耐力壁（補強，新設）	□あり □なし
			基礎（補強，新設）	□あり □なし
			水平構面	□あり □なし
	補強部位	階	[ ]	
		階	[ ]	
		階	[ ]	
		階	[ ]	
		階	[ ]	
		階	[ ]	
		階	[ ]	
		階	[ ]	
		階	[ ]	
		階	[ ]	
			[ ]	
	注意事項（工事で触れたくない部屋，部位など） 階 [ ]			
	階 [ ]			
	階 [ ]			
	階 [ ]			
	階 [ ]			
	スケジュールの説明			
	リフォームの有無		あり→ [ ]	
			[ ]	
			[ ]	
			なし	

3 耐震補強設計

③ 補強工事の内容

補強工事とは何をするのか

耐震補強で，実施する工事の内容と目的を整理しておこう。

耐力壁の増設

地震に対する木造住宅の抵抗力を高めるには，耐力壁の増設が効果的だ。一般的な木造住宅の耐力壁の構成要素は，筋かいと構造用合板の2種類である。耐力壁両端の柱には，柱頭柱脚金物を設置する（図1）。

①筋かい補強

斜めに配置した筋かいで地震力に抵抗する。筋かいの端部には金物を取り付けて，引張力に対応する。筋かいには，断面寸法45×90 mmの材を使用することが多い。

筋かいは圧縮に強く，引張に弱いという特徴があるため，設置する際には逆向きの二つを1組として設置する。

②構造用合板による補強

構造用合板を釘で柱，梁と土台に打ち付け，釘のせん断耐力（釘の引抜き耐力）によって地震力に抵抗する。釘の打ち方が適切でないと，耐力が低下するので注意する。一般に，構造用合板は厚さ9 mm，特類2級を用いることが多い。

③柱頭柱脚金物による補強

耐力壁が地震力を受けると，柱頭柱脚の接合部に引張力が発生する。それに対して，十分な耐力をもった金物を設置する必要がある。旧耐震基準の建物の接合部は釘などで留められていて強度が低いため，耐震補強工事では接合金物を設置して補強を行う。同一柱の柱頭と柱脚では，同じ耐力の金物を用いる。

基礎補強

旧耐震基準の建物の基礎はほとんどが無筋コンクリート造なので，必要に応じて基礎補強を行う。図2に示すような既存の基礎に，鉄筋コンクリート造基礎を抱き合わせる方法を採用することが多い。耐力壁を新設する場合には，鉄筋コンクリート造基礎を設ける。

水平構面補強

下屋まわりは，通常，水平剛性が低いことが多い。下屋部分を耐力壁補強する場合には，同時に水平構面を補強して地震時に力が伝わるようにする（図3）。

劣化部材の交換

調査の際に劣化している部材を見つけた場合には，補強工事の際に部材交換を行うなどして劣化部分を取り除く。

屋根ふき替え改修

瓦屋根などの「重い屋根」をガルバニウム鋼板などの「軽い屋根」に改修すると，地震力（必要耐力）が減少し，補強量を減らすことができる（図4）。

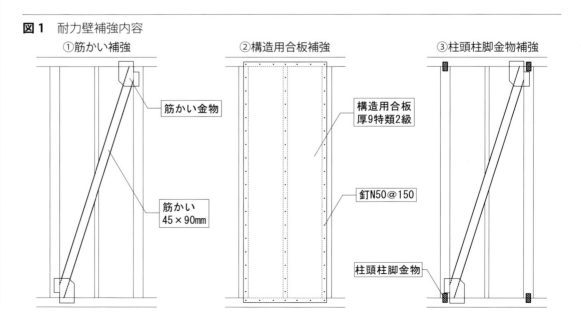

図1　耐力壁補強内容

> ## ここが重要！
> - 一般的な耐力壁補強は，①筋かい補強，
>   ②構造用合板補強，③柱頭柱脚金物補強である
> - 筋かいは逆向き二つを1組として設置する
> - 無筋コンクリート造基礎は，
>   鉄筋コンクリート造基礎を抱き合わせて補強する
> - 下屋部分に耐力壁補強を行う場合には水平構面も補強する
> - 劣化部材はできるだけ交換する

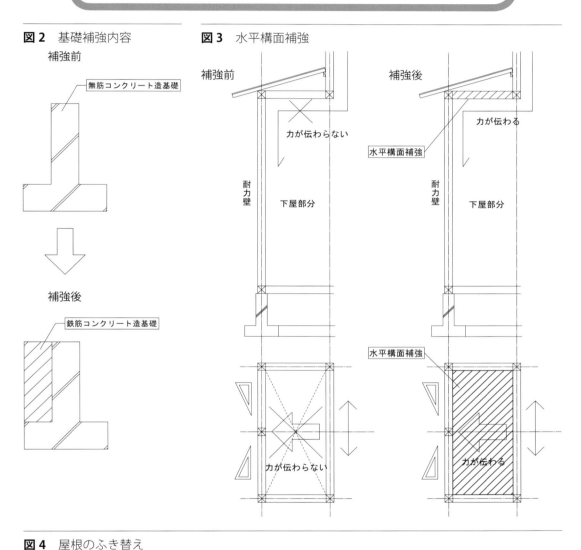

図2 基礎補強内容

図3 水平構面補強

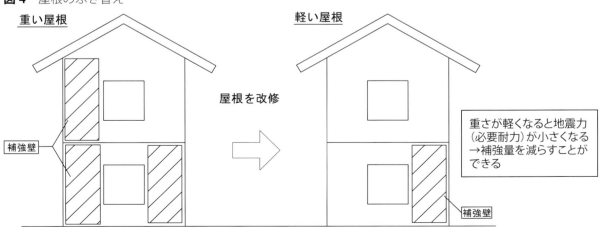

図4 屋根のふき替え

3 耐震補強設計
④ 目標評点の検討

バランスよく評点を上げる

耐震補強設計を行うに当たり，まず目標とする上部構造評点を設定する。

基本的に目標評点は1.0以上

耐震補強設計で目標とする評点は，基本的に各階，各方向で「極稀地震で一応倒壊しない」とされる1.0以上とする。補助金を利用する場合には，補強後の評点を1.0以上とすることなどが助成条件として設定されている場合が多い。補助金を利用する予定があれば，事前に確認してから評点を決めよう。

評点はバランスよく

2階建であれば，**図1**のように1・2階，X・Y方向の四つの評点が存在する。補強後の四つの評点がほぼ同じになるように，バランスよく補強を行うことが望ましい。

そこで「建物全体での目標評点」を設定し，各階・各方向でその評点を満足させる補強方法を検討する。**図1**右下のように，各階各方向で評点がばらばらな状態は，バランスが悪い。

四つのうち一番低い評点が建物全体の評点となるため，評点にばらつきがあると，経済的に効率のよい補強にはならない。評点ごとの差が大きい場合は，評点の高い方向の補強箇所を減らして評点の低い方向の補強を増やすと，建物全体の耐震性はバランスがよくなる。

ケーススタディを行い評点を決定

目標評点を決める方法としてケーススタディがある。目標評点をいくつか設定して，補強位置，内容，箇所数，評点，概算工事費などをそれぞれ算出する。これらのデータを比較して目標評点を決める。

図2に，目標評点1.1とした場合の補強図を示す。1，2階の平面図に補強位置と内容を書き込み，補強箇所数と評点を拾い出している。また，補強箇所数から概算工事費を算出して下部に示している。これにより，評点の増減で金額がどのくらい変化するのかが把握できる。

図1 評点

補強前

階	方向	評点
2	X	0.7
	Y	0.8
1	X	0.6
	Y	0.5

目標評点 1.1

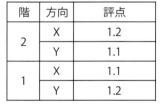

補強後

階	方向	評点
2	X	1.2
	Y	1.1
1	X	1.1
	Y	1.2

○ バランスがよい 経済的に効率がよい

階	方向	評点
2	X	1.1
	Y	1.5
1	X	1.5
	Y	1.1

× バランスが悪い 経済的に効率が悪い

予算がない場合も「最終的な補強設計図」を提示

上部構造評点1.0以上を目標とするのが原則だが，実際には予算がどうしても足りない場合はある。南側に耐力壁がない，シロアリ被害があるなど明確な問題を抱え，施主が「予算がないのでその部分だけでも早急に対処しておきたい」と希望するケースなどだ。

こうした場合には，段階的な設計図を用意することで対応している。まず，評点が1.0以上となる最終的な補強設計案を作成する。次いで，今回は実施しない工事を予算に合わせて拾い出し，その分を差し引いた暫定的な評点を算出する。後日，追加工事を行う際には，最終的な補強設計図に沿って進めてもらう。このような方法によって，現在は無理でも将来適切な補強工事が行われるよう誘導することが専門家の責務だと考えている。

ここが重要！
- 目標評点は 1.0 以上
- 評点はバランスよく上げる
- ケーススタディにより目標評点を決定する

図2 補強検討図（目標評点1.1）

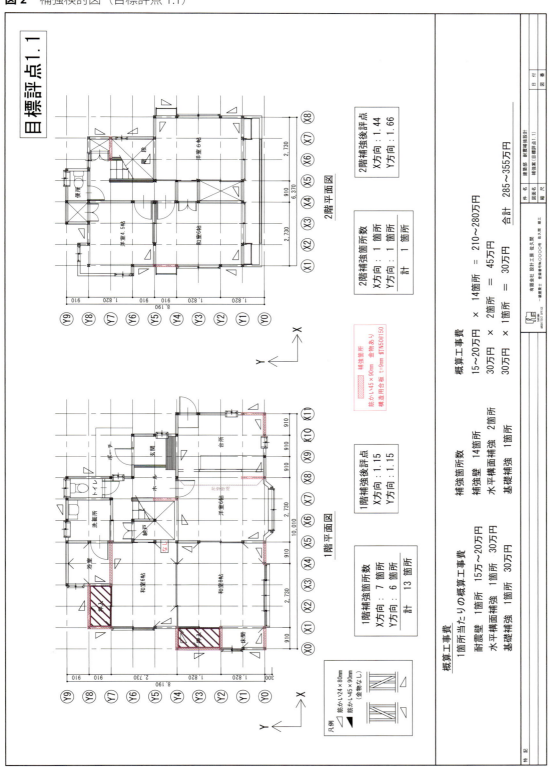

3 耐震補強設計

⑤ 補強計画

補強壁の設置方針

耐震補強設計では，以下の内容を考慮しながら耐力壁の配置を決めていく。

耐力壁の種類はできるだけ集約

耐震補強工事は一つの壁ごとに工事を進めていくため，間違えると後戻りができない。補強壁の種類や金物の種類などが多いと，間違えが起きる原因となる。

そこで，補強壁では「片筋かいと構造用合板を設置する」というように，補強内容を統一しておくと間違いを起こしにくい。最終的な完成形を一つか二つに集約すると，補強内容の間違いはほとんどなくなるだろう。

複雑な補強はなるべく行わない

補強設計は新築とは違い，不確定要素の多い既存建物を対象としている。そのため，あまり複雑な工事を想定すると，実際には施工できない状況に陥る可能性がある。施工しにくい場所を避けて，補強する配慮が必要だ。

2階を支える部分に耐力壁を設ける

木造住宅が倒壊するのは，地震の際に2階の重量を支え切れなくなるためである。建物の水平変形が大きくなると，柱の鉛直支持能力が低下し，倒壊しやすくなる。

そこで，2階直下の1階部分に耐力壁を設けることにより，変形を抑え，2階の重量を支えられるようにする。

バランスよく補強する

補強壁の配置を検討する際には，バランスのよい配置を心掛ける。第一に，偏心率が大きくならないようにする（146頁参照）。

第二に，耐力壁線間の距離をできるだけ小さくする。ここで耐力壁線とは，外壁線および一定以上の壁量を備えた建物内部の壁線を指す。例えば，「外周部のみ補強を行い，内部にはほとんど壁を入れない」といった方法は避けるべきだ。内部にも耐力壁を設けないと，中央部で大きな変形を起こしてしまう可能性がある。

耐力要素のない箇所を補強すると効果的

耐力要素がない壁を補強すると，補強による耐力の増加が大きいため効果的だ。逆に，すでに大きな耐力を備えている壁を補強しても，あまり効果が得られない。

なお，もともと耐力壁でない箇所を補強する場合には，その下に梁や土台，基礎などがあるか確認する必要がある。

一つの壁に大きな耐力を負担させない

補強壁には大きな耐力をもたせることができるが，耐力が大きければよいというものではない。一つの壁の耐力を極端に大きくして補強壁の数を減らす設計は，その補強壁に何らかの不具合が生じた場合のリスクが大きいほか，木造は床が柔らかいため，少ない壁で大きな床面積の耐力を負担できるかという不安も伴う。補強工事の効果を十分に発揮させるためには，やはり，ある程度の補強数を確保する必要がある。

新設する耐力壁では最大限の効果を狙う

既存壁の補強だけでは目標評点に足りない場合には，耐力壁を新設することもある。新設の壁工事は基本的に基礎，軸組とも新築とほぼ同じように施工できるので，基礎と接合部の仕様はそれぞれ仕様Ⅰとして最大限の耐力を得られるように設計を行う。

新設する鉄筋コンクリート造基礎では，大きな引抜力に耐えられるHD金物の設置も可能なため，耐力の大きな耐力壁を設けることも可能になる。

南側は開口が多く，耐力壁が少ない

開口部が多い南側には，耐力が足りないため補強対象となることが多いが，既存の壁が少ないため補強できる箇所も少ない。そんな場合には，開口を減らして耐力壁を新設する方法も考える必要がある。また，下屋を補強する場合は，後述する水平構面の補強を行う必要が生じることもあるので留意する。

実は北側も耐力壁が少ない

北側は壁が多いという印象が強いが，間取りによっては北側のほうが耐力壁の少ない場合もあり得る。**図1**のように北側に浴室，洗面所，トイレが並んでいる場合には，窓が連続し，耐力壁が少なくなっている。また，それらの部屋は設備機器などがからむため，補強工事も大がかりになる。数少ない既存壁を補強して，耐力を確保する必要がある。

ここが重要！

- 2階を支える1階部分に耐力壁を設ける
- バランスよく補強壁を配置する
- 耐力要素を備えていない既存壁を補強すると効果的
- 実は北側も耐力壁が少ない

図1 補強計画図

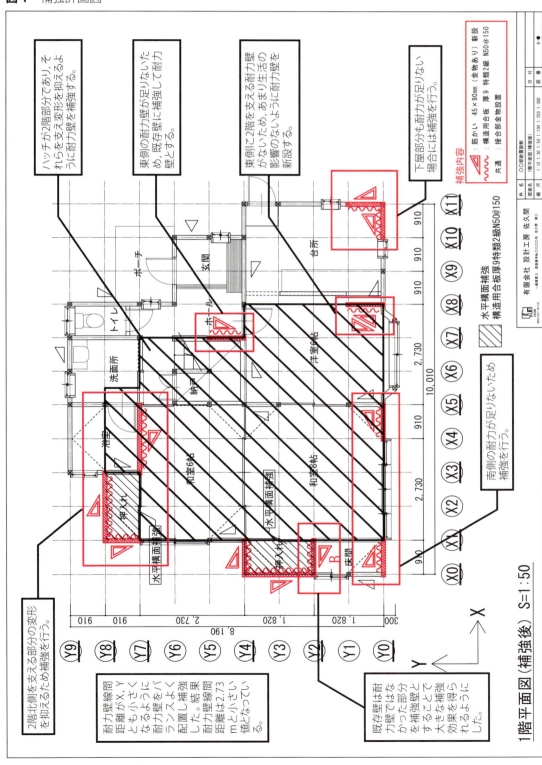

1階平面図（補強後） S=1:50

3 耐震補強設計 ⑤ 補強計画

水平構面補強、基礎補強、工事費削減の工夫

水平構面と基礎の補強に関する注意点を挙げる。併せて、工事費を削減するために設計上配慮すべきポイントをまとめた。

下屋に補強壁を設ける場合は水平構面の補強も

下屋部分など水平剛性の低い箇所に耐力壁を設置する場合には、地震時の力を適切に伝達できるように水平構面の補強を行うことが重要である。水平構面の補強を行わないと、いくら壁を補強しても、地震の際に十分な地震力の伝達ができない。

水平構面補強は構造用合板で行う場合が多いが、火打ち梁を密に入れる方法もある。

基礎は耐力壁端部から両側910 mm延ばす

基礎を補強する場合には、耐力壁端部から両側に910 mmまで延ばした範囲を対象に行う必要がある。片側しか延ばせない場合には、その方向に1,820 mm延ばす（**図1**）。既存の基礎としっかり一体化するように計画する。

押入れは工事費を抑えられる

押入れで補強工事をすると、室内壁補強よりは安くなる可能性が高い。押入れでは構造用合板をそのまま仕上げとして利用でき、クロスなど仕上工事の費用が不要となるからだ。ただし、押入れの中段を撤去する手間などが発生すれば、室内壁補強とあまり変わらないこともある。

また、押入れ内部を補強した場合には、室内側の仕上げに手を加えずに済むというメリットもある。

L字に補強すると工事費を抑えられる

もう一つの工事費の低減法に、「工事の重複部分を増やす」方法がある。部屋の角などでL字形に壁補強を行うと、床や天井を剥がす部分が一部重複する。

その結果、離れた場所で壁補強を行った場合に比べて、工事費は安価になる。

リフォームをする場合は補強も一緒に

リフォーム工事を行う場合、その部位に合わせて補強工事を計画すると重複する箇所が生まれるため、工事費を抑えることができる。押入れは仕上工事を省略できるため、工事費を安くできると説明したが、部屋の床、壁、天井を行うリフォーム工事と同時に実施すれば、部屋内側からの工事費用の方が安くなる場合もある。その場合、室内全体の仕上げを変えるので、補強部分だけ仕上げが違うという状態もなくなる。

図1 基礎補強の範囲

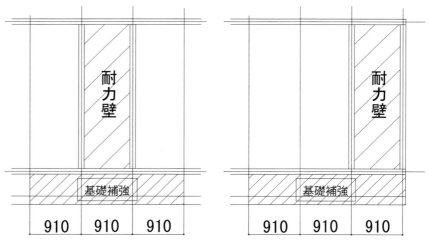

基礎補強を行う場合には、耐力壁から両側に910mm延ばして補強する。
片側しか基礎補強ができない場合は、片側に1,820mm延ばして補強する。

ここが重要！

- 下屋部分は耐力壁補強に合わせて水平構面補強を行う
- 基礎補強する場合は，基本的に耐力壁端部から両側に910 mm延ばして施工する
- 押入れの補強，L字形の補強，リフォーム工事との連動など，工夫によって工事費を低減できる

図2 補強計画のポイント

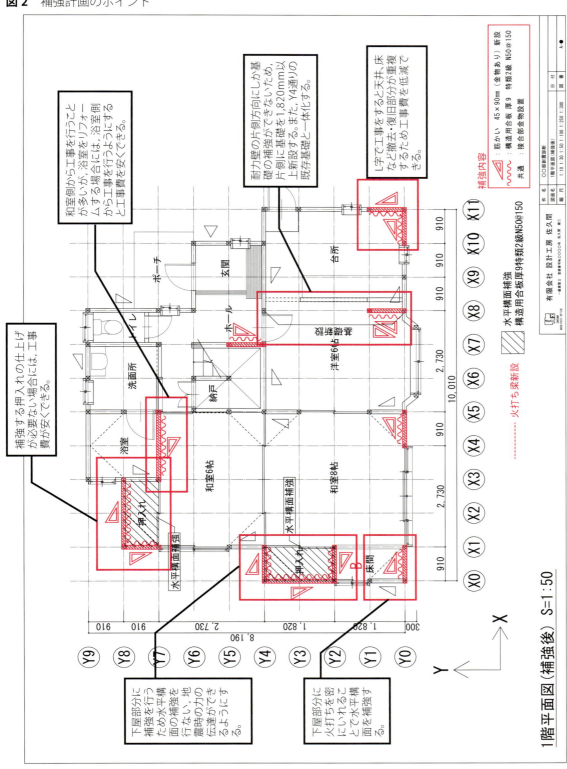

3 耐震補強設計

⑥ 補強設計図の作成

補強前平面図――既存の筋かいには確認法も記載する

耐震補強設計の検討結果を図面にまとめる。作成するのは①平面図，②軸組図，③柱頭柱脚金物図（N値計算図），④補強計算の資料だ。まだ最終報告書ではないが，目標評点が決定した段階で①から④の資料を一式作っておき，施主の希望に応じて随時修正を施していくと効率がよい。施主が理解しやすいよう図面をテーマごとに分け，凡例をわかりやすくまとめるといった工夫にも配慮する。

施工のしやすさに配慮する

作成した図面は，そのまま施工者に渡して見積りや施工図に利用してもらうことになる。施工者が必要とする情報を過不足なく盛り込みつつ，一目で把握しやすい表現を心掛けると，現場の効率が高まりミスも防げる。耐震補強工事では，状況に応じて現場で変更する内容も少なくないので，必要以上に描き込まない。場合によっては標準仕様書をつくってパターン化するなど，複雑な工事を避ける配慮も大切だ。

以下，図面作成の注意点を順に説明する。まず，補強前の平面図についてまとめよう。

補強前平面図には撤去部分も描く

平面図は，耐震補強設計に関する基本的な情報をまとめた図面になる。耐震診断の際に作成した図を再利用し，「補強前」と「補強後」の図に分けて必要な要素を描き込んでいく。

「補強前の平面図」には現況の筋かいの位置を描き，凡例には筋かいをどのような方法で確認したかを記載する。補強工事で撤去する可能性がある床と天井の部分を斜線で表示しておくと，施主が工事のイメージを把握しやすい。

復旧後の仕上げを記入する

より細かく記載する場合には，撤去した床・壁・天井などの部分を，どのように復旧するのかを記入する。撤去部分で特殊な場合があれば，その内容も記入する。例えば，基礎を施工する場合には「床のみ撤去」と注記する。

ここが重要！
- 目標評点が決まったら，図面と計算を一式用意すると効率的
- 施工時の効率とミスの防止を考え，必要な情報を簡潔に盛り込む
- 「補強前の平面図」では，既存の筋かいと撤去予定の床・天井の位置を記載

施主に満足感を与えることも重要

テーマごとに分類して図面を作成する背景には，内容をわかりやすく示したいという狙いのほか，耐震補強設計業務の「ボリューム感」を伝える目的もある。言い換えると，図面づくりに際しては，私たちが業務報酬に見合った作業をしたことを施主に実感してもらえるように心掛けている。

以下に，もう少し詳しく説明しよう。

業務報酬は通常，一般診断法による耐震診断が10万円以上，耐震補強設計は15万円以上となっている。このうち耐震診断は，調査員4人が半日がかりの現地調査を実施したうえで報告書を作成する。一方，耐震補強設計では打合せにそれほど時間をかけずに報告書づくりに入る。ここで耐震補強設計の図面類をあまり簡潔にまとめてしまうと，施主がどこか腑に落ちない気分になってしまっても不思議はない。私たちの事務所の場合，耐震診断の時点で補強設計案を添付しているからなおさらだ。

もちろん，作業内容を水増しした資料を作るわけではないが，報告書の背後に論理的な思考と細かな配慮があることが伝われば，施主の満足感は高まるだろう。そもそも耐震補強は工事をすることで使い勝手や見栄えが向上するわけでもなく，施主は投資の効果を実感しにくい。それだけに，少しでも施主に満足していただくための工夫は欠かせないと感じている。

図1 補強前平面図

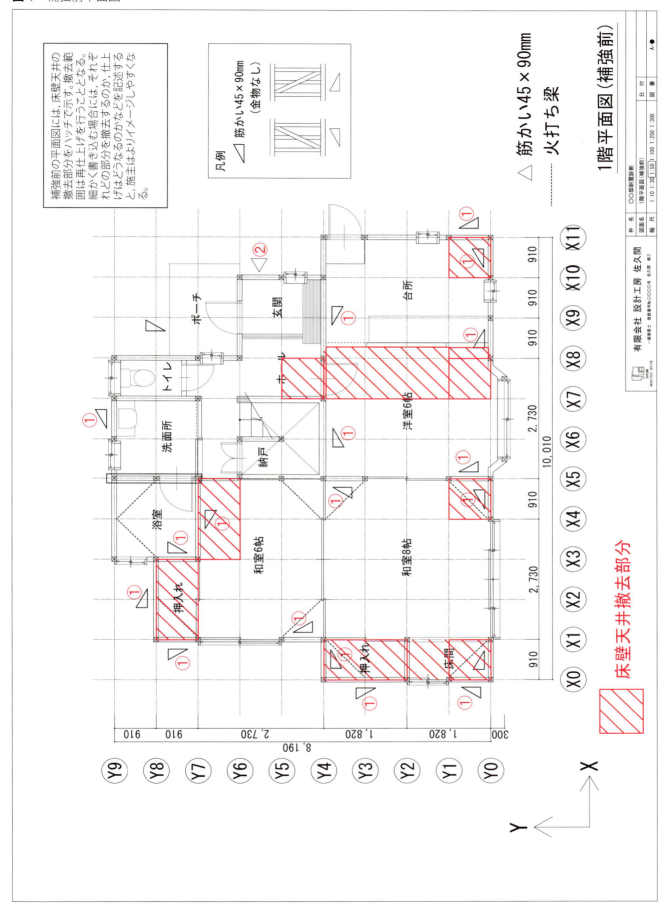

3 耐震補強設計

⑥ 補強設計図の作成

補強後平面図──補強設計の基本情報をまとめる

補強設計図で最も重要な役割を果たす，補強後の平面図を作成する。

補強後平面図では補強内容を明確に

「補強後の平面図」では，補強前平面図の情報の上に，補強箇所に関する情報を加える。補強によってどこが変わるかを，わかりやすく示すことを意識する。具体的には，下記の要素を描き込む。

①補強壁の位置

補強する壁の位置を平面図に記入する。補強箇所は赤線などで記載すると，一目で把握できる。筋かいや構造用合板は，補強壁に記号で示すと読み取りやすい。筋かいの記号は，向きがわかるように記入する（**図1・2**）。

②補強壁の仕様

補強箇所について，補強前と補強後の壁仕様をまとめた一覧表を作成する。こうしておけば補強壁ごとの仕様が明確になり，筋かいや構造用合板の設置数を容易に拾い出せる。仕様ごとに記号を示し，軸組図（136頁参照）と照合できるようにしておく。

③接合部の仕様

平面図に描き込んだ補強壁の横に，補強計算に用いる「接合部の仕様」を書く。接合部の仕様は，N値計算によって決定した接合金物を仕様Ⅰ，N値計算は行わず規定の強度以上の金物を設置する接合部を仕様Ⅱとする。

④軸組図の番号

平面図は，この後で作成する軸組図の目次の役割も果たす。補強壁が軸組図のどの図に該当するのかを平面図に番号で記し，素早く参照できるようにする。

⑤火打ち梁新設

火打ち梁を補強する箇所は，点線で示すとわかりやすい。

耐震診断の調査では，1階天井裏の火打ち梁を確認するのが難しいため，どこに火打ち梁が入っているか把握できていないこともある。その場合には，ひとまず補強したい部分を記入しておき，もしすでに火打ち梁が入っていた場合には，別の候補箇所に差し替えるなど幅を持たせて計画する。

あるいは，平面図内に具体的に描き入れることはせずに，「火打ち梁を何本入れる」と数値だけ記入する方法もある。

⑥水平構面の補強

水平構面補強を行う部分には，ハッチでどの部分を補強するかを示す。その場合，後で水平構面の補強図も作成するので，補強図の番号を記入する。

⑦基礎補強の位置

基礎を補強する箇所を示す。補強の範囲がどこまでかがわかるように示す。

補強工事を行う方向を示す

補強工事は片側から工事を行うため，壁のどちら側から工事するかを示しておく必要がある。矢印で工事の方向を示す，補強工事を行う方向に構造用合板の記号を記入するなどの方法がある。

図1 補強壁凡例

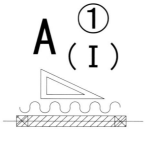

A〜：補強内容記号
　　　平面図右の表に記号ごとの補強前後の仕様を示している。
①〜：軸組図番号
　　　軸組図の右上の番号を示す（230頁参照）。
（Ⅰ）：接合部仕様
　　　接合部仕様Ⅰか接合部仕様Ⅱかを示す。
▷：補強筋かい記号（片筋かい）
　　　補強する筋かいの記号を示している。
　　　両筋かいの場合は二つ記入する。
〜〜：補強構造用合板記号

ここが重要！

- 「補強後の平面図」では，補強壁の位置・仕様・接合部の仕様・軸組図の番号などを記載
- 補強工事を行う方向を示す

図2 補強後平面図

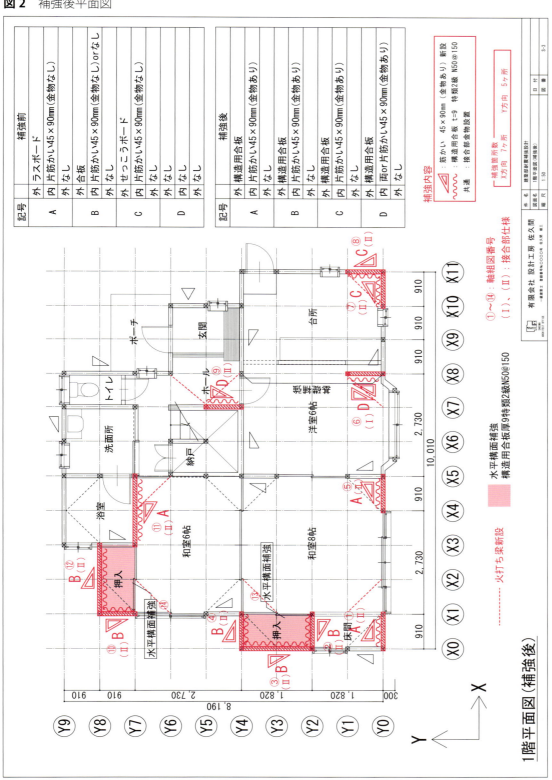

1階平面図（補強後）

3 耐震補強設計

⑥ 補強設計図の作成

補強軸組図──正しく施工するため全箇所を描く

私たちの事務所では，補強する壁ごとに軸組の要素をすべて拾い出す軸組図を作成している。「平面図に補強箇所を記入するだけ」という耐震補強設計図で済ませている建築士は多いかもしれないが，それでは不十分といえる。

複雑な仕様を正確に伝達する

耐震補強で補強計算どおりの効果を引き出すには，筋かいや接合金物，構造用合板を設計したとおりに設置しなければならない。しかも耐震補強では現況に合わせて部位ごとの仕様が異なることも多く，設計内容は複雑になりがちだ。これらの情報を現場へ正確に伝達し，施工者が素早く把握できるようにするためには，箇所ごとの軸組図は欠かせない。補強設計をする過程でも，接合金物が実際に取り付くかどうかなどを検討する際に必要になる。

軸組図は，工事する側から見たように描くと，現場で把握しやすく，作業を間違えにくい。かつてはXY方向ごとに見る方向を統一して描いていたが，かえってわかりにくかったので現在の方法に改めたという経緯がある。

筋かい，金物，構造用合板を描きこむ

軸組図では，箇所ごとに「補強前」，「補強後（筋かいと金物）」，「補強後（構造用合板）」という3種類の図面を描く。図ごとに図番号，XY通りの番号，壁仕様の番号を示しておくと，平面図と参照しやすくて便利だ。軸組図に描き込む内容は次のとおり。

①補強前の軸組図

通り芯番号と芯間の寸法，既存の軸組と部材の断面寸法を描く。土台，柱，梁のほか，筋かいや間柱があれば記入する。既存の筋かいを撤去する場合はその旨を注記する。

直交する土台や梁の有無も，金物が取り付くかどうかを検討する重要な情報になるので，できるだけ記入するとよい。

②補強後（筋かいと柱頭柱脚金物）

新たに取り付ける筋かいの向きと断面寸法，設置する接合金物の位置と仕様を記入する。

軸組の状況によって，設置可能な接合金物の種類は異なるので，接合金物の仕様は「2倍筋かい金物同等品」などのように性能のみ示しておけばよい。

具体的な金物の選定は，施工者が行う。

②補強後（構造用合板）

取り付ける構造用合板を記載する。構造用合板の種類・厚さに加え，釘やビスの仕様，打ち付ける間隔も忘れずに記す。「釘N50@150」が基本的な仕様となる。

構造用合板を取り付ける範囲は，準耐力壁仕様とするなら横架材間距離の7割以上あればよいが，基本的には上下の横架材に届くようにする。

設置する受材も描くが，実際の取り付け方法は現場ごとに施工者が判断する。

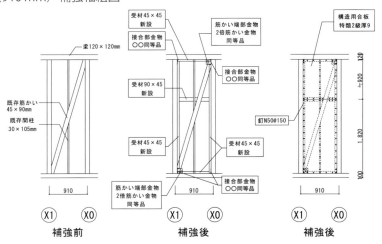

図1　1P（910mm）補強軸組図

> ここが重要！
> ●正確な施工のために軸組図は必須。箇所ごとに作成する
> ●「補強前」には既存筋かい
>   「補強後」には設置する筋かいや接合部金物，構造用合板の仕様を描く
> ●直交する部材も，金物が取り付くかどうかを
>   検討する重要な情報。できるだけ記入する

図2 2P（1820mm）補強軸組図

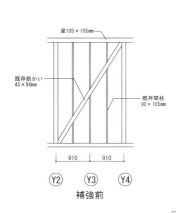
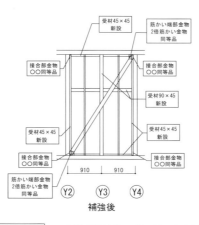
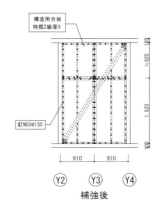

図3 柱新設軸組図

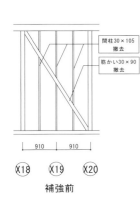
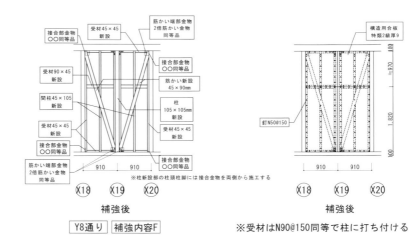

図4 耐力壁新設軸組図

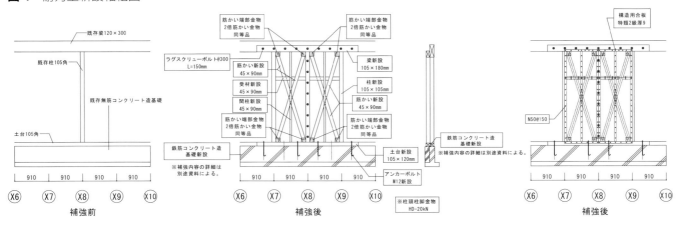

3 耐震補強設計
⑥ 補強設計図の作成

補強軸組図,詳細図——水平構面補強と基礎補強

水平構面補強

水平構面を補強する際は,耐力壁と同様に「補強前」,「補強後(受材,金物)」,「補強後(構造用合板)」の3種類の図を作成する(**図1**)。図面は,工事方向と同じ見上げに揃えて描くと,工事や確認を行う際のミスを防ぎやすい。

水平構面補強は,一般に構造用合板で行う。受材を設置し,軸組の4隅および合板の継ぎ目に設けた受材の端部に接合部金物を付ける。構造用合板を受材に釘で打ち付けて完成する。

基礎補強

基礎補強は,既存基礎の状態に応じて補強方法が異なるため,現況に合わせ補強詳細図を作成する。

最も基本的なのは,無筋コンクリート基礎に補強を行なう場合(**図2**)だ。そのほか,無筋コンクリート基礎の途中に人通口がある場合(**図3**),べた基礎に補強する場合(**図4**),基礎を新設する場合(**図5**)などがある。例示した図を参考に,適宜作成してほしい。

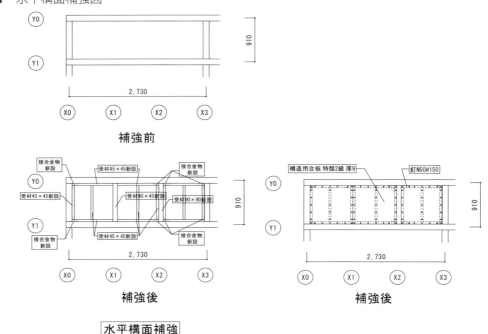

図1 水平構面補強図

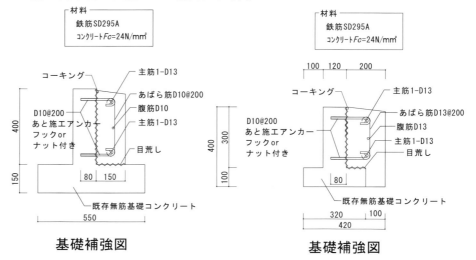

図2 基礎補強詳細図①(無筋基礎に補強する場合)

図3 基礎補強詳細図②（無筋コンクリート造基礎に補強する場合途中に人通口あり）

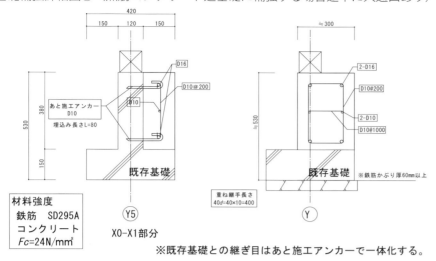

※既存基礎との継ぎ目はあと施工アンカーで一体化する。

図4 基礎補強詳細図③（べた基礎に基礎補強する場合）

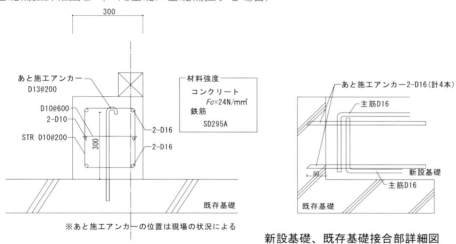

新設基礎詳細図　　　新設基礎、既存基礎接合部詳細図

※各種寸法は既存合わせとする。

図5 基礎補強詳細図④（基礎新設する場合）

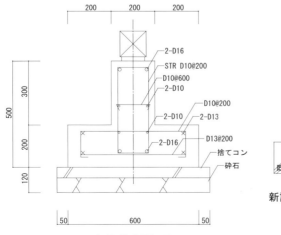

新設基礎詳細図

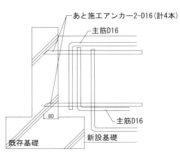

新設基礎、既存基礎接合部詳細図

3 耐震補強設計

⑥ 補強設計図の作成

柱頭柱脚金物図――引張耐力の検討

周辺の軸組の状況に応じて，柱頭柱脚の接合部にかかる地震時の引張力は異なる。接合部には，それぞれの必要耐力以上の引張耐力を持つ接合金物を取り付けることが求められる。接合金物は，N値計算または建設省告示第1460号第二号表に基づいて選ぶ。補強計算に入力する接合部仕様は，できるだけ「仕様Ⅰ」となるように金物補強することが望ましい。

N値計算は，診断プログラムWee2012では自動計算ができないため，手計算で行う必要がある。しかし，N値計算はそれほど難しい計算ではなく，一度勉強すれば，誰でも理解できるので，必ず行うことを勧める（下記の囲み参照）。

N値計算用の壁倍率は，壁基準耐力を1.96で除した値とする。

金物仕様の一覧表を作成

柱頭柱脚金物図（**図2**）では，箇所ごとに設定した接合金物の仕様と，それぞれのN値・引張耐力の数値を一覧表にまとめる。各仕様の番号は，対応する平面図の補強箇所にすべて記載する。N値計算を実施した場合には，計算の根拠となる表も添付する。

補強の際に，使用できる金物の上限は10kNとすることが多い。10kNまでであれば，土台と柱を緊結することによって想定される引張力に抵抗できるからだ。

10kNを超えるとHD金物などを使用して基礎と固定し，引張力に抵抗することになる。しかし，耐震診断の必要な建物は無筋コンクリート造基礎であることが多いため，HD金物のあと施工アンカーの引張耐力が不十分となる場合がある。そこで，N値計算によって10kNを超える金物が必要となった場合でも，10kNの金物を使用したうえ，接合部仕様も（Ⅱ）として算定する。また，N値計算により接合部（Ⅰ）とした箇所も，あえて10kNの金物を施工選択しておくと，工事の際に使用する金物の耐力はすべて10kNに統一され，現場で間違えることが少なくなる。

既存壁に対してもN値計算はできる

N値計算は，既存の壁に対しても行うことができる。耐力が低い壁の場合，N値計算を行うとN値が0以下となり，引抜きが発生しないこともある。その際には，補強計算時に接合部仕様を（Ⅰ）とすることができる。

例 N値計算（2012年改訂版「木造住宅の耐震診断と補強方法」38頁より引用）

（a）平屋建の場合もしくは2階建の部分における2階の柱の場合
$N = A_1 \times B_1 - L$ （解式3.5）
ただし，N：解表3.7のNの値

A_1：当該柱の両側における軸組の倍率の際（正の値とする。
　　　片側のみに軸組が取り付く場合は当該軸組の倍率）の数値。
　　　ただし，筋かいを設けた軸組の場合は解表3.8または解表3.9の補正を加えたものとする。
B_1：周辺部材による押さえ（曲げ戻し）の効果を示す係数で，出隅の柱においては0.8，その他の柱においては0.5とする。
L：鉛直荷重による押さえ効果を表す係数で，出隅の柱においては0.4，その他の柱においては0.6。

（b）2階建の部分における1階の柱の場合
$N = A_1 \times B_1 + A_2 \times B_2 - L$ （解式3.6）
ただし，N：解表3.7のNの値

A_1, B_1：式（解3.5）の場合と同じ
A_2：当該柱に連続する2階柱の両側における軸組みの倍率の際（正の値とする。
　　　片側のみに軸組が取り付く場合には，当該軸組みの倍率）の数値。
　　　ただし，筋かいを設けた軸組の場合には別記の補正を加えたものとする。
　　　（当該2階柱の引き力が，他の柱などによって下階に伝達される場合は0とする。）
B_2：2階の周辺部材による押さえ（曲げ戻し）の効果を示す係数で，2階の出隅の柱においては0.8，
　　　2階のその他の柱においては0.5
L：鉛直荷重による押さえ効果を示す係数で，出隅の柱においては1，その他の柱においては1.6

> ここが重要！
> - N値計算結果の平面図には，使用する接合部金物とそれぞれの引張耐力を記載する
> - 金物の種類を増やすと，現場作業が煩雑になるおそれも
> - N値計算を行えば，接合部仕様（Ⅰ）とすることができる
> - N値計算用の壁倍率は，壁基準耐力を1.96で除した値とする

図1 N値計算例

	隅柱	その他	その他
2階	3.0 kN/m	4.0 kN/m	
1階	5.0 kN/m	2.0 kN/m	
	X1	X2	X3

1階のN値を計算する
- X1：$N=(5.0+3.0)÷1.96×0.8-1.0=2.2$（と）
- X2：$N=(5.0+3.0-4.0-2.0)÷1.96×0.5-1.6=-1.0$（い）
- X3：$N=(2.0+4.0)÷1.96×0.5-1.6=-0.06$（い）

「注意」
N値計算用の壁倍率は，壁基準耐力を1.96で除した値

図2 柱頭柱脚金物図

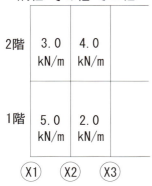

※1 N値計算で求めたN値の記号を柱に記入する。
※2 凡例を記入する。既存壁にN値計算を行った場合は，凡例も載せる。
※3 記号の表を載せて，記号と金物の種類がわかるようにする。
※4 接合部Ⅱの場合はどのような金物を使用するか記入する。

凡例
(い)～(と)：N値計算結果
■：N値計算の結果
N値<0で接合部（Ⅰ）となる壁

	N値	継手・仕口の仕様	耐力[kN]
(い)	0	短ほぞ差し	0
		かすがい打ち	1.1
(ろ)	0.65	長ほぞ差し込み栓	3.8
		かど金物CP-L	3.4
(は)	1.0	かど金物CP-T	5.1
		山形プレートVP	5.9
(に)	1.4	羽子板金物	7.5
(ほ)	1.6	羽子板金物	8.5
(へ)	1.8	引き寄せ金物HD-10	10.0
(と)	2.8	引き寄せ金物HD-15	15.0
(ち)	3.7	引き寄せ金物HD-20	20.0
(り)	4.7	引き寄せ金物HD-25	25.0
(ぬ)	5.6	引き寄せ金物HD-30	30.0
(る)	7.5	引き寄せ金物HD-40	40.0

※接合部（Ⅰ）の場合は，上記の表を満たす金物を設置する
接合部（Ⅱ）の場合は，（へ）同等の金物を設置する。

柱頭柱脚金物図　S=1：50

3 耐震補強設計

⑦ 補強計算

診断プログラムの入力

補強設計案を作成した後、一般診断法による補強計算で上部構造評点を算定する。計算の手順は基本的に耐震診断時と同じだ（96頁参照）。目標の評点を確保できているかどうかを確認し、足りない場合には補強壁を増やすなどして目標値を満たすまで設計を繰り返す。

以下、「一般診断法による診断プログラムWee2012」を使って解説する。

補強計算では診断のファイルを修正

補強計算を行う場合には1から入力するのではなく、診断で使用したファイルをコピーして、補強する箇所のみ修正する（**図1**）。そうすれば入力の手間が省け、既存部分の入力ミスなども防ぐことができる。

補強箇所の壁を修正する

既存の壁と補強壁の内容について修正を行う。補強部分は「補強部材」を選ぶ（**図2**）。計算結果の平面図では、補強部材は白抜きの壁として表示される（**図3**）。

接合部仕様、基礎仕様は壁ごとに入力できる

補強設計では、接合部仕様と基礎仕様は壁ごとに入力できる。補強によって接合部仕様が変わった場合や基礎を補強して基礎仕様が変わった場合には、個別に仕様を入力する（**図2**）。建物全体で仕様を変える場合には、建物概要で変更してもよい。

既存壁の接合部の仕様は、建物概要で入力した仕様となる。また、存在を目視確認した既存壁の接合部のうち、N値計算を行って告示を満足したものは「接合部仕様Ⅰ」にしてよい。

余力を残して設計する

補強設計と補強計算では、目標とする評点ぎりぎりではなく、ある程度の余力をもたせるようにする。耐震補強工事の現場では、予想しない事態がしばしば生じるものだ。設計に比べて、耐震性能を低下させる要素が出てきた場合でも目標値に達するように、余裕をみておくことが重要になる。

必要耐力の算定では精算法も

一般診断法は総2階と総3階を前提に必要耐力が定められているため、下屋のある住宅では必要耐力が大きめに設定されている。こうした場合は、各階の床面積を個別に計算する精算法を使うと効果的だ。2階の床面積が1階の床面積より小さい場合は、必要耐力を低減することができる。詳細は144頁に示す。ただし安全率もぎりぎりになるので、評点では1.1倍程度の余裕をみておいたほうがよい。

なお、床面積に精算法を使うと、「耐力要素の配置等による低減係数」は4分割法ではなく、偏心率計算を用いなければならない。偏心率の計算はWee2012では算定できないので、別途手計算する必要がある。

偏心率の計算方法は148頁に示す。

図1 補強計算建物概要（Wee入力）

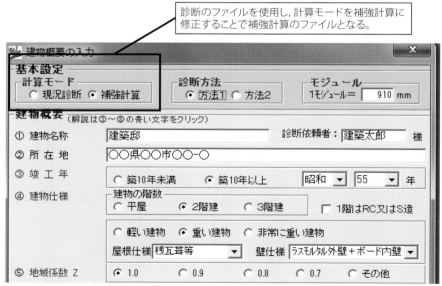

診断のファイルを使用し、計算モードを補強計算に修正することで補強計算のファイルとなる。

図1〜4出典：日本建築防災協会『一般診断法による診断プログラムwee2012』

> ### ここが重要！
> - 目標とする上部構造評点を確保できているか確認し，足りない場合は耐震補強設計を調整する
> - 耐震補強設計と補強計算では，目標値に対して余力を残す
> - どうしても上部構造評点が足りない場合には，N 値計算や床面積の精算法を利用する

図2 補強壁入力（Wee 入力）

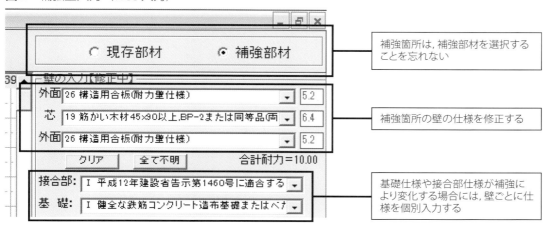

図3 補強計算平面図（Wee 出力）

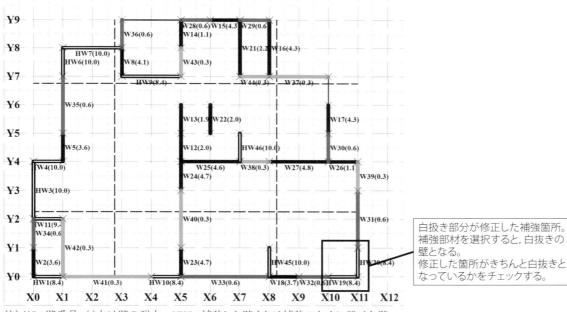

注）Wi：壁番号，( )内は壁の耐力　HWi：補強した壁または補強のために設けた壁

表1 補強後計算結果（Wee 出力）

補強した結果，上部構造評価が 1.0 を超えていることを確認する

階	方向	壁・柱の耐力 Q_u (kN)	配置などによる低減係数 $_eK_{fl}$	劣化度 d_k	保有する耐力 $_edQ_u$ $= Q_u \times _eK_{fl} \times d_k$	必要耐力 Q_r (kN)	上部構造評点 $_edQ_u/Q_r$
2	X	28.45	1.00	1.00	28.45	21.29	1.33
		30.63	1.00	1.00	30.63	21.29	1.43
1	Y	73.96	1.00	1.00	73.96	72.86	1.01
		75.99	1.00	1.00	75.99	72.86	1.04

3 耐震補強設計
⑦ 補強計算

各階の床面積を考慮した必要耐力の算出

下屋あり建物は精算法を使うと必要耐力を減らせる

一般診断法における1階の必要耐力は，安全側となるように建物が総2階であるという想定（**図1**の左図）で定められている（**表1**）。一方，実際の建物は，**図1**の右図に示したように2階の面積のほうが，1階より小さい形状になっていることが多い。そこで，床面積を考慮して必要耐力を算出すると，1階の必要耐力を減らすことができる（**表2，3**）。

精算法では1階の必要耐力が低減

精算法を用いると，必要耐力はどの程度低下するのだろうか。**図1**右の建物を例に試算してみた（右頁計算例）。

試算の結果，1階の必要耐力は，精算法では

図1 1階の必要耐力を求める際の面積の想定

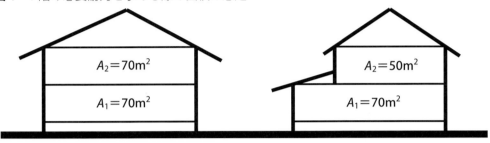

一般診断法で想定している層2階の建物 / 一般的な建物の各階の面積（$R_{f1}=A_2/A_1=50/70=0.715$）

R_{f1}：1階の床面積に対する2階の床面積の割合。ただし，0.1を下回る場合は0.1とする。
Z：昭和55年建設省告示1793号に定められた地域係数

表1 床面積当たり必要耐力（略算法）

		軽い建物	重い建物	非常に重い建物
平屋建		$0.28×Z$	$0.40×Z$	$0.64×Z$
2階建	2階	$0.37×Z$	$0.53×Z$	$0.78×Z$
	1階	$0.83×Z$	$1.06×Z$	$1.44×Z$

表2 床面積当たり必要耐力（精算法）

		軽い建物	重い建物	非常に重い建物
平屋建		$0.28×Z$	$0.40×Z$	$0.64×Z$
2階建	2階	$0.28×_QK_{f12}×Z$	$0.40×_QK_{f12}×Z$	$0.64×_QK_{f12}×Z$
	1階	$0.72×_QK_{f11}×Z$	$0.92×_QK_{f11}×Z$	$1.22×_QK_{f11}×Z$

表3 各係数の求め方

	軽い建物・重い建物	非常に重い建物
$_QK_{f11}$	$0.40+0.60×R_{f1}$	$0.53+0.47×R_{f1}$
$_QK_{f12}$	$1.30+0.07/R_{f2}$	$1.06+0.15/R_{f2}$

表4 建物の分類と仕様

分類	仕様
軽い建物	石綿スレート板
重い建物	桟瓦葺き
非常に重い建物	土葺き瓦屋根

表1〜4，6出典：2012年改訂版「木造住宅の耐震診断と補強方法」

表5 必要耐力の比較

階数	必要耐力（kN）		精算/略算
	精算法	略算法	
2階	28.00	26.50	1.06
1階	53.39	74.20	0.72

表6 短辺長さによる割増係数

	4.0m未満	4.0m以上 6.0m未満	6.0m以上
割増係数	1.3	1.15	1.0

表7 短辺長さによる割増係数

	4.0m未満
割増係数	1.13

53.39 kN，略算法では 74.20 kN となる。略算法に対する精算法の比率は 53.39/74.20＝0.72 で，精算法を用いたほうが約 30％小さくなった。逆に 2 階における比率は 1.06 で，精算法のほうが 6％大きくなる（**表 5**）。

図 2 では，1 階・2 階の面積比率（横軸）と必要耐力増減率（縦軸）の関係をグラフで示した。グラフからは，面積比率が小さくなるにつれ，1 階は必要耐力が少なくなり，2 階は逆に必要耐力が大きく増加することがわかる。

このグラフを用いると，1 階と 2 階の面積比率を計算すれば，必要耐力がどの程度少なくなるかが簡単に読み取れる。補強量の検討が容易にできるので，活用するとよい。

精算法による必要耐力算出時の割増係数

短辺長さに応じて，略算法（**表 7**）とは異なる割増係数を用いるよう定められている。

ある階の短辺長さが 6.0 m 未満という細長い形状の建物の場合，その階を除く下のすべての階の必要力に，精算法では**表 6** の割増係数を乗じることが求められる。

多雪区域と混構造における割増係数は，略算法と同じになる。

ここが重要！
- 各階の床面積を考慮した必要耐力の算出を行えば，1 階の必要耐力を減らせる
- ただし，2 階の必要耐力は増える
- 精算法で必要耐力を算出した場合には，略算法とは異なる短辺の割増を検討する

例 図 1 右の場合の必要耐力を算出する。

建物条件
　桟瓦屋根（重い建物）
　地域係数　$Z=1.0$
　床面積　$A_1=70\,\text{m}^2,\ A_2=50\,\text{m}^2$

「重い建物」の必要耐力の算出式は以下となる。
　2 階：$_2Q_r=0.40\times {_Q}K_{fl2}\times Z\times A_2$
　1 階：$_1Q_r=0.92\times {_Q}K_{fl1}\times Z\times A_1$

各係数は以下の式となる。
　${_Q}K_{fl2}=1.3+0.07/R_{fl}$
　${_Q}K_{fl1}=0.40+0.60\times R_{fl}$
　$R_{fl}=A_2/A_1$

$A_1=70\,\text{m}^2,\ A_2=50\,\text{m}^2$ より
　$R_{fl}=A_2/A_1=50/70=0.715$

　${_Q}K_{fl2}=1.3+0.07/R_{fl}$　　${_Q}K_{fl1}=0.40+0.60\times R_{fl}$
　　$=1.3+0.07/0.715$　　　$=0.40+0.60\times 0.715$
　　$=1.3+0.1$　　　　　　　$=0.40+0.429$
　　$=1.4$　　　　　　　　　$=0.829$

よって，必要耐力は
　$_2Q_r=0.40\times {_Q}K_{fl2}\times Z\times A_2$　　$_1Q_r=0.92\times {_Q}K_{fl1}\times Z\times A_1$
　　$=0.40\times 1.4\times 1.0\times 50$　　　$=0.92\times 0.829\times 1.0\times 70$
　　$=\underline{28.0}\,[\text{kN}]$　　　　　　$=\underline{53.39}\,[\text{kN}]$

略算法での必要耐力の算出式は以下となる。
　$_2Q_r=0.53\times Z\times A_2$
　$_1Q_r=1.06\times Z\times A_1$

よって，必要耐力は
　$_2Q_r=0.53\times Z\times A_2$　　$_1Q_r=1.06\times Z\times A_1$
　　$=0.53\times 1.0\times 50$　　　$=1.06\times 1.0\times 70$
　　$=\underline{26.5}\,[\text{kN}]$　　　$=\underline{74.2}\,[\text{kN}]$

図 2　面積比率と必要耐力増減率

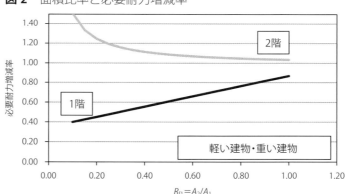

軽い建物・重い建物

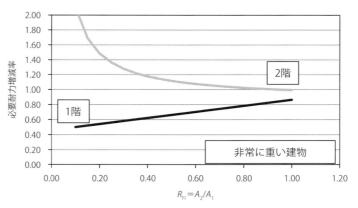

非常に重い建物

3 耐震補強設計
⑦ 補強計算

偏心率とは

必要耐力の算出に前頁の精算法を用いた場合には，保有耐力を算定する際の「耐力要素の配置等による低減係数」（108頁参照）は，4分割法でなく偏心率から求める必要がある。ここでは，偏心率の考え方を説明する。

耐力壁がバランスよく配置されていないと，地震の時に建物が水平方向に回転し（ねじれ），被害が大きくなる。

偏心率と壁配置のバランス

壁配置のバランスを表す指標として，偏心率がある（**図1**）。耐力壁の配置バランスがよい建物は偏心率が小さく，配置バランスが悪い建物は偏心率が大きい。

重心と剛心

建物には，重さの中心（重心）と，固さの中心（剛心）が存在する（**図2**）。重心とは地震の際に力が加わる中心でもあり，剛心とは地震力に抵抗する力の中心でもある。

偏心距離

重心と剛心の距離を偏心距離という（**図3**）。バランスの悪い建物ほど偏心距離が長く，ねじれやすい。

ねじり剛性と弾力半径

建物には，ねじれに対する抵抗力としてねじり剛性があり，それらを距離で表したものを弾力半径という。弾力半径が大きいほど，ねじれに対して抵抗が大きい（**図4**）。偏心距離を弾力半径で除した値が偏心率となる。

図1 壁のバランスと偏心率 R_e

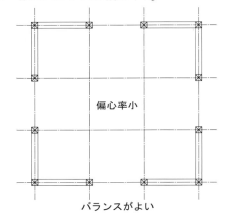
偏心率小
バランスがよい

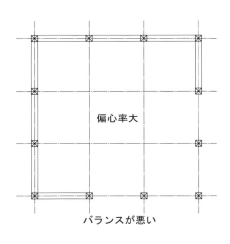
偏心率大
バランスが悪い

図2 重心Gと剛心S

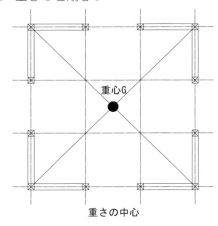
重心G
重さの中心

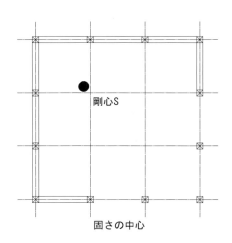
剛心S
固さの中心

床剛性とねじれやすさ

偏心率0.15以上の建物では、保有耐力を低減する必要がある。低減率は、偏心率と床剛性の大きさ（床倍率）に応じて149頁表2から求める。木造はもともと床剛性が低いため、加えて火打ち梁がない、大きな吹抜があるなど、床剛性が低いほど建物はねじれやすく（**図5**）、低減率は大きい。

> **ここが重要！**
> ● 精算法で必要耐力を求めた場合、保有耐力の低減には偏心率を用いる
> ● 偏心率は、壁配置のバランス（建物のねじれやすさ）を反映した指標である
> ● 木造は床剛性が低く、ねじれやすい。偏心率が大きい場合は、床仕様により耐力低減を行う

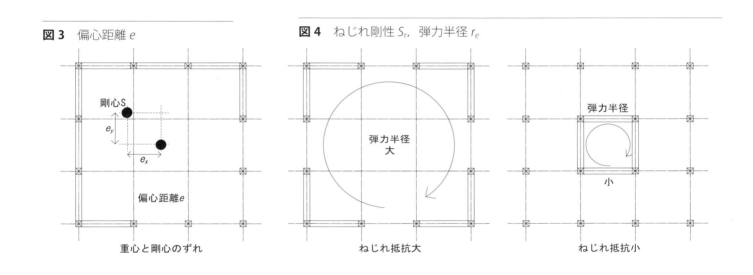

図3 偏心距離 e

剛心S　偏心距離e　重心と剛心のずれ

図4 ねじれ剛性 S_r、弾力半径 r_e

弾力半径 大　ねじれ抵抗大　　弾力半径 小　ねじれ抵抗小

図5 床剛性とねじれやすさ

火打ちなし　火打ちあり　構造用合板

ねじれやすい ←――――→ ねじれにくい

3 耐震補強設計
⑦ 補強計算

図1 モデルプラン（耐力壁の耐力は1 kN/m，床仕様Ⅱ）

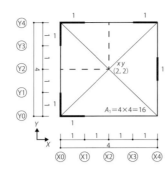

偏心率計算の流れ

① 重心 $G(x_g, y_g)$

$$x_g = \frac{\Sigma W \times x}{\Sigma W} = \frac{2.0(\Sigma A_{1i} \times x_{1i}) + 2.6(\Sigma A_{2i} \times x_{2i})}{2.0\Sigma A_{1i} + 2.6\Sigma A_{2i}}$$
$$= \frac{2.0(16 \times 2) + 2.6(4 \times 1)}{2.0 \times 16 + 2.6 \times 4}$$
$$= \frac{64 + 10.4}{32 + 10.4} = \frac{74.4}{42.4} = 1.75$$

$$y_g = \frac{\Sigma W \times y}{\Sigma W} = \frac{2.0(\Sigma A_{1i} \times y_{1i}) + 2.6(\Sigma A_{2i} \times y_{2i})}{2.0\Sigma A_{1i} + 2.6\Sigma A_{2i}}$$
$$= \frac{2.0(16 \times 2) + 2.6(4 \times 3)}{2.0 \times 16 + 2.6 \times 4}$$
$$= \frac{64 + 31.2}{32 + 10.4} = \frac{95.2}{42.4} = 2.25$$

重心 $G(x_g, y_g) = (1.75, 2.25)$

② 剛心 $S(x_s, y_s)$

$$x_s = \frac{\Sigma I_y \times x}{\Sigma I_y} \quad y_s = \frac{\Sigma I_x \times y}{\Sigma I_x}$$
$$x_s = \frac{2 \times 0 + 1 \times 4}{1 + 1 + 1} = \frac{4}{3} = 1.33$$
$$y_s = \frac{1 \times 0 \times 2 \times 4}{1 + 1 + 1} = \frac{8}{3} = 2.67$$

剛心 $S(x_s, y_s) = (1.33, 2.67)$

③ 偏心距離 (e_x, e_y)

$e_x = |x_s - x_g| = |1.33 - 1.75| = 0.42$
$e_y = |y_s - y_g| = |2.67 - 2.25| = 0.42$
$(e_x, e_y) = (0.42, 0.42)$

④ ねじれ剛性 K_R

$$= \Sigma I_x(y - y_s)^2 + \Sigma I_y(x - x_s)^2$$
$$= \{1 \times (0 - 2.67)^2 + 1 \times (4 - 2.67)^2 + 1 \times (4 - 2.67)^2\}$$
$$+ \{1 \times (0 - 1.33)^2 + 1 \times (0 - 1.33)^2 + 1 \times (4 - 1.33)^2\}$$
$$= (7.13 + 1.77 + 1.77) + (1.77 + 1.77 + 7.13)$$
$$= 21.34$$

⑤ 弾力半径 r_e

$$r_{ex} = \sqrt{\frac{K_R}{\Sigma I_x}} = \sqrt{\frac{21.34}{3}} = 2.66$$
$$r_{ey} = \sqrt{\frac{K_R}{\Sigma I_y}} = \sqrt{\frac{21.34}{3}} = 2.66$$

⑥ 偏心率 R_e

$$r_{ex} = \frac{e_y}{r_{ex}} = \frac{0.42}{2.98} = 0.158$$
$$r_{ey} = \frac{e_x}{r_{ey}} = \frac{0.43}{2.98} = 0.158 \quad \text{偏心率0.15を超えるため低減係数を計算する}$$

0.15以下 → 低減なし 計算完了

0.15を超える → ⑦ 低減率の計算 F_e

X, Y方向とも
$$F_e = \frac{1}{(3.33 \times 0.158 + 0.5)} = 0.97$$

計算完了

偏心率の計算の流れは，次のようになる。

偏心率0.15超なら耐力低減が必要に

重心Gの計算では，建物の重さに応じて**表1**から建物重量を選ぶ。剛心S，偏心距離e，弾力半径r_eを順に求め，偏心率を算定する。

偏心率が0.15以下であれば，保有耐力を求める際に耐力低減は行わない。0.15を超える場合には，**表2**を用いて偏心率と床仕様（平均床倍率）に応じた低減係数F_eを求め，保有耐力を低減する。

偏心率と低減係数の関係を，**図1**に示す。

> **ここが重要！**
> ● 重心算定の際には，建物の重さにより係数が異なる
> ● 偏心率が0.15を超えた場合には必要耐力を低減する
> ● 平均床倍率により低減係数が変化する

表1 重心算定用簡易重量表（「木造住宅の耐震診断と補強方法」96頁より）

		床面積当たりの重量 (kN/m²)		
		1層目	2層目	3層目
軽い建物	平屋	1.43		
	2階建	2.15	1.43	
	3階建	2.15	2.15	1.43
重い建物	平屋	2.00		
	2階建	2.60	2.00	
	3階建	2.60	2.60	2.00
非常に重い建物	平屋	3.23		
	2階建	2.85	2.23	
	3階建	2.85	2.85	3.23

重量算定する際の床面当たりの重量は左図の表を使用することができる。その他実状に応じて設定してもよい。

表2 耐力要素の偏心および床仕様による低減係数 F_e

平均床倍率	偏心率				
	$R_e<0.15$	$0.15 \leq R_e < 0.3$	$0.30 \leq R_e < 0.45$	$0.45 \leq R_e < 0.6$	$0.6 \leq R_e$
1.0以上	1.00	$1/(3.33R_e+0.5)$	$(3.3-R_e)/[3(3.33R_e+0.5)]$	$(3.3-R_e)/6$	0.45
0.5以上1.0未満			$(2.3-R_e)/[2(3.33R_e+0.5)]$	$(2.3-R_e)/4$	0.425
0.5未満			$(3.3-R_e)/[3(3.33R_e+0.5)]$	$(3.6-R_e)/6$	0.40

図2 耐力要素の偏心および床仕様による低減係数 F_e

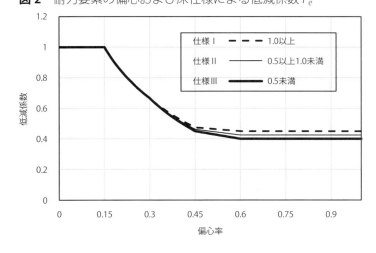

表3 床仕様

仕様 I	合板
仕様 II	火打ち＋荒板
仕様 III	火打ちなし

3 耐震補強設計

⑦ 補強計算

偏心率計算例①

図1の建物について，偏心率の計算例を示す。1階の偏心率を順に計算していく。

図1 偏心率計算建物

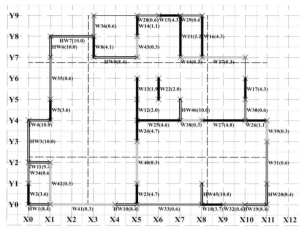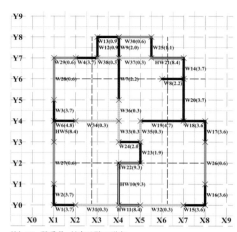

注）Wi：壁番号，（ ）内は壁の耐力
　　HWi：補強した壁または補強のために設けた壁

重心 G の計算

まずは建物の重心を計算する。建物平面を長方形に分割し，それぞれの長方形の面積 A と長方形の重心の座標 (x, y) を求める。長方形の重心位置は，対角線の中心である。また，重心の座標は原点からの距離となっているので，注意が必要である。

図2 重心算出用図

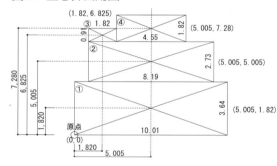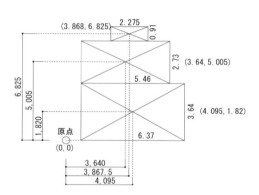

1階① $(x, y) = (5.005, 1.82)$
　　　$A = 10.01 \times 3.64 = 36.44$
　② $(x, y) = (5.005, 5.005)$
　　　$A = 8.19 \times 2.73 = 22.36$
　③ $(x, y) = (1.82, 6.825)$
　　　$A = 1.82 \times 0.91 = 1.66$
　④ $(x, y) = (5.005, 7.28)$
　　　$A = 4.55 \times 1.82 = 8.28$

2階⑤ $(x, y) = (4.095, 1.82)$
　　　$A = 6.37 \times 3.64 = 23.19$
　⑥ $(x, y) = (3.64, 5.005)$
　　　$A = 5.46 \times 2.73 = 14.91$
　⑦ $(x, y) = (3.868, 6.825)$
　　　$A = 2.275 \times 0.91 = 2.07$

$$G(x_g, y_g) \quad x_g = \frac{\Sigma W \times x}{\Sigma W} = \frac{2.0(\Sigma A_{1i} \times x_{1i}) + 2.6(\Sigma A_{2i} \times x_{2i})}{2.0\Sigma A_{1i} + 2.6\Sigma A_{2i}}$$

$$y_g = \frac{\Sigma W \times y}{\Sigma W} = \frac{2.0(\Sigma A_{1i} \times y_{1i}) + 2.6(\Sigma A_{2i} \times y_{2i})}{2.0\Sigma A_{1i} + 2.6\Sigma A_{2i}}$$

$$x_{g1} = \frac{2.0(36.44 \times 5.005 + 22.36 \times 5.005 + 1.66 \times 1.82 + 8.28 \times 5.005) + 2.6(23.19 \times 4.095 + 14.91 \times 3.64 + 2.07 \times 3.868)}{2.0(36.44 + 22.36 + 1.66 + 8.28) + 2.6(23.19 + 14.91 + 2.07)}$$

$$= \frac{2.0 \times 338.7 + 2.6 \times 157.2}{2.0 \times 68.74 + 2.6 \times 40.17} = \frac{677.4 + 408.72}{137.48 + 104.44} = \frac{1,086.12}{241.92} = 4.49 \ (m)$$

$$y_{g1} = \frac{2.0(36.44 \times 1.82 + 22.36 \times 5.005 + 1.66 \times 6.825 + 8.28 \times 7.28) + 2.6(23.19 \times 1.82 + 14.91 \times 5.005 + 2.07 \times 6.825)}{2.0(36.44 + 22.36 + 1.66 + 8.28) + 2.6(23.19 + 14.91 + 2.07)}$$

$$= \frac{2.0 \times 249.8 + 2.6 \times 130.9}{2.0 \times 68.74 + 2.6 \times 40.16} = \frac{499.6 + 340.34}{137.48 + 104.44} = \frac{839.94}{241.92} = 3.47 \ (m)$$

$$G(x_{g1}, y_{g1}) = (4.49, 3.47)$$

$$x_g = \frac{2.0(\Sigma A_{1i} \times x_{1i})}{2.0\Sigma A_{1i}}$$

$$y_g = \frac{2.0(\Sigma A_{1i} \times y_{1i})}{2.0\Sigma A_{1i}}$$

$$x_{g2} = \frac{2.0(23.19 \times 4.095 + 14.91 \times 3.64 + 2.07 \times 3.868)}{2.0(23.19 + 14.91 + 2.07)} = \frac{2.0 \times 157.2}{2.0 \times 40.16} = 3.91 \ (m)$$

$$y_{g2} = \frac{2.0(23.19 \times 1.82 + 14.91 \times 5.005 + 2.07 \times 6.825)}{2.0(23.19 + 14.91 + 2.07)} = \frac{2.0 \times 130.9}{2.0 \times 40.16} = 3.26 \ (m)$$

$$G(x_{g2}, y_{g2}) = (3.91, 3.26)$$

剛心 S の計算

建物の剛心 S を計算する。Wee の計算結果，図 3 の平面図と図 4 壁の耐力の算出を使用する。

図3　平面図

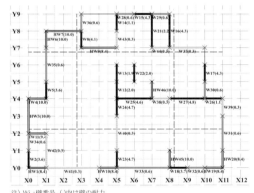

注) Wi：壁番号，( )内は壁の耐力
HWi：補強した壁または補強のために設けた壁

図4　壁の耐力の算出

WEE2012 Ver1.1.0 P.14　　　　　　　　　　2017/01/04 0:14:35

5．壁の耐力の算出

No. ：壁番号
Fw ：壁基準耐力 (kN／m)
Kj ：接合部耐力低減係数，壁基準耐力及び積雪深さにより直線補間した値
　①壁基準耐力による直線補間の計算方法，KjはFwにおける低減係数
　　壁耐力　　　Fw1　　[Fw]　　Fw2
　　低減係数　　Kj1　　[Kj]　　Kj2
　　Kj = Kj1 + {(Kj2−Kj1)／(Fw2−Fw1)} × (Fw−Fw1)
　②積雪深さによる直線補間の計算方法，sKjは積雪深さSにおける低減係数
　　積雪深さ　　S1　　[S]　　S2
　　低減係数　　sKj1　[sKj]　sKj2　　　　注)sKjは壁耐力で補間した多雪区域の低減係数
　　sKj = sKj1 + {(sKj2−sKj1)／(S2−S1)} × (S−S1)
(Ka) ：開口壁における連続長さと開口形状による調整係数
　　窓が掃出しと隣接する場合，掃出しとみなすため，Ka=0.5
　　開口壁の連続長さが3mを超える場合は，Ka=3000/L
　　窓が掃出しと隣接し，連続長さが3mを超える場合は，Ka=0.5×3000/L
　　無開口壁と隣接しない場合は，Ka=0
L ：壁長 (mm)

Qu ：壁・柱の耐力値　Qu=Qw+Qe

階	方向	領域	No.	Fw		Kj (Ka)		L		Qwi	Qw	Qe	Qu
1	X	a	HW7	10.00	×	0.700	×	1,820		12.74			
			HW9	8.40	×	0.800	×	1,820		12.23			
			W15	4.30	×	0.535	×	910		2.09			
			W28	0.60	×	(1.000)	×	910		0.55			
			W29	0.60	×	(1.000)	×	910		0.55			
			W37	0.30	×	(0.000)	×	1,820		0.00			
			W44	0.30	×	(0.000)	×	910		0.00	27.06	1.09	28.16
		中	HW4	10.00	×	0.700	×	910		6.37			
			W25	4.60	×	0.720	×	1,820		6.03			
			W26	1.10	×	0.970	×	910		0.97			
			W27	4.80	×	0.510	×	1,820		4.46			
			W38	0.30	×	(1.000)	×	910		0.27	17.82	0.27	18.10
		b	HW1	8.40	×	0.700	×	910		5.35			
			HW10	8.40	×	0.800	×	910		6.12			
			HW11	9.40	×	0.700	×	910		5.99			
			W18	3.70	×	0.565	×	910		1.90			
			HW19	8.40	×	0.700	×	910		5.35			
			W32	0.60	×	(1.000)	×	910		0.55			
			W33	0.60	×	(1.000)	×	2,730		1.64			
			W41	0.30	×	(1.000)	×	2,730		0.82	24.71	3.00	27.71
			Σ								69.59	4.37	73.96

3 耐震補強設計

⑦ 補強計算

偏心率計算例②

図1 偏心率計算建物

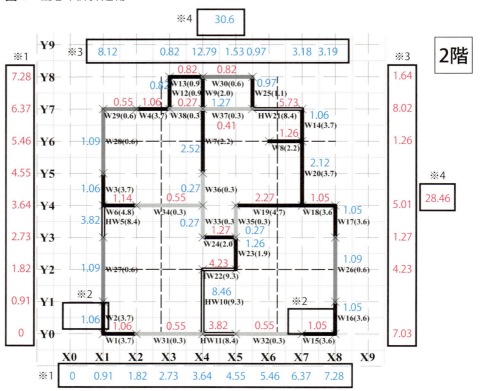

2階

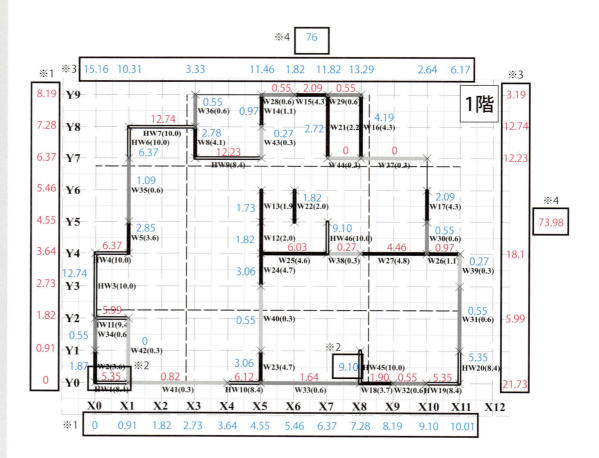

1階

※1 通り寸法を記入する
※2 壁の耐力を入力する
※3 各通りの耐力の合計
※4 耐力の合計

図1のように平面図に，X, Yそれぞれ色を変えて壁耐力を整理する

$$S(x_s, y_s) \quad x_s = \frac{\Sigma I_y \times x}{\Sigma I_y} \quad y_s = \frac{\Sigma I_x \times y}{\Sigma I_x}$$

$$x_{s1} = \frac{\Sigma I_y \times x}{\Sigma I_y}$$

$$= \frac{15.16 \times 0 + 10.31 \times 0.91 + 3.33 \times 2.73 + 11.46 \times 4.55 + 1.82 \times 5.46 + 11.82 \times 6.37 + 13.29 \times 7.28 + 2.64 \times 9.10 + 6.17}{(15.16 + 10.31 + 3.33 + 11.46 + 1.825 + 13.29 + 2.64 + 6.17)}$$

$$= \frac{338.38}{76} = 4.45 \ (m)$$

$$y_{s1} = \frac{\Sigma I_x \times y}{\Sigma I_x} = \frac{21.73 \times 0 + 5.99 \times 1.82 + 18.1 \times 3.64 + 12.23 \times 6.37 + 12.74 \times 7.28 + 3.19 \times 8.19}{(21.73 + 5.99 + 18.1 + 12.23 + 12.74 + 3.19)} = \frac{273.56}{73.98} = 3.70 \ (m)$$

$$S(x_{s1}, y_{s1}) = (3.70, 4.45)$$

偏心距離 e の計算 ‖ これまでに計算した重心と剛心を使用して偏心距離 e を計算する

$$(e_x, e_y) \quad e_x = |x_s - x_g| \quad e_y = |y_s - y_g| \quad G(x_{g1}, y_{g1}) = (4.49, 3.47) \quad S(x_s, y_s) = (4.45, 3.70)$$

$$e_x = |x_s - x_g| = |4.45 - 4.49| = 0.04 \ (m) \quad e_y = |y_s - y_g| = |3.70 - 3.47| = 0.23 \ (m)$$

$$(e_x, e_y) = (0.04, 0.23)$$

ねじれ剛性 K_R の計算

$$K_R = \Sigma I_x(y - y_s)^2 + \Sigma I_y(x - x_s)^2$$

K_R
$= ((15.16(0-4.45)^2 + 10.31(0.91-4.45)^2 + 3.33(2.73-4.45)^2 + 1.82(5.46-4.45)^2 + 11.82(6.37-4.45)^2 + 13.29(7.28-4.45)^2 + 2.64(9.1-4.45)^2 + 6.17(10.01-4.45)^2) + (21.73(0-3.7)^2 + 5.99(1.82-3.7)^2 + 18.1(3.64-3.7)^2 + 12.23(6.37-3.7)^2 + 12.74(7.28-3.7)^2 + 3.19(8.19-3.7)^2) = 839.06 + 633.50 = 1,473 \ (kN \cdot m^2)$

弾力半径 r_{ex}, r_{ey} の計算

$$r_{ex} = \sqrt{\frac{\Sigma I_x(y-y_s)^2 + \Sigma I_y(x-x_s)^2}{\Sigma I_x}} = \sqrt{\frac{K_R}{\Sigma I_x}} = \sqrt{\frac{1,473}{73.98}} = \sqrt{19.90} = 4.46 \ (m)$$

$$r_{ey} = \sqrt{\frac{\Sigma I_x(y-y_s)^2 + \Sigma I_y(x-x_s)^2}{\Sigma I_y}} = \sqrt{\frac{K_R}{\Sigma I_y}} = \sqrt{\frac{1,473}{76}} = \sqrt{19.38} = 4.40 \ (m)$$

偏心率 R_{ex}, R_{ey} の計算

$$R_{ex} = \frac{e_y}{r_{ex}} = \frac{0.04}{4.46} = 0.01$$

偏心率 0.15 以下であり低減なし

$$R_{ey} = \frac{e_x}{r_{ey}} = \frac{0.23}{4.40} = 0.05$$

3 耐震補強設計

⑧ 補強箇所の再確認

補強箇所の再確認と見積り準備

補強設計図の作成後，現地で補強箇所の再確認を行う。

工事の箇所の確認と見積り準備

現場確認は，発注予定の施工業者に同行してもらうとよい。現場確認を行う第一の目的は，計画している補強箇所が実際に工事可能な状況であるかを調べることだ。さらに，施工業者に一緒に見てもらえば見積りの準備にもなる。

ここで工事できない箇所を発見した場合には，補強設計を修正する。劣化部位などを新たに見つけた場合には，見積りに反映させて着工後の追加工事の発生を防ぐ。いずれの作業も，工事を効率的に進め，施主に負担がかからないようにするために重要だ。

現場確認の時期は，補強設計がほぼ確定した段階がよい。あまり早過ぎると，設計変更が生じた場合に，再び調査する必要が出てしまう。また，単に設計業務を補完するために施工業者に現場確認を依頼することは好ましくないが，見積りの調査を兼ねるのであれば施工業者にとっても都合がよい。

チェックポイントは，想定している耐力壁が施工できるか

①柱，梁など軸組の有無

補強壁を想定した位置に，柱や梁が存在しているかを確認する。確認の結果，**図1**に示すように柱や梁が存在していない場合は新設する必要があるため，図面に明記する。

②基礎の有無

想定した耐力壁の直下に，基礎が存在しているかを確認する。

筋かいが入っていないような非耐力壁の下には，基礎が存在しない場合もある。その場合は，基礎の新設または補強箇所の移動を検討する。基礎補強を行う場合には，既存基礎の寸法を再確認して，補強する基礎との誤差を少なくしておく。

③設備機器の有無

補強壁に，設備機器が存在するかを確認する。エアコン，ガス管，コンセントなどが存在している場合には，工事の際に一時撤去して再び取り付ける必要があるため図面に明記する。

④筋かいと配管の取り合い

補強壁に設備機器がある場合には，配管などが筋かいに当たらないかを確認する。**図2**のように筋かいとぶつかる場合には筋かいの向きを変更する，設備機器の位置を移動するなどにより対応する。また，エアコンなどを後から設置していた場合には，既存の筋かいが配管で切られている可能性がある。その場合は，筋かいの新設を考える。

⑤作り付けの家具や修復不可能な仕上げ

作り付けの家具や修復不可能な仕上げがあれば確認しておく。これらの部位に手をつける場合は，事前に施主の了解を得て工事を行う必要があるため気をつける。

⑥階段の壁は要注意

階段部分の壁を補強する場合も，注意が必要だ。まず，階段の天井高さを確保するために，2階床梁が施工されていない可能性があり，その場合は耐力壁を施工することができない。また，側桁などが存在して壁が補強できないこともあるため，事前に確認する。

⑦劣化部材のチェックは慎重に

調査の際に劣化を確認し，補強工事で補修する予定の部材については，周辺のどの範囲まで傷んでいるかを推測しなければいけない。これはなかなか難しい作業だ。推測した1.5倍くらいの範囲を取り替える必要があると，想定しておいたほうがよい。

いずれ補修をするので，施主の了解を得て劣化箇所周辺の壁や床などを剥がし，詳細に劣化部位を確認して補強工事を確実に行う方法もある（**写真1～3**）。

⑧アンカーボルトの有無

床下では，できるだけアンカーボルトを確認する。しかし，すべてのアンカーボルトを把握するのは不可能なので，補強工事ではすべての補強壁の両端の柱にアンカーボルトを設置するという想定にする場合が多い。

アンカーボルトが入っていても，柱からの位置が遠いなど，アンカーボルトが耐震壁に対して有効に働いていない場合が多いので，気をつける。

> ここが重要！
> ●想定した耐力壁が施工できるかを再確認する
> ●設備機器の確認は忘れずに。筋かいに当たっていないか確認する
> ●劣化部材の確認は慎重に行う。
> 　場合によっては，壁，床などを剥がして確認する

図1 柱，梁の有無

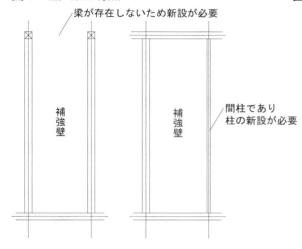

梁が存在しないため新設が必要
補強壁
補強壁
間柱であり柱の新設が必要

図2 設備機器と筋かいとの取り合い

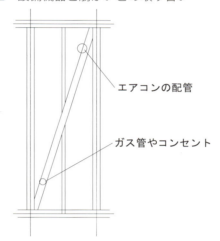

エアコンの配管
ガス管やコンセント

写真1 土台の腐朽（調査時）

調査の際に土台に腐朽を確認した

写真2 劣化再確認①

再確認の際に押入れの床を剥がして腐朽具合を確かめた

写真3 劣化再確認②

風呂場の水漏れで，土台下部が腐朽していた

3 耐震補強設計

⑨ 補強設計業務完了

報告書提出、設計料受領

補強設計報告書が完成したら，施主に内容を報告する。

資料がそろっていることを確認する

補強設計報告書の資料は，**表1**に示す内容となる。書類が，すべてそろっていることをチェックする。報告書は，診断のときと同様，必要に応じて2～4部用意する（施主，控え，役所，施工会社など）。

補強設計資料を丁寧に説明する

報告書の説明は，平面図，軸組図，柱頭柱脚金物図，補強計算内容の順に行う。

平面図では，補強位置を1箇所ずつ解説し，どのような補強内容となっているのかを理解してもらう。図面の凡例の読み方など丁寧に説明する。

軸組図は，主要な補強壁をいくつか拾い出して説明する。平面図とは異なり，同じ内容を何度も繰り返す必要はない。その他，基礎補強や水平構面補強を実施する場合は，その補強内容を説明する。

柱頭柱脚金物図は，補強壁に使用する金物を示した図となっていることを説明する。柱頭柱脚金物の検討結果を，忘れずに添付する。

最後に，今まで説明した内容に基づく補強計算結果を説明する。補強計算書の平面図では，補強箇所の表示が変化していることを示し，補強計算に反映されていることを確認してもらう。

続いて，補強計算結果を提示して，目標評点を満足していることを説明する。また，必要耐力を精算法で算出している場合には，計算結果の資料，偏心率の計算結果の資料を添付し，それらを説明する。

補強設計業務料の受領

補強設計業務が完了したら，**図1**に示すように請求書を施主に渡し，補強設計料を受領する。設計料の受領後，領収証を施主に渡し，補強設計業務は完了となる。可能であれば，報告の日に支払いを受けられるように事前に伝えておくと，やり取りがスムーズになる。

補強工事についての質問に答える

補強設計が完了して補強工事に移るに当たり，施主からの質問があれば答える。

補強工事の見積り

補強設計が完了したら，施工会社に見積りを依頼する。見積りのための調査などを行う必要があれば，その日程を調整する。

表1 補強設計報告書のチェックリスト

補強設計図	各階平面図		補強前
			補強後
	軸組図（補強部位ごと）		補強前
			補強後
	柱頭柱脚金物図		各階平面図
			N値計算結果表
補強計算			一般診断法・精密診断法1
			精算法
			偏心率

こ こ が 重 要 ！

- 報告する際はわかりやすく丁寧に説明する
- 請求書と領収証を忘れずに
- 補強工事の見積りに移る

図 1　請求書，領収証

請　求　書

平成○○年　○月　○日

建 築 太 郎 様

会社住所
会社名
名前

金 162, 000 円
(うち消費税　￥12,000)

内　訳　　　○○邸　耐震補強設計業務

上記のとおりご請求申し上げます。
恐れ入りますが下記銀行に振込みお願いいたします。

振込先銀行　　○○銀行
口座番号　　○○○○
口　座　名　　○○会社

領　収　証

建 築 太 郎 様

金 162, 000 円
(うち消費税　￥12,000)

内　訳　　　○○邸　耐震補強設計業務

平成○○年　○月　○日

上記正に領収致しました。

埼玉県○○－○○
会社名
名前

第4章:
耐震補強工事

第3章で紹介した耐震補強設計に基づく,耐震補強工事の進め方を整理する。具体的には,壁の補強,基礎の補強,水平構面や軸組の補強,劣化部分の補修を行う。

補強工事は,居ながら工事となる場合が多い。工事自体は一般的なものだが,技術的な注意点に加え,施主への配慮や復旧工事を見据えた留意点なども記述したので,参考にしていただきたい。

補強工事を円滑に進めるためには,着工前の業務も重要になる。精度の高い見積もりの算定方法,居住者の負担軽減に配慮した工程の組み方など,施主との信頼構築にもつながるポイントをあげた。

施工管理の肝となるのは,施工箇所ごとの写真記録だ。作業の合理化を視野に入れた工夫例も,併せて紹介する。

4 耐震補強工事

耐震補強工事の流れ

工事の記録も厳密に

設計者

Start! → 耐震補強設計 → [半日] 業務内容説明

耐震補強工事業務内容の説明→162
・補強工事の流れ
・居ながら工事の注意点
・補助金申請の流れ

施工者

現況調査 → 見積り → 工事請負契約 → 打合せ

現況調査：
補強箇所の再確認と見積り準備→154
・目的
・軸組の有無
・基礎の有無
・設備機器の有無
・筋かい施工の可否
・施主了解の必要な部位
・階段まわり
・劣化部材の場所
・アンカーボルトの有無

見積り：
見積書の作成→164
・現況調査の反映
・見積りの構成
・算定方法
・作成時の注意

工事請負契約：
契約書の作成→166
・契約書の種類
・クーリングオフ
・補助申請時の書類の分割
・添付書類

打合せ：
工程の打合せ→168
・部屋別が基本
・工事は1部屋ごと
・養生、撮影の時間
・施主の負担軽減

補助金の申請

耐震補強工事補助金申請 → 補助金交付決定通知

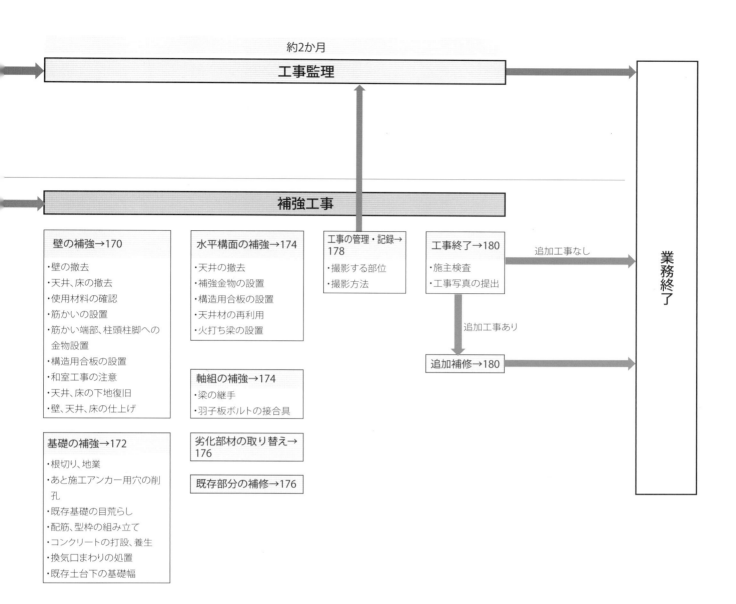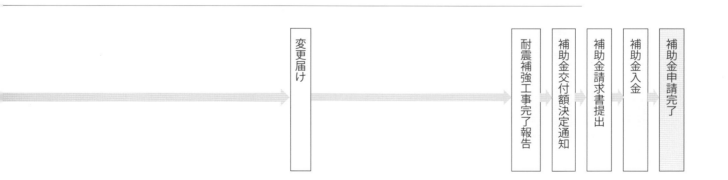

4 耐震補強工事

① 業務内容の説明（設計者・施主）

工事の流れを理解してもらう

第3章で決定した補強設計図を基に，耐震補強工事を進める。工事の着手に当たり，設計者が施主に耐震補強工事の内容を説明する。施工業者が説明すればいいのではないかと思うかもしれないが，設計から施工に円滑な橋渡しをするためには，設計者が責任をもって行うほうがよい。設計者が施工業務を把握していれば，施主の安心感も増す。

施主が抱いている疑問や不安があれば，改めて耳を傾けて対応し，施工業者に知らせるべき情報は確実に伝達しておく。補強工事の場合，一般ユーザーがもつ情報量は新築工事に比べて少ないので，特に丁寧な対応を心掛けたい。

施主に説明する内容は，「工事の流れ」，「全体の工程」，「注意点」などである。

耐震補強工事の流れ

壁補強，水平構面の補強，基礎補強など，予定している工事について作業の流れを説明する。一般的な壁補強であれば，「解体→撤去→軸組補強→構造用合板設置→仕上げ」という順に作業を進めることになる。伝える主なポイントは次のとおり。

①解体
補強する既存壁の周辺を取り壊す。耐震補強設計の時点でも施主に伝えているはずだが，当該箇所の壁だけでなく，周辺の天井や床も解体することを改めて説明しておく。また，事前に家具などの移動や，周辺の養生を行う必要があることの周知も図る。

②撤去
解体によって剥がした床，壁，天井などを撤去する。

補強後に不要となる既存の筋かいや古い金物などがあれば，これらも撤去する。

③軸組の補強
軸組を補強する。補強内容は，筋かい補強と柱頭柱脚金物補強が中心になる。

筋かい補強では，柱と横架材で構成される軸組の対角線上に筋かいを取り付け，端部に金物を設置する。

柱頭柱脚金物補強では，横架材などと柱頭柱脚を接合金物によって固定する。

④構造用合板の設置
構造用合板を設置する。構造用合板は，上下の横架材に届くように全面的に取り付けるのが基本だ。

⑤仕上げ
工事用に解体した下地を復旧し，壁，床，天井の内装仕上げを施す。エアコンなど取り外した設備機器類があれば，改めて設置する。

壁を取り壊す位置や仕上げ材の種類によっては，既存部分と補強箇所の外見が異なり統一性が失われる場合もある。設計内容に応じて，その可能性を伝えておく。

10数箇所の補強で2か月程度

補強工事全体の工程も説明する。

工事は一般に，1室ずつ順番に作業を進めていく。補強箇所の合計が10～15箇所なら，一般的な工期は2か月程度。補強箇所が多い場合や基礎補強など特別な工事を行う場合，工期は長くなる可能性がある。

居ながら工事の注意点を伝える

耐震補強工事は，「居ながら工事」になる場合が多い。施工業者がいくら気を遣っても，作業音の発生などは避けられない。施主に一定の負荷がかかることを伝えたうえ，施主が特に気にしていることがあれば聞き出して，施工者に伝達しておく。

また，居ながら工事の場合は特に，施主は途中で工事内容の変更や追加の注文をしたくなるものだ。その場合，施工業者に直接指示せず，必ず設計者に相談してもらうよう確認する。追加工事費などのトラブルを防ぐためにも，設計者は耐震補強の内容を把握し，決定することが望ましい。そのことを，施主にも事前に伝えて理解を得る。

補助金申請の流れも説明する

補強工事の補助金申請を行う場合には，申請手続きの流れも説明する。

補助金申請では，工事の途中で自治体の中間検査を受ける場合がある。施主には，検査の趣旨と具体的な検査項目を説明し，概要を把握してもらう。施主が手続きなどを行う必要がある場合には，その説明も事前に行っておく。

> ここが重要！
> - 「解体→撤去→軸組補強→構造用合板設置→仕上げ」の流れを説明する
> - 施主と施工業者のつなぎ役になるのも設計者の役目。施主の疑問や不安には丁寧に対応する
> - 施主は工事中の変更や追加注文を施工業者には直接頼まず，設計者に話してもらうことを確認する

写真1 壁の耐震補強工事の基本的な流れ

①補強工事前

養生シートなどを設置する

②解体後

床や天井など周辺部材も撤去する

③軸組補強後

筋かい端部，柱頭柱脚金物を設置する

④構造用合板設置後

上下横架材まで，全面的に構造用合板を釘打ちする

⑤仕上げ後

床や天井なども復旧する。できるだけ異和感のない仕上げとする

施工業者には，木造のノウハウが欠かせない

　耐震補強は一見パターン化された工事なので，どの施工業者が手掛けても結果は同じと思うかもしれない。しかし，それは誤解だ。新築工事とは異なる技術とノウハウが求められるので，施主や設計者にとって，施工業者選びはむしろ難しく，耐震補強を成功させる重要なカギとなる。

　次に述べることは，設計者にとっては施工者選びの指針に，施工業者にとっては耐震補強業務を手掛ける際の心得として，それぞれ読んでいただきたい。

　例えば，劣化部の補修や接合部の補強を適切に行うには，経年劣化や軸組の継手・仕口などに関する知識が必要になる。現場では，臨機応変の対応もしばしば求められる。いずれもプレカットに慣れた最近の大工にとっては難しく，経験豊かな大工の存在が欠かせない。

施主への気配りも必須に

　ほとんどの耐震補強は居ながら工事になるため，施主に対して細かい心配りができることも，施工業者の大切な資質になる。

　これには筆者自身，苦い経験がある。施主の紹介で，その家の新築を手掛けた施工業者が，補強工事未経験にもかかわらず引き続き補強工事を担当することになった。ところが着工後の現場では，施主が近くにいるにもかかわらず，職人がブツブツ文句を言いながら作業しているのだ。施主に接する機会が少ない新築工事を多く手掛けてきたからなのかもしれないが，これでは施主も気分を害する。その後，工期が遅れるなどのトラブルが相次ぎ，結果的に施工業者を代えることになった。

　こうした体験を通して実感したのが，信頼できる施工業者を選ぶことの大切さだ。私たちの事務所では，いくつかの仕事を通して信頼関係を築いた施工業者に施工を依頼するようにしている。

4 耐震補強工事 ② 見積書の提出（施工者）

設計図と現況調査を基に算定する

ここまでは，設計者の業務をまとめてきた。この項以降では，主に施工業者の作業を解説していく。

現況調査で確認した内容を反映

施工業者は，工事に向けて，補強設計図を基に見積書を作成する。

必要な材料と工数を拾い出す際には，補強設計時の調査（154頁参照）で確かめた「設備機器の有無」，「劣化部材の有無」，「アンカーボルトの有無」，養生・搬出入のしやすさなどを踏まえて検討する。まだ現地を見ていない場合は，現地調査を行い，現況を確認したうえで見積もり金額を算定する。

追加工事は施主とのトラブルにつながりやすいので，できるだけ正確に現況を把握して，見積書に反映させることが大切だ。特に手間がかかりそうな作業があれば，その分を忘れずに見積もりに含めておく。

部位，作業ごとに細かく拾う

見積もりは，基本的に「人工＋材料費＋諸経費」で構成される。また，工事は大きく「既存部の解体」，「部材の撤去」，「補修・補強」，「原状への復旧」に分類できる（**図1**）。設計図から補強箇所ごとに必要な材料の数量を拾い，施工面積に応じた作業量を設定する。

例えば，梁1本を取り替える作業は半日程度の時間が必要で，材料と人工で5,000円から6,000円程度になる。補強壁1箇所にかかる日数は，大工が2人1組で2日から3日程度と考えればよい。

算定のベースは軸組図

見積書の例を次頁に示す。箇所ごとに材工を拾い出し（**表2**），部屋ごと（**表1**左）あるいは補強壁ごと（**表1**右）に金額をまとめる。部屋ごとにまとめる場合には，備考欄に軸組図の番号などを記入しておくと，どの壁を拾っているのかが一目でわかる。補強壁ごとに金額を算出する方法は，変更などに対応しやすいというメリットの半面，見積書の枚数が多くなるというデメリットもある。

いずれにせよ，これだけ正確に拾い出せるのは，補強設計図で補強箇所ごとの軸組図を作成しているからだ。設計図が不十分だと，見積書も不確定要素が多くなってしまう。

「壁の補強1箇所15万円弱＋現況復旧の仕上げ代」といった概算を使う方法もある。ただしこれは，一定の経験を重ねたうえで，それぞれの実績値から導き出すことが前提となる。

作業スペースの狭小さを見込む

このほか，見積書作成時の注意点を挙げる。

受材や接合金物の数量は，予備を含めて必要量の1.5倍程度を見込んでおく。

構造用合板は，3尺×6尺板の使用を基本とする。新築工事では長尺の構造用合板を使うと効率的だが，既存建物内の工事では小回りが効かず不便な場合が多いからだ。結局切断しなければならず，手間が増えてしまう。

現場に配する大工の人数は，一般的に2人がちょうどよい。作業スペースが限られる耐震補強工事では，大人数を投じても効率は低くなる。3人でもいいが，作業にロスが生じる場合がある。

なお，事前の調査で現況をできるだけ把握しておくとはいえ，工事中に予想外の事態は発生するものだ。施主から，予定外の追加工事を要望される場合もある。「見積書にない工事をする場合には，別途請求の可能性あり」などの記載を行い，施主の承諾を得ておくことが大切だ。

ここが重要！
- 耐震補強でも，見積もりは「人工＋材料費＋諸経費」が基本
- 見積書には，現況調査で得た情報を反映させる
- 受材や接合金物は必要量の1.5倍程度，構造用合板は3尺×6尺板，大工は2人を基本とする

図1　主な見積もりの項目

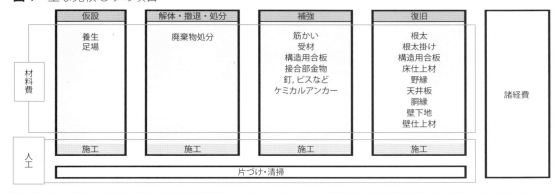

表1　見積書項目

○○邸補強工事見積書（部屋ごと）

No.	工事名	金額	備考
1	居間耐力壁配置		①②③
2	DK耐力壁設置		④⑤⑥
3	和室と押入耐力壁設置		⑦⑧⑨⑩⑪
4	2階和室耐力壁設置		⑫
5	2階押入耐力壁設置		⑬⑭
6	小屋裏雲筋かい設置		
	諸経費		
	小計		
	消費税		
	合計		

○○邸補強工事見積書（耐力壁ごと）

No.	工事名	金額	備考
1	①居間耐力壁設置		
2	②居間耐力壁設置		
3	③居間耐力壁設置		
4	④DK耐力壁設置		
5	⑤DK耐力壁設置		
6	⑥DK耐力壁設置		
7	⑦和室耐力壁設置		
8	⑧和室耐力壁設置		
9	⑨和室耐力壁設置		
10	⑩押入耐力壁設置		
11	⑪押入耐力壁設置		
12	⑫2階和室耐力壁設置		
13	⑬2階押入耐力壁設置		
14	⑭2階押入耐力壁設置		
15	小屋裏雲筋かい		
	諸経費		
	小計		
	消費税		
	合計		

表2　見積書詳細項目

No.	品名	数量	単位	単価	金額	備考
1	居間耐力壁設置					
	筋かい　45×90×3,000					
	合板受材　90×90×3,000					
	45×90×3,000					
	45×45×3,000					
	構造用合板　厚9 特類2級　3×6					
	筋かい金物					
	柱頭柱脚金物 10 kN					
	釘 N50					
	火打ち金物					
	ケミカルアンカー					
	釘，ビス等					
	養生費					
	脚立足場					
	廃棄物処分費					
	施工費，解体，片づけ，施工					
	復旧工事					
	根太　45×45×4,000					
	根太掛け　30×105×4,000					
	構造用合板　厚12 特類2級　3×6					
	野縁　30×40×3,000					
	合板　厚43×6					
	天井板					
	胴縁 15×45×3,000					
	壁下地					
	施工費					
	合計					

③
工事請負契約

補助対象の工事を分ける

提示した見積書で施主の合意を得た後に，施工業者と施主の間で工事請負契約を結ぶ。金額の多少にかかわらず，必ず書面で契約することが大切だ。

契約書は，既存団体が発行している書式を利用するとよい。民間（旧四会）連合協定の「リフォーム工事請負契約約款」や，「住宅リフォーム推進協議会の「住宅リフォーム工事請負契約書」が一般的な書式になる（**図 1**）。

クーリングオフ付きの約款も

「契約者」，「工事の場所，期間，内容」，「請負金額と支払い時期」を明記するという点は，どちらの書式でも共通している（**表 1**）。（一社）住宅リフォーム推進協議会の約款には，クーリングオフの条項も記載されている（**図 2**）。支払い時期は，「着手時，工事途中，すべての工事を完了した時点で 3 分の 1 ずつ」，「着工後 10 日くらいで 1 割，残りを工事終了時」など，施工業者ごとの状況に応じて設定する。

補助金の工事契約を分離する

もう一つ気を付けることは，補助金を得て行う工事の場合だ。

補助対象となっている工事だけを実施するなら問題はないが，補助対象外のリフォーム工事も同時に行う場合には，書類上で補助対象の工事を明確に分けておくことが求められる。そこで，工事費の見積書と請負契約書は，「補助対象の補強工事」と「リフォーム工事」に分けて書類を用意する。

一つの契約書の中で補強工事とその他の工事を分けて作成することも可能だが，その場合には，二つの工事費をはっきりと分割して記載する必要がある。

設計図書や仕様書などを添付する

契約書では，工事内容を具体的に記載する。通常は，設計図書や仕様書，見積書などを添付する。

図 1　リフォーム契約事例
（引用：（一社）住宅リフォーム推進協議会 HP より）

住宅リフォーム工事
請負契約書

印紙貼付欄

本契約書、住宅リフォーム工事請負契約約款及び添付の見積書、仕様書、設計図等にもとづいて、工事請負契約を結ぶ。この契約の証として本書を2通作成し、当事者が記名押印の上、それぞれ1通を保有する。

1. 工事名称

2. 工事場所

3. 工事期間　平成　年　月　日 より　平成　年　月　日 まで

4. 請負金額
金　円（税込）
うち工事価格（消費税等額を除く）　金　円
取引に係る消費税等額（8％）　金　円

5. 支払方法

契約締結時	平成	年	月	日	金	円（税込）
	平成	年	月	日	金	円（税込）
	平成	年	月	日	金	円（税込）
	平成	年	月	日	金	円（税込）

6. 添付書類　□ 見積書　□ 仕様書　□ 設計図　□ その他（　）

平成　年　月　日

注文者
住　所　　住　所
氏　名　㊞　　氏　名　㊞
電話番号　　電話番号

請負者
住　所
名　称
代表者　㊞　担当者
電話番号　FAX番号

図 2　クーリングオフ約款
（引用：（一社）住宅リフォーム推進協議会 HP より）

（特定商取引に関する法律の適用を受ける場合のクーリングオフについての説明書）

ご契約いただきますリフォーム工事またはインテリア商品等販売が「特定商取引に関する法律」の適用を受ける場合(注)で、クーリングオフを行おうとする場合には、この説明書・工事請負契約約款を充分お読み下さい。

(注)「特定商取引に関する法律」の適用を受ける場合：訪問販売、電話勧誘販売による取引

Ⅰ　契約の解除（クーリングオフ）を行おうとする場合

①「特定商取引に関する法律」の適用を受ける場合(注)で、クーリングオフを行おうとする場合には、この書面を受領した日から起算して8日以内は、お客様（注文者）は文書をもって工事請負契約の解除（クーリングオフと呼びます）ができ、その効力は解除する旨の文書を発したときに生ずるものとします。ただし、次のような場合等にはクーリングオフの権利行使はできません。

ア）お客様（注文者）がリフォーム工事建物等を営業用に利用する場合や、お客様（注文者）からのご請求によりご自宅でのお申し込みまたはご契約を行った場合等

イ）壁紙などの消耗品を使用（最小包装単位）又は、3,000円未満の現金取引

②上記クーリングオフの行使を妨げるために請負者が不実のことを告げたことによりお客様（注文者）が誤認し、または威迫したことにより困惑してクーリングオフを行わなかった場合は、請負者から、クーリングオフ妨害の解消のための書面が交付され、その内容について説明を受けた日から8日を経過するまでは書面によりクーリングオフすることができます。

Ⅱ　上記期間内に契約の解除（クーリングオフ）があった場合、

①請負者は契約の解除に伴う損害賠償または違約金支払を請求することはありません。

②契約の解除があった場合に、既に商品の引渡しが行われているときは、その引取りに要する費用は請負者の負担とします。

③契約解除のお申し出の際に既に受領した金員がある場合は、すみやかにその全額を無利息にて返還いたします。

④役務の提供に伴い、土地又は建物その他の工作物の現状が変更された場合には、お客様（注文者）は無料で元の状態にもどすよう請求することができます。

⑤すでに役務が提供されたときにおいても、請負者は、お客様（注文者）に提供した役務の対価、その他の金銭の支払を請求することはありません。

＊尚、通常必要とされる量を著しく超える商品などの契約を結んだ場合は、契約後一年間は契約の解除が可能になる場合があります。

> **ここが重要！**
> ●民間連合協定や住宅リフォーム推進協議会の
> 　標準書式を利用して契約書を用意する
> ●「契約者」,「工事期間」,「請負金額と支払い時期」などを
> 　明記する
> ●補助金を利用する場合，見積書と契約書は
> 　耐震補強工事とその他の工事を分ける

表1 契約書に記載する基本的な内容

	工事名称		
	発注者	氏名	
		住所	
		電話番号	
	請負者	会社名	
		代表者名	
		担当者名	
		住所	
		電話番号	
	工事場所		
	工事期間	着手日： 　年　　月　　日	
		完了日： 　年　　月　　日	
	工事内容	書面内に概要を記載	
		書類を添付	
			見積書
			仕様書
			設計図書
			その他
	工事請負金額	（工事価格、消費税の内訳）	
	支払い時期	契約締結時	
		中間時［　　　　　　　　　　］	
		完了時［　　　　　　　　　　］	
		完了後［　　　　］日以内	

4 耐震補強工事
④ 工程の打合せ

工程は，施主の負担軽減も配慮して組む

施工業者と施主で，工程の打合せを行う。施主の都合を確認し，どの部分から工事に着手するかを相談して決める。工事事例の写真を見せながら，補強箇所まわりにどの程度の作業が発生するのかをイメージしてもらうと話が早い。

その後，打合せ内容を反映して工程表を作成する。工程表では次の点に留意する。

工程表は「部屋別」の記載が基本

新築工事であれば一般に，全体の工事日程を工種ごとに分類して工程表を作成する。一方，耐震補強工事は，工種ごとに工事を進めるのではなく，解体から補強（仕上げ）までの一通りの工事を，壁ごとに行う作業を繰り返す。そのため工程表も，通常，部屋ごとに日程を示す形式をとる。壁ごとの工程を示してもかまわないが，記載量が増えて煩雑になる。また，部屋ごとのほうが，全体の工程にずれが生じにくい。

工事は1部屋ごとに進める

耐震補強は，居ながら工事になることが多い。部屋ごとにまとめて工事し，一つの部屋が完了してから次の部屋へ移るという段取りは，施主の負担軽減にもつながる。工事を行うのが1部屋であっても，荷物の仮置き場所を確保すると，使える部屋はさらに減る。複数の部屋を同時に工事する場合には，特に注意が必要だ。

壁の仕上げについては，壁の石膏ボードまで施工して仮使用できる状態にし，壁クロスは複数の部屋をまとめて仕上げるというように，条件に応じて随時工夫するとよい。

養生や写真撮影の時間も忘れずに

一般的な補強工事の場合，工期の目安は補強壁1箇所について2日から3日，全体で2か月程度となる。大工は，同時に2人が作業する工程を組むと効率的だ。3人でもよいが，現場の状況によっては効率が落ちる。

予備日は，1日以上確保する。補強工事は小規模な作業の積み重ねになるため，工事前後の養生と撤去，補強箇所ごとの写真撮影にかかる時間なども無視できない。工程表の作成に当たっては，これらの時間も十分に確保する。

施主の負担を軽くする

施主にとって，居ながら工事は，プライベートな側面を日々見られる状態を生み出す。着工前に一通りの説明を行うが，実際に工事が始まってみると「使える部屋が少ない」，「工事の音が気になる」と，施主が想定以上の心労を感じる場合もある。できるだけ施主に負荷を与えないように，工程を組む際には，上下の部屋を同時に工事して騒音の影響を低減させるなど配慮する。

ここが重要！
- 施主の都合を聞いて，工事に着手する順番を設定する
- 「1部屋ごとに工事を終えて次の部屋に移る」のが基本
- 施主の負担軽減に配慮して工程を組む

施主との良好な関係づくりが必須

補強工事をスムーズに進め，施主の満足度を高めるには，施主との良好な関係づくりが重要になる。工事を通して，施主に味方になってもらえるように心掛けたい。

居ながら工事の場合は特に，工事で発生する音やほこりに対して，施主は敏感になりがちだ。そのため，作業に際しては，必要以上の音を立てないよう注意する。適切に目張りしてほこりの流入を防ぎ，毎日の作業後にはきれいに掃除する。時間管理をしっかり行うことも，施主の信頼を得る大きなポイントになる。

工事に対する不安を，取り除く工夫も欠かせない。壁補強をする際，最初に押入れなどの目立たない場所で施工し，施主に見せるという施工業者もいる。最初に仕上がりの状態を確認してもらい，その後の作業に対する安心感を高めようという狙いだ。

図1 耐震補強工事　工程表例

耐震補強工事工程表
工事名　○○邸耐震補強工事　　着工年月日　平成28年　5月13日　　請負者　○○会社
　　　　　　　　　　　　　　　　竣工期限　平成28年　7月20日

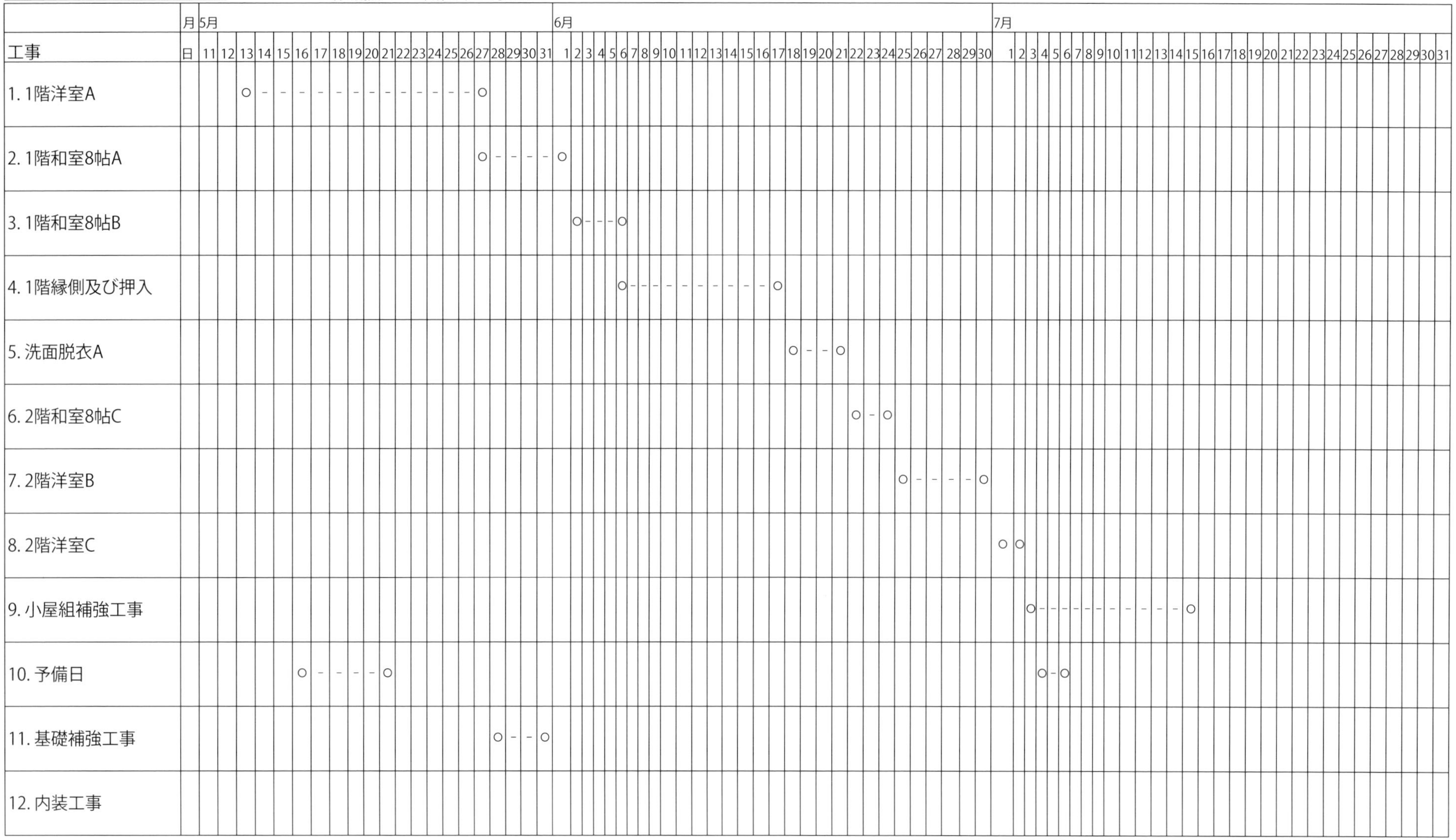

工事	5月	6月	7月
1. 1階洋室A	13〇---18 26〇		
2. 1階和室8帖A	26〇---31	2〇	
3. 1階和室8帖B		2〇---6	
4. 1階縁側及び押入		6〇---16	
5. 洗面脱衣A		18〇---21	
6. 2階和室8帖C		21〇---24	
7. 2階洋室B		26〇---30	
8. 2階洋室C			1〇---2
9. 小屋組補強工事	17〇---22		3〇---14
10. 予備日			5〇---7
11. 基礎補強工事	27〇---31	3〇	
12. 内装工事			

4 耐震補強工事

⑤ 補強工事

壁の補強 ―― 金物や釘を正確に用いる

耐震補強工事の中心になるのが、壁の補強だ。手順ごとに、工事の注意点を次に示す。

解体・撤去は丁寧に

補強箇所となる壁、および周辺の天井と床を解体・撤去する。復旧後の既存部分との境界ができるだけ目立たないような仕上がりにするため、作業は丁寧に行う。

既存壁は、補強する軸組の外側の線に沿ってきれいに切断する。既存の筋かいのうち、「途中で切断されている」、「欠き込みがある」など、耐力上有効でないものは撤去する。取り外すと外壁など他の部材に影響を及ぼす可能性がある場合には、無理に撤去しない。

作業スペースを確保するため、天井と床の仕上げ材・下地を、壁から450～900 mmの範囲を解体する。

天井のクロスを破らずにそっと剥がし、工事後そのまま貼り戻す方法もある。この方法は材料代もかからず、仕上げの統一性も確保できる。しかし、技術を要する。床でも、既存の仕上げ材をきれいに剥がし、復旧に再使用することができる。その場合、いったん撤去した部材は丁寧に保存しておく。

軸組の補強では金物を正しく設置

軸組補強に用いる筋かいは、補強設計図で指示された断面寸法の部材であることを確認する。筋かいの上下端は、柱と横架材の交点に固定する。間柱や受材などと緩衝する場合にも、筋かいを欠き込むことはしない。

筋かいの端部と柱頭柱脚には、指定された仕様の接合金物を取り付ける。金物は、軸組や構造用合板などとの取合いに応じて、施工しやすいものを選ぶ。ただし、種類が多くなると取扱いが煩雑になり、ミスを招きやすくなるので、使用する金物はできるだけ統一するほうがよい。

接合金物は、向きを間違えたり、設置面から浮いたりすると適切に力を伝達できないので、正確に取り付ける。釘やビスなどの種類や本数が、図面の指示どおりであることを確認する。

構造用合板耐力壁の強度は釘打ちで決まる

柱に受材を取り付け、3尺×6尺の構造用合板を設置する。

構造用合板による耐力壁は、釘のせん断強度で耐力が決まるので、釘の打ち方を適切に管理することが大切だ。構造用合板の厚さが9 mmの場合は、N50釘を用いて、150 mm以内の間隔に打ち込む。釘を打つ位置は、耐力壁の端から20 mm程度離す。釘を打つ位置がずれないように、構造用合板にはあらかじめ釘の位置を墨出ししておくとよい。

十分な耐力を発揮させるため、釘頭がめり込まないよう注意する。2 mm以上めり込んだ場合には、周囲に増し打ちして対処する。

合板の継手部分には、受材を設けて釘を打つ。

配管用に50～100 mm程度の貫通口を設ける場合、補強は必要ない。それ以上の大きさの開口を設ける場合には、受材などで補強を行う。

和室の長押は残して工事

和室の長押や回り縁は、切ってしまうと和室の雰囲気を損なう可能性がある。そこで、補強工事の際には、これらを残したまま裏を通す形で筋かいや構造用合板を設置する。

ただし、長押や回り縁を切らずに筋かいや構造用合板を取り付けるには、取り回すための空間が必要になる。長押などを残したままの施工が可能なのは、床下の懐が広い、上階が和室のため上階の床を開けられる、などの場合に限られる。取り回すための空間を確保できない場合、長押は切断せざるを得ない。そのようにならないように補強設計のときに検討を行う。

根太は補強してから復旧

補強を終えた後に、天井・床・壁を復旧する。床は、切り取った根太の周囲を補強してから仕上げる。復旧の際に既存の床材を使用すると、のこぎりで切断した継目は残るが、補強前とほとんど変わらない雰囲気に仕上がる。新しいクロスで天井や壁を復旧する場合、既存とまったく同じクロスはほぼ存在しないので、新旧部分に見た目の差が出ることを施主に伝えておく。

補強しない壁も可能な範囲で金物を設置

補強に際し、隣接する壁の筋かいや柱頭柱脚、継手など、取り付け可能な部分には金物を設置する。補強工事では、できる限りの補強を行うことが耐震性の向上につながる。木造住宅の補強金物は値段も比較的安価で、金物だけの補強なら施工にそれほど時間はかからない。

ここが重要！
- 工事後の復旧を考慮して，床・壁・天井の解体・撤去は丁寧に行う
- 筋かいは柱梁の交点に配し，金物を正しく取り付ける
- 構造用合板は釘が決め手。
  N50釘を150mm以下の間隔で，めり込まないように打つ

写真1 筋かい金物，柱頭柱脚金物

筋かい端部には筋かい金物，柱頭柱脚には接合金物を設置する

写真2 筋かいの新設①

和室で筋かいを取り付ける際には，長押を保存して施工することも可能

写真3 筋かいの新設②

既存の筋かいは無理に撤去せず，できるだけ残す

写真4 構造用合板の設置（和室）

和室で構造用合板を設置する場合には，長押などの裏を通して取り付ける

写真5 受材の設置

構造用合板の継手には受材を設け，釘打ちで固定する

写真6 釘のピッチ

構造用合板の釘は，150mm間隔で打ち付ける。端あきは20mm程度とする

写真7 床の復旧後

既存の床材を復旧に利用した事例。既存の状態とほぼ同じ雰囲気の仕上がりになる

写真8 天井の復旧後

天井と壁の復旧部分を新しいクロスで貼り替える場合，既存と同じ色の製品はほぼないので，新旧部分で外見上の差が生じる

写真9 壁の復旧後

4 耐震補強工事
⑤ 補強工事

基礎の補強──既存部に対するダメージに注意

基礎の補強は，無筋コンクリート基礎に対する抱合せ補強と基礎の新設が主な工事となる。

工事箇所まわりの根切り・地業

作業に必要な範囲の1階床を解体し，補強や新設工事を行う基礎の周辺を根切りする。抱合せ補強をする場合や，鉄筋コンクリート造のべた基礎の上に基礎を新設する場合は，型枠が施工できるように作業場所を確保する。基礎新設の場合には，砕石，砂利などを敷いて突き固め，捨てコンクリートを打ってレベルを出す。

アンカー穴の掃除は丁寧に

アンカー削孔の際には，削孔後の穴を念入りに掃除することが重要である。接着面にほこりなどが残ったままの状態だと，アンカーの接着強度が低下する。写真のように掃除機で内部のごみを吸い出し，ブラシを使ってほこりを落とし，再度掃除機で吸いだすという工程を何回か繰り返してごみを取り除く。

目荒らしでは既存基礎を傷めないように

抱合せ補強では，新旧のコンクリートの一体性を高める必要がある。既存コンクリート表面を，**写真5**のようにはつって目荒らしする。

その際には，既存コンクリートにダメージを与えすぎないことが大切だ。機械を用いる場合には圧力を調整するなど，過度に力をかけないように配慮する。目荒らしをした後は，打ち継ぐコンクリートの密着性を高めるために，基礎の表面に残った粉末やクズを完全に除去する。

基礎を新設する場合も，既存基礎と接する部分があれば，同様に目荒らしをする。

配筋と型枠の設置では正しく寸法確保

補強設計図に基づいて配筋し，型枠を組む。既存基礎と一体化する場合は，既存基礎に樹脂系のあと施工アンカーを打ち込む。あと施工アンカーは，一般に$7d$（dは鉄筋径）程度の長さとし，「$7d$（有効長さ）＋$1d$（余長）＝$8d$（全長）」の埋め込み深さを確保する。深く埋め込むことで強度は高くなるが，基礎巾が小さい場合には貫通してしまわないように注意する。

次いで主筋，あばら筋，腹筋を組む。補強設計図に記入された種類・径の鉄筋を用いていることを確認し，必要な埋め込み長さや重ね継手長さを確保する。

アンカーボルトやホールダウン金物も取り付ける。アンカーボルトの位置は，「耐力壁の取り付く柱の近傍」および「2.7m以内ごと」などとなる。土台に継目がある場合には，接合部の上木側にアンカーボルトを設置する。

型枠を設置する際には，鉄筋のかぶり厚さ（6cm）を確保していることを確認する。

コンクリートは十分に養生

配筋した型枠の中に，コンクリートを流し込む。スランプや水セメント比をはじめとするコンクリートの品質は，新築工事と同じように適切に管理する。コンクリートを流し込んだ後はよく締め固め，水を撒いて養生する。規定の日数を経た後に，型枠を取り外す。

換気口をつぶさない

抱合せ補強や基礎新設に伴い，既存の床下換気口を閉鎖するなどして，空気の流れを止めてしまう，といった状況も生じる。その場合には**写真10，12**のように，換気口を閉鎖しないようにスリーブを設ける，換気口部分の梁せいを小さくして，換気口をふさがないようにするなどの措置を施す。

基礎幅は土台の2倍確保

既存土台の下に基礎を新設する場合には，基礎の幅を土台寸法の2倍程度確保すると，コンクリートを流し込む作業が楽になる。

ここが重要！
- 既存基礎の表面をはつる場合は，ダメージを与えないよう慎重に
- 配筋では，かぶり厚さ，埋め込み長さ，重ね継手長さなどを正確に確保する
- コンクリートの品質管理，締め固めや養生は新築と同様に適切に行う
- 床下換気口はつぶさないように気を付ける

写真 1　既存基礎の削孔

写真 2　削孔部分の掃除①

写真 3　削孔部分の掃除②

あと施工アンカーを埋め込む箇所は，念入りに掃除する

写真 4　アンカー削孔に用いる道具

あと施工アンカーの削孔を行う道具

写真 5　基礎補強の配筋

既存基礎に補強基礎の鉄筋を施工した状態。既存基礎に打ち込んだアンカーと補強基礎の主筋をフックで一体化する

写真 6　コンクリート打設

コンクリート打設状況。アンカーボルトやホールダウン金物が設計位置に設置されていることを確認してから打設する

写真 7　工事完了後の抱合せ基礎

抱合せ基礎の補強工事が完了した状態。換気口も設けている

写真 8　新設基礎の配筋

新設基礎の配筋を完了した状態。鉄筋の径，ピッチ，かぶり厚さなどが確保されているかを確認する

写真 9　既存基礎との定着

既存基礎が鉄筋コンクリート造の場合には，あと施工アンカーで既存基礎と一体化する

写真 10　内部換気口部分

基礎補強，新設によって換気口への空気の通り道が遮断される場合には，スリーブを設ける

写真 11　新設基礎完成

新設基礎の工事が完了した状態。既存土台の下に基礎を新設する場合には，基礎幅を大きくすると施工しやすい

写真 12　外部換気口部分

外部換気口をつぶさないように，換気口まわりは梁せいを抑える

4 耐震補強工事 ⑤ 補強工事

水平構面と軸組の補強──既存のぜい弱部分にも注意

　水平剛性の低い箇所を補強する。2階建であれば，下屋または1階の天井裏が対象になる。構造用合板を設置するのが代表的な方法で，床組の四隅に火打ち梁を取り付けて補強する場合もある。

水平構面を構造用合板，火打ち梁で補強

　水平構面補強を行うため，1階の天井をはがす（**写真1・2**）。まず，床組を一体にするため，四隅に梁接合補強金物を取り付ける。金物は，構造用合板の施工後に設置してもよい。

　本体の梁と下屋の梁をつなぐように，構造用合板の受材を取り付ける。下屋の梁の方が低い位置にある場合は，高さを調整する梁を本体の梁に重ねて受け材を止め付ける。受材の設置後，構造用合板（厚9mm）を設置する。耐力壁の場合と同様に，N50釘を150mm間隔以内で打ち付け，釘頭がめり込まないように気を付ける。水平構面の補強は以上となる。

　補強工事を終えたら，仕上げの復旧を行う。石こうボード下地の上，クロスなどで仕上げる。

天井材の再利用は難しい

　和室の天井や化粧石こうボードなどの場合，既存の天井材をきれいに撤去して，元に戻す作業は基本的に難しい。クロスの場合は，きれいにはがして原状復旧することも可能だが，実際に施工してみないと確実にできるかどうかはわからないので注意を要する。

火打ち梁を密に入れて水平構面補強

　補強する水平構面の面積が小さい場合には，**写真9**のように，火打ち梁を密に設置して，水平剛性を高める方法も可能だ。

　補強を予定していなかった場所でも，火打ち梁を取り付けられる箇所にはなるべく設置して，建物全体の水平剛性を高めることが大切である。

弱い部分はできるだけ補強

　補強設計図に描かれていなくても，既存軸組の接合部で取り付け可能な箇所があれば，適宜，接合金物を設置して補強する。

　梁の継手はその一例だ。並列した梁の継手位置が揃っている場合や，継手が火打ち梁より軸組の角に近い側にある場合などは，特に構造上の弱点になる。

　柱と横架材の接合部も，金物がない箇所があれば，できるだけ補強したい。増築部と既存部が接している部分も，接合強度が弱い可能性が高い。接合状況を確認し，必要であれば金物で補強を行う。

　既存の羽子板ボルトは，羽子板部分が釘だけで接合させていることが多い。その場合には，ラグスクリューボルトなどで止めつけ，接合強度を高める必要がある。

写真2　天井の解体

補強部分の天井を解体し，軸組が見えた状態

写真6　接合金物の設置②

解体後，最初に金物を設置した例

写真10　火打ち梁の設置（一般部分）

補強予定のない水平面でも，火打ち梁を適宜取り付けることで，建物全体の水平剛性が高まる

写真1 既存天井

既存の和室天井。下屋となっている窓側の910×2,730 mmの部分を，水平構面補強する

> **ここが重要！**
> - 水平構面を構造用合板や火打ち梁で補強する
> - 水平構面補強が必要な場合，小さい面積であれば，火打ち梁の密な設置により水平剛性を高められる
> - 補強予定でない部分にも，火打ち梁を適宜入れて水平剛性を上げる
> - 梁の継手など，構造上弱い部分は，図面に描かれていなくても金物で補強する
> - 金物が設置可能な箇所は，できるだけ金物を取り付ける。

写真3 受材の設置

構造用合板を張るための受材を設置した

写真4 構造用合板の設置

構造用合板を，N50釘150 mmピッチで受材に止め付ける

写真5 接合金物の設置①

接合部に金物を取り付ける。この写真では，構造用合板を設置した後に施工している

写真7 下地材の石こうボード設置

仕上げ用下地の石こうボードを取り付ける

写真8 天井仕上げの完了

石こうボードにクロスを貼って仕上げ，工事は完了

写真9 火打ち梁の設置（水平構面補強）

密に火打ち梁を設置し，水平剛性を高める

写真11 既存の梁継手

既存梁に継手が存在する場合には，金物などで補強する

写真12 段差がある梁の補強

梁に段差がある場合，抱き合わせた梁をラグスクリューボルトで一体化して，段差を解消する。接合部は帯金物で補強する

写真13 構造用合板による梁補強

さらに補強を行う場合には，一体化した梁の上に構造用合板を取り付けて強固に固定する

4 耐震補強工事 ⑤ 補強工事

劣化部分の補修──腐朽した木材は取り換え

劣化した木材があれば，基本的に取り替える。腐朽や蟻害が発生している箇所は，耐震診断や事前の現況調査の際にできるだけ確認し，見積もりに計上しておく。それでも，工事中に新しく劣化部材を見つけることはある。その場合には，設計者と施主に速やかに連絡して取り替えの了解を得る。

どうしても取り替えられない場合には，劣化している部分を取り除いたうえ，健全な材を用いて抱合せ補強するなどの方法もある。

新しい部材を金物で固定

劣化部材の取り替えは，次の手順で行う。
①取り替える部材まわりにジャッキを設置して，建物を支持する。
②劣化した部位を切断して，撤去する。
③新しい部材を据え付け，周囲の既存部材と金物で固定する。取り替える新しい部材には，ヒバのような耐腐朽性・耐蟻性の高い木材や防腐処理材を用いることが望ましい。土台の場合には，基礎と固定するためのアンカーボルトの穴を開けておく。
④地面から 1,000 mm 以下の部分には防腐・防蟻処理を行い，併せて劣化部周辺の劣化防止対策を施しておく。水漏れが生じている配管の取り換え，換気の確保，シーリングによる防水措置などだ。

既存部の補修も

部材を取り替えた周辺部以外でも，ひび割れなどが生じている部分があれば，状況に応じて補修する。窓サッシや配管貫通口まわりのシーリングが切れている場所は，シーリング処理などを施し，既存基礎に生じたひび割れもエポキシ樹脂などを埋めて処置する。

耐震補強は，室内側からの工事を基本とするが，劣化部材の取り替えなどでは外部からの工事が必要となることもある。その場合は，水切りやシーリングを適切に施工して，水の浸入を防ぐ。

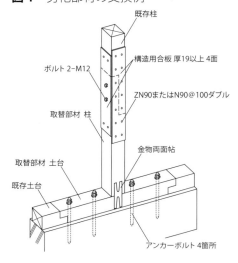

図1 劣化部材の交換例

シロアリ被害は慎重に確認

筆者の経験では，シロアリによる実際の被害は，調査時に想定していた規模より大きい場合がほとんどである。そのため，調査でシロアリ被害を見つけた場合には，より広い範囲で被害が生じている可能性を見込んで，工事を行う必要がある。

被害を受けている部材の回りの部材は，できる限りハンマーたたきやビス打ちなどを実施して，部材が健全かどうかを確かめ，劣化を見落とさないようにする。

新設部材の場合，地面から高さ 1,000 mm までの範囲でシロアリ駆除を行うことが求められる。また，シロアリ駆除業者の中には，「シロアリは地面からしか侵入しないので，床下だけ駆除すれば大丈夫」とする人もいる。しかし，既存住宅の場合，屋根や外壁や2階ベランダなどからもシロアリは侵入する。そこで，壁全面を駆除しておいたほうが安全である。

安すぎる駆除には注意

シロアリ駆除の料金は面積に比例し，通常は1軒で10万円以上かかる。5万円のように，一見，安い料金で請け負っている業者もいるが，その場合は床下換気扇，防湿材，土台火打ちなどの設置で，高額な料金を取ることが多い。施主には，こうした業者に対して注意を促しておくことが大切だ。

> **ここが重要！**
> ●劣化した部材は原則，取り替える
> ●工事中に新しく見つけた場合は，設計者と施主に速やかに連絡する
> ●新しい部材は，周囲の既存部材と金物で固定
> ●シーリング切れなどが生じた部分も併せて補修する

写真1 腐朽した土台

浴室の漏水によって腐っていた土台。交換する必要がある

写真2 土台交換後

土台を交換し，両端にアンカーボルドを設置する

写真3 柱の抱合せ補強

柱が劣化しているが，部材を交換できない状況もある。その場合は，隣に柱を抱かせて一体化し，補強する

写真4 筋かい足元の腐朽

写真5 構造用合板による補強

筋かいを取り替えられなかったため，腐朽の生じていた足元まわりに構造用合板を張って補強した

写真6 柱の交換

写真7 柱交換とプレート補強

柱の下半分を交換した際に，プレートで補強して既存柱と一体化

※ 写真8～11は同一の梁補強

写真8※ 梁のシロアリ被害

シロアリ被害により，梁の半分以上がなくなっていた。補強を実施する

写真9※ 被害部分の撤去，梁の新設

シロアリ被害を受けた梁の部分を取り除く。既存梁の下に新設の梁を入れて補強する

写真10※ 埋木，金物補強

梁を埋木し，金物で固定する

写真11※ 構造用合板の設置

梁を一体化するため，最後に構造用合板を取り付けて釘で固定する

4 耐震補強工事 ⑤ 補強工事

施工の管理と記録——すべての箇所を写真撮影

工事箇所が最終的に隠れてしまう補強工事の場合，作業内容の記録，すなわち写真の撮影は工事管理の肝となる。現場管理者がその場にいなくても後で作業内容を確認でき，トラブルが発生した際には施工業者の身を守る貴重な証拠にもなる。

補強の前後を撮影する

写真は，耐震補強を行う「すべての箇所」について施工前と施工後の状態を撮影する。

例えば，筋かいと構造用合板で耐力壁を補強する場合には，少なくとも「補強前」，「筋かいの設置後」，「構造用合板の設置後」の3段階を記録する。

全箇所を撮影すると，それなりの手間がかかる。工程表や見積もりには，その時間と人件費を見込んでおくことが大切だ。

スマホで撮って LINE で送る

写真は，「施工日時」と「筋かいと軸組の接合位置」，「金物の種類と取り付け状況」，「構造用合板の取り付け状況」など，工事の要点が見えるように撮影する。

施工日時などは，工事看板の黒板にわざわざ書き込まなくてもかまわない。補強箇所の近くにチョークで書くなど，簡易な方法を工夫するとよいだろう。また，デジタルカメラやスマートフォンを使えば撮影日時の履歴が残る。スマートフォンで撮影した写真を，現場監督や設計者に LINE で送付すれば，それほど手間もかからない。

工事規模は小さくても適切な管理を

何度も触れてきたように，耐震補強工事は新築工事に比べて規模が小さく，作業の合理化は欠かせない。しかし，だからといって必要な作業の手を抜くようでは品質を保てず，施主や設計者からの信頼も失う。工事規模の大小にかかわらず，適切な工事管理は必須であることを肝に銘じておきたい（**表1**）。

> **ここ が 重 要 ！**
> ● 耐震補強工事でも，工事管理の手は抜かない
> ● すべての補強箇所について，施工前後の写真記録を残す
> ● 施工日時，筋かいと軸組の接合，金物の設置，構造用合板の取り付けなどの様子を撮影する

表1　主な工事管理事項

筋かい補強	筋かい，受材など木材の種類，寸法は設計図の指定どおりか
	筋かいは，設計図に記載された位置に取り付けているか
	筋かいに欠き込みをしていないか
	筋かいを固定する金物は，設計図に書かれた仕様と同等のものか
	金物の固定には規定どおりの接合具を用いているか
構造用合板補強	構造用合板の種類・厚さは設計図の指定どおりか
	構造用合板の上下は横架材に届いているか（準耐力壁の場合は横架材の距離間）
	指定された釘（接合具）を用いているか
	釘打ちの位置は構造用合板の端から 20 mm 以上確保しているか
	釘打ちのピッチは 150 mm 以内か
	釘打ちの位置は，筋かいや金物の位置を避けているか
	釘頭のめり込みはないか
軸組補強	既存梁の継ぎ手部分を金物で補強したか
劣化対策	劣化した部材はすべて取り替えたか

写真 1 補強前

既存の壁を解体する前に撮影する

写真 2 補強前（解体後）

解体後の既存の状態

写真 3 軸組補強後

受材，筋かい，金物などの設置状況。見えない部分は，個別に撮影する

写真 4 柱頭柱脚金物設置後

写真 5 柱頭柱脚金物設置後

柱頭柱脚の金物の取り付け状況を確認できる写真を撮影する。さらに詳しく記録する場合には，四隅それぞれをクローズアップして金物を撮影する

写真 8 構造用合板のスタンプ

使用する構造用合板には，製品の仕様がスタンプされている。設計の指示と同等のものを用いているか，を確認するために撮影する

写真 6 構造用合板設置後

構造用合板の設置状況。釘の間隔なども撮影する

写真 7 仕上げ復旧後

仕上げ復旧工事が完了した状態

写真 9 工事看板

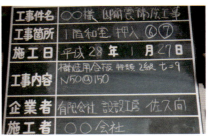

工事看板には，工事件名，工事場所，工事内容，会社名などを記入する

4 耐震補強工事

⑥ 工事の変更→業務完了

変更が生じた場合には必ず連絡

補強工事の途中に，補強設計からの変更が生じることはしばしばある。事前に把握していなかった劣化箇所を見つけた場合や，施主から追加の依頼を受けた場合などだ。

いずれの場合でも，そのまま施工するとトラブルの元になるので，速やかに設計者に連絡して相談する。特に，追加工事費が発生する状況が生じたら必ず施主に連絡し，承諾を得ておくことが大切だ。

補強内容を変更したら補強工事をやり直す

工事中に補強内容を変更する場合には，補強計算をやり直して変更後の上部構造評点を算出する。変更により評点が目標を下回る場合には，補強箇所を増加するなど対策を行わなければならない。評点が上がる場合も補強計算をやり直し，評点を算出する。

業務の終了にも書類をつくる

工事の終了後に施主検査を行う。追加の補修などがあれば対応して，工事を終了する。

同時に，施工中に撮影した補強全箇所の写真を施主に渡す。補強箇所ごとにまとめた工事写真報告書は，補強壁の場所がわかるようにタイトルをつけ，軸組図の番号と通り番号などを記入する。それぞれの写真にも，どの工程を撮ったものかがわかるように注釈をつける。

補助金を利用した場合には，行政窓口に報告書を提出する（詳しくは184頁参照）。

追加工事や残工事を含めたすべての作業を終了したら，施主に請求書を渡して工事費を受領する。領収書を渡して業務が完了する。

ここが重要！
- 工事内容の変更は設計者にすぐ報告する
- 追加工事費が発生する場合は，必ず施主に連絡して承諾を得る
- 工事完了後に請求書を発行して工事費を受領

多能工の育成などで合理化を図る

新築に比べて小規模な耐震補強の業務は，設計者，施工業者のいずれからも「利益の割に手間がかかって面倒だ」という話が出やすい。しかし，新築の需要が低下していく今後の建築市場を見据えると，耐震補強業務をもっと前向きに捉える必要がある。

耐震補強を継続的な業務として成立させるには，無駄を省いた合理的な手法を確立しておくことが大切になる。

施工業者であれば，多くの作業を担う多能工を育成するのも一つの手だ。例えば，基礎工事の場合，新築なら専門工事業者に発注するところだが，基礎補強における作業量を考えると無駄が多い。そこで，大工自身で配筋や型枠の設置などができるようにしておくと，作業効率は高まる。また，工事だけでなく耐震診断と耐震補強設計を行う能力を身に付けておけば，「診断→設計→施工」をすべて効率よく行うことができる。耐震補強という業務の規模を踏まえると，合理的で理想的な形態だろう。

現場監理を省く仕組みをつくる

一方，設計事務所の立場でいうと，設計監理をいかに合理化するかが大きな課題となる。そこで，私たちの事務所が取り組んできたのが，工務店と良いパートナーシップを築くことだ。工事は信頼している施工業者に委ね，工事監理として現場に行くことは基本的に行わない。工事の内容は写真で確認すればよい。

逆にいえば，こうした方法でも正確な施工をしてもらえるように，補強設計図はすべての軸組図を用意してきた。耐震補強の実情に合わせて，設計者と施工業者の役割を明確にし，それぞれの責務を果たしていくことが重要だ。

図1 工事写真報告書
⑨ Y11通り X4−X5 [※1]

補強前（既存）[※2]

補強前（壁撤去後）

補強中（筋かい，受材，金物設置）

補強後（構造用合板設置）

補強後（仕上げ復旧完了）

※1 補強壁の情報を記す

　⑨　Y11通り X4−X5
軸組図と　　壁の位置情報
同じ番号

※2 写真の内容を記す

第5章：
優遇策

木造住宅の耐震化がなかなか進まない理由の一つに，コストの問題があることは，以前から指摘されてきた。限られた予算のなか，どうすればよいのか悩んでいる多くの施主に対して役立つ情報を提示することも，設計者や施工業者に求められる役割といえる。

本章では，補助金制度をはじめとする各種優遇策の概要をまとめた。自治体の多くは，耐震診断・耐震補強設計・耐震補強工事に対する補助金制度を整えている。さらに，税金の控除や減税，融資，保険料の割引などの制度がある。

制度の詳細は自治体や時期によって異なる。実際に利用する際には，改めて自治体やそれぞれの窓口に確認してほしい。

5 優遇策 補助金申請

申請の流れ、注意点について

既存木造住宅の耐震化を推進するため、耐震診断や耐震補強設計、耐震補強工事に対して補助金の制度を設けている自治体は多い。

表1のように、木造住宅に対する補助金の種類や金額は自治体によって異なる。以前、補助金を利用した経験があったとしても、年度が変わったり、別の自治体に申請したりする場合には、内容が異なる可能性がある。補助金の活用を考える場合には、申請先の自治体に事前確認することが大切だ。

補助対象業務は診断、設計、工事に分かれる

補助金の対象は、耐震診断、補強設計、補強工事の3種類に大きく分類される。ただし、耐震診断と補強工事の補助制度だけを用意して補強設計は対象外としている自治体や、「耐震診断＋補強設計」と「補強設計＋補強工事」などの組み合わせを設けている自治体もある。

補助対象となる木造住宅は、1981年5月31日以前に建築された、いわゆる旧耐震基準の在来軸組工法の住宅とされる場合が多い。併用住宅の扱いは自治体によって異なるので、補助対象に含まれるのか、含まれる場合には面積に制限がないかについても確かめておく。

上部構造評点をどこまで上げるか

補強設計や補強工事の補助金では、通常、補助対象とする建物に、上部構造評点の基準を設定している。多くの自治体は「評点1.0未満のものを1.0以上に高める設計・工事」を補助対象とするが、1.0未満のものを「0.3ポイント以上高めて」1.0以上にするなどの条件が加わることもある。自治体によっては、補強後の評点が1.0未満にとどまる簡易な工事も含めて補助する制度を用意している。

増築時期によっては対象外に

旧耐震基準の木造住宅を対象とする補助金では、新耐震基準で増築した部分を耐震化する補強設計や補強工事は、対象外となることがある。こうした条件を見落として設計を進めると、手戻りが生じてしまうので注意が必要だ。

補助金額は、補助率と限度額で決まる

補助金額は、施主が設計者（診断者）や施工業者に支払う費用に対する「補助率」と、「限度額」の低いほうの額で定める自治体がほとんどだ。例えば、補強設計は「補助率1/2、限度額5万円」、補強工事は「補助率1/3、限度額50万円」といった形になる。

耐震診断については、支払った費用そのものに対する補助ではなく、診断の専門家を無料で派遣する制度を用意する自治体も多い。

診断・設計者の事前登録も

補助事業の場合、耐震診断、補強設計を行う専門家を、登録した建築士などに限定している自治体が少なくない。登録には、その自治体に事務所を構え、自治体が主催する講習会に参加して修了証を得ることなどが求められるのが一般的だ。一般財団法人日本建築防災協会が実施する「国土交通大臣登録耐震診断資格者及び耐震改修技術者講習会」で資格を取得すると、自治体の登録をしやすくなる場合もある。

代理申請には委任状が必要に

補助金の申請から受領までの流れも自治体によってさまざまだ。一例を**図1**に示した。一般的には、次の点に注意する。

通常、補助金の申請者は施主になる。ただし、住宅では施主自身で手続きをするのが難しいことも多いので、その場合は、設計事務所や施工業者が代わって申請業務を行うことになる。その際には、「施主から委任される」旨を記載した委任状を作成し、施主の捺印を得る。

申請に要する時間を見込む

補助金対象の業務を開始する時期にも、気を付けたい。自治体から補助金の交付決定通知が届く前に業務に着手してしまうと、補助金が無効になる場合がある。

補助金申請には、一定の時間がかかる。申請に際して修正が発生すると、さらにその分ずれ込んで行く。十分な余裕を見込んで、スケジュールを組むことが大切だ。

その他、申請の流れ、注意点について

補助金制度は、単年度事業が多いため、年度内に業務を終える必要がある。期限までに業務完了できないと補助金がもらえないため、年度内近くに業務を行う場合は業務完了できるかを十分検討して業務を開始する。

> # ここが重要！
> ●補助金申請，金額などは自治体によってさまざまなので，事前に自治体に相談し内容を確認する
> ●代理で申請を行う場合には，委任状を作成する
> ●補助金申請には時間がかかるので，余裕をもってスケジュールを組む

表1 補助金申請に必要な書類の例

自治体例	診断補助の内容／下段：補助の条件	設計費補助の内容（補助率，限度額）／下段：補助の条件	工事費補助の内容（補助率，限度額）／下段：補助の条件
A市	限度額15万円／1981年5月31日以前の木造住宅（居住）／建築士事務所協会地域支部が窓口	―	限度額120万円／耐震診断助成の対象者／その他，耐震シェルターなどを対象とする補助あり
B市	診断者の派遣（自己負担なし）／木造在来工法による住宅／個人が所有する長屋・共同住宅／1981年5月31日以前に建築工事に着手／区登録者が診断	―	補助率1/2，限度額100万円／区の耐震診断で上部構造評点1.0未満／その他，上部構造評点0.7未満の住宅を対象にした簡易補強の補助（補助率1/2，限度額60万円など）も／区登録者が耐震設計と工事監理を担当
C市	診断者の派遣（自己負担なし）／昭和56年5月31日以前に建築・着工された在来軸組工法の木造住宅／地上階数3以下，木造部分階数2以下／住宅部分の面積≧延べ面積×1/2／市登録者が診断	補助率2/3，限度額10万円／上部構造評点1.0以上とする計画／市登録者が設計	補助率1/3，限度額80万円／市登録者が工事監理
D市	延床面積500 m²以下かつ2階建以下の住宅：診断士の派遣（自己負担なし）／延床面積500 m²超の住宅：限度額9万円／1981年5月31日以前に建築／市登録者が診断	補助率1/2，限度額10万円／市の耐震診断で上部構造評点1.0未満／設計後の上部構造評点1.0以上に／市登録者が設計	第1段階：補助率2/3，限度額70万円／2階建住宅の1階部分の評点1.0以上／第2段階：補助率2/3以内，限度額50万円／住宅全体の上部構造評点0.7以上／市登録者が工事監理
E市	一般診断法．補助率1/2，限度学5万円／昭和56年5月31日以前の確認申請により建築／住宅部分の床面積≧延べ面積の1/2／市の簡易耐震診断で総合評価1.0未満／市登録者が診断	補助率1/2，限度額5万円／耐震診断の結果「安全でない構造」の建物を「安全な構造」とするもの／市登録者が設計	補助率23％，限度額50万円／耐震補強設計に基づく工事．その他，建て替え工事の補助もあり／業者指定なし
F市	診断者の派遣（自己負担なし）／自己保有，2階以下，在来軸組工法の木造個人住宅／1981年5月31日以前に建築確認を得て着工／市登録者が診断（申請建物のみの知事登録もあり）	―	限度額75万円（非課税世帯115万円）／耐震診断の結果，上部構造評定1.0未満または市が実施した「我が家の耐震診断表」の総合評価1.0未満／補強後の上部構造評点が1.0以上／市登録の事業者が工事（申請建物のみの一時登録もあり）
G市	診断者の派遣（自己負担なし）／1981年5月31日以前に建てられた在来軸組工法の木造住宅／県登録者が診断	補助率2/3，基準額14万4,000円・15万4,000円／耐震診断で耐震評点1.0未満のものを0.3以上上げて1.0以上にする計画／精密診断による補強設計／県登録者が設計	限度額30万円〜65万円／木造戸建て・2階建て以下・1891年5月31日までの旧基準で建築／耐震診断で耐震評点1.0未満のものを0.3以上上げて1.0以上にする工事
H市	診断者の派遣（自己負担なし）／1981年5月31日以前に着工した在来軸組工法の住宅／「耐震診断，耐震補強設計，見積もり」に対する補助（自己負担2万円）もあり／市登録者が診断	補助率9/10, 限度額27万円（戸建ての場合）／同左／耐震診断の上部構造評点1.0未満／その他，「建物全体の上部構造評点0.7未満の住宅を0.7以上など」または「1階の上部構造評点1.0未満の住宅の1階を1.0以上」を対象とした補助あり	50万円〜130万円／同左

図1 補助金申請の流れ（例）

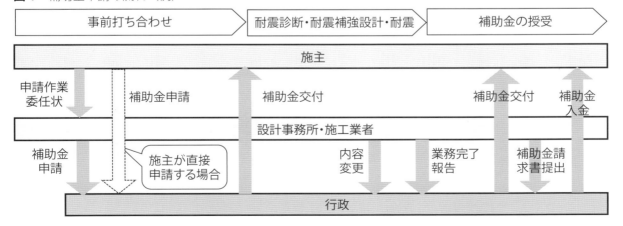

5 優遇策

補助金・優遇制度

必要な書類を整える

補助金を申請する際には、いくつかの書類を用意する必要がある。申請書など基本的な書面のほかに、添付が求められる主な資料を**表1**に例示した。

実際にはそれぞれの自治体に事前確認し、漏れがないように作業を進めてほしい。

報告書にどこまで書き込むか

必要書類のうち「報告書」は、求められる内容や記載密度が自治体によって異なる。

耐震診断の報告書では一般に、調査結果の平面図、耐震診断計算書、調査写真などを用意する。ただし、平面図では、筋かいの位置を記入する程度でよいのか、耐震診断計算に必要な壁の仕様まで書き込む必要があるのか、といった違いはある。

耐震補強設計の報告書は、平面図と補強計算書でよい場合もあれば、耐震補強工事の補助を視野に入れ、工事写真と照合しやすくするために軸組図まで求める自治体もある。

補助対象は耐震化の部分に限られる

補強工事に関する書類のうち、工事請負見積書や契約書などの金額は、基本的に申請書の内容と一致している必要がある。耐震補強以外のリフォームを同時に行う場合、その他リフォームまで含めて記載した見積書や契約書は認められない可能性もあるので、補助申請の対象となる補強工事分を切り離して用意しておくのが安全だ。

耐震補強の一環で行った工事でも、補助金の対象になるのは、補強のために最低限必要な工事に限られることが多い。例えば、壁の補強のために一部の天井を剥がすとする。その場合、同時に天井全体を貼り替えても、補助金の対象になるのは壁の補強作業に必要な部分の工事だけになる。

税、融資、保険の優遇

このほか、耐震補強工事を実施した施主には、税金、融資、地震保険で優遇制度が用意されている。優遇制度の内容と主な条件、必要書類などを**表2**にまとめた。

税金については、所得税の控除（投資型減税、住宅ローン減税）と固定資産税の減税などがある。それぞれを申告する際には、住宅耐震改修証明書や増改築等工事証明書、工事請負契約書の写しなどが必要になる。住宅耐震改修証明書や増改築等工事証明書は建築士が作成できるので、耐震診断や補強設計の担当者は比較的容易に手続きを進められる。

一方、住宅金融支援機構の融資（フラット35S）や地震保険の割引を利用する場合には、住宅性能証明書などが求められる。これらは、第三者機関の認定を受ける必要などが生じるため、その分の費用と時間が加わる。施主には、こうした上乗せが発生する点も含めて理解してもらうように、説明することが重要だ。

表1 補助申請に必要な書類の例

業務内容	必要書類例
耐震診断	委任状
	耐震診断見積書の写し
	固定資産税評価証明書
	耐震診断報告書
	契約書・領収書の写し
	建築士免許証の写し
耐震補強設計	委任状
	耐震補強設計見積書の写し
	耐震補強設計報告書
	契約書・領収書の写し
	建築士免許証の写し
耐震補強工事	委任状
	耐震補強工事見積書の写し
	工事写真報告書
	契約書・領収書の写し
	工事監理契約書の写し
	建設業届

ここが重要！
- 補助金の報告書は自治体によって異なるので、事前に確認する
- 耐震補強工事に対する税、融資、地震保険の優遇策もある
- 施主に説明する際には申告に要する時間と費用も念頭に置く

表2 税控除その他の優遇策

優遇策			主な条件	申告・申請の窓口	必要書類の例（○は建築士が用意できるもの）
税金	所得税の控除	投資型減税	現行の耐震基準に適合させるためのリフォーム	税務署（確定申告）	住宅耐震改修証明書・同証明申請書○
			耐震リフォームを完了した年		工事請負契約書の写し等
		住宅ローン減税	現行の耐震基準に適合させるためのリフォームなど		増改築工事等証明書○
			リフォーム後の居住介した年から10年		工事請負契約書の写し等
	固定資産税の減税		現行の耐震基準に適合させるためのリフォーム	市区町村（工事完了後3か月以内）	固定資産税減額証明書○（または住宅性能評価書の写し）
			耐震リフォームの翌年度		工事請負契約書の写し等
	その他	贈与税の非課税措置	現行の耐震基準に適合させるためのリフォームなど	税務署（確定申告）	増改築等工事証明書○，耐震基準適合証明書○・住宅性能表示評価書の写し，工事契約書の写し等
		登録免許税の軽減	現行の耐震基準に適合させるためのリフォームなど	法務局	
		不動産取得税の特例措置	現行の耐震基準に適合させるためのリフォームなど	都道府県	
融資	住宅金融支援機構の	リフォーム融資（耐震改修）	自分が居住または週末利用等・親族が居住	金融機関	耐震改修工事の認定通知書の写し，住宅改良工事適合証明書，工事請負契約書の写し等
			耐震改修促進法に定める計画認定を受けた計画に沿って行う耐震改修，または機構が定めた基準に適合させる工事		
		高齢者向け返済特例制度	自分が居住する住宅のリフォーム	金融機関	
保険	保険料の割引		耐震等級3：割引率50%	保険会社	住宅性能証明書，フラット35Sの適合証明書，長期優良住宅認定通知書等
			耐震等級2：同30%		
			耐震等級1：同10%		
			など		

耐震診断から補強設計に進むためには

　自治体によっては，施主の負担ゼロで耐震診断を受けられることがある。ただし，こうした場合，「倒壊する可能性が高い」という診断結果を受けた人が，補強設計に進まずに終わってしまう比率が高いという。無料だからと耐震診断を受けてはみたものの，費用のかかる補強設計には二の足を踏む人が多いからだ。

　しかし，私たち専門家としては，耐震性の低い建物を放置したままでよい，というわけにはいかない。最終的に補強を実施するかどうかを判断するのは施主自身だが，適切な情報を提供し，できるだけ耐震補強が進む方向へと後押しする努力が求められている。

　そのためには，耐震診断の結果をわかりやすく説明し，建物の状態を理解してもらう作業が欠かせない。説明する際には，単に危ないと指摘するだけでなく，どの程度の補強が必要であり，それにはどの程度の費用がかかるのか具体的に示す。耐震診断報告書とともに，耐震補強案や概算工事費を提示することで，施主は今後の進め方を想定しやすくなり，次のステップに進もうという気持ちにもなる。施主に，耐震補強の費用対効果（24頁参照）を伝えるのも有効だろう。

第6章：
事例

1件の木造住宅を取り上げ，耐震診断と耐震補強設計の報告書事例をまとめた。耐震診断から補強設計までの作業の流れと考え方を一覧できるようにしている。

現況調査では，どのような情報を収集するか。耐震診断報告書に盛り込む説明内容は何か。耐震診断・耐震補強の計算はどのように進めるか。補強設計図の構成と，それぞれの図の記載内容はどのようなものか。

第2章と第3章で解説した内容を参照しつつ，耐震診断と補強設計の業務を理解する一助にしてほしい。

6 事例

① 耐震診断報告書

報告書の表紙

耐震診断事例

○○邸耐震診断　調査報告書

建物住所 ○○市○○

調査日　　平成○○年○○月○○日
　　　○○会社
　　　　　住所
　　　　　電話番号
　　　　　名前

6 事例 ① 耐震診断報告書

報告書の目次

目次（例）

1) 平面図（1，2階）
2) 部材調査結果
3) 調査現況写真（外観・内観，内部調査風景）
4) 柱の傾斜
5) コンクリート強度の推定
6) 劣化調査シート
7) 考察
8) 一般診断法による耐震診断
9) 補強案・概算工事費

1）平面図（1, 2階）

事例 6

① 耐震診断報告書

平面図（1・2階）

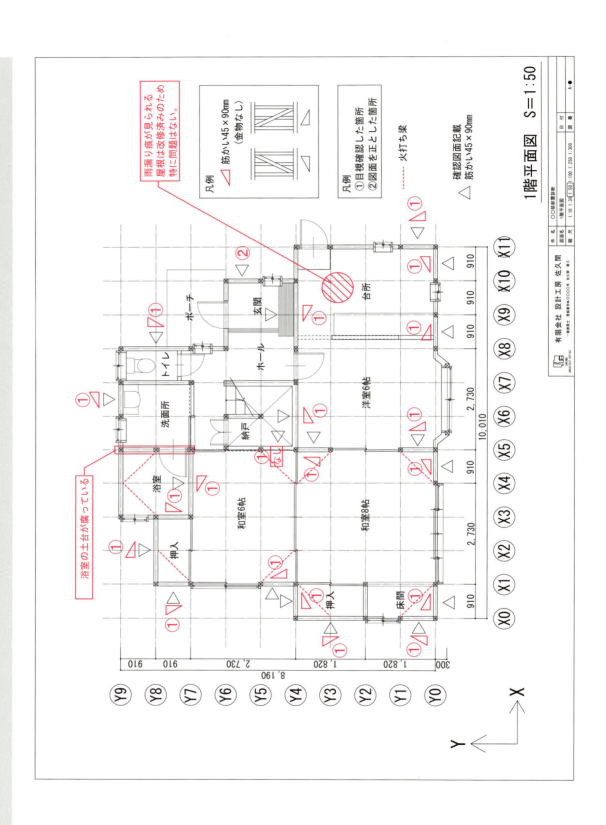

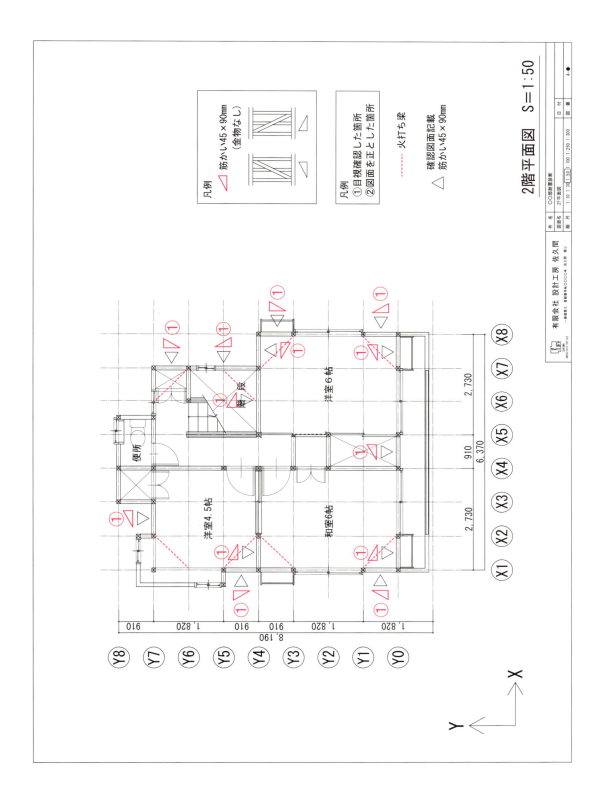

6 事例① 耐震診断報告書

部材調査結果

2）部材調査結果

調査箇所	1階床下			調査日		月	日
部　材　寸　法							含水率
床板	荒板　厚12 mm, 幅300 mm						％
根太	45 mm×60 mm@303 mm						13.8％
大引	90 mm×90 mm@910 mm						14.3％
土台	105 mm×105 mm						16.3％
床束	90 mm×90 mm						15.2％
間柱	30 mm×105 mm						％
土台火打ち	30 mm×90 mm						％
アンカーボルトの有無	㊲	無	基礎鉄筋	有	㊲		
備　考：鉄筋探査機により鉄筋の有無を確認した結果，鉄筋がないことを確認した。 　　　　特に，問題となるクラックは見られないことから，健全な無筋コンクリート造基礎であると判断する。→基礎仕様（Ⅱ） 　　　　含水率は20％以下であり，特に問題はなく，シロアリ被害は見当たらなかった。							

調査箇所	1階天井裏			調査日	8月4日	
部材	部　材　寸　法					
梁（1階）	105 mm×105 mm, 105 mm×240 mm, 105 mm×300 mm					
筋かい（1階）	45 mm×90 mm　端部釘3本による接合					
柱（1階）・間柱	一般：105 mm×105 mm, 通し柱：120 mm×120 mm, 間柱 30 mm×105 mm					
火打ち梁	木製 90 mm×90 mm ボルト接合 → 床仕様（Ⅱ）					
床根太（2階）	45 mm×105 mm					
梁継手金物	かすがい					
柱梁接合部金物	なし → 接合部仕様（Ⅳ）					
壁下地	和室：ラスボード，洋室：石こうボード，押入れ：合板					
羽子板ボルト	㊲	無	雨漏りの有無	有	㊲	
備　考：羽子板ボルトはボルトにより接合されている。 　　　　雨漏り痕はみられるが改修しており現在は漏っていないことから特に問題はない。						

調査箇所	小屋裏			調査日		月	日
部　材　寸　法							
下地	野地板　厚9 mm						
垂木	45 mm×90 mm@455 mm						
母屋	90 mm×90 mm@910 mm						
小屋束	90 mm×90 mm@ かすがい						
雲筋かい	15 mm×90 mm　釘止め						
火打ち梁	木製　90 mm×90 mm ボルト接合 → 床仕様（Ⅱ）						
梁（2階）	105 mm×105 mm						
柱・間柱（2階）	一般：105 mm×105 mm, 通し柱：120 mm×120 mm → 主要な柱の径 120 mm 未満						
筋かい（2階）	45 mm×105 mm　釘3本						
柱梁接合部金物	なし → 接合部Ⅳ						
梁継手金物	かすがい						
壁下地	和室：ラスボード，洋室：石こうボード，押入れ：合板						
羽子板ボルト	㊲	無		雨漏り	㊲	無	
備　考：							

6 事例
① 耐震診断報告書

調査現況写真①

3）調査現況写真
（外観・内観・内部・調査写真）

調 査 現 況 写 真（外観・内観・内部部材）			20○○年○月○日	
No. 1		No. 2		
調査場所	外観	調査場所	外観	
調査項目	北側	調査項目	南側	
屋根：コロニアル 樋：劣化なし 外壁：サイディング　劣化なし		屋根：コロニアル 樋：劣化なし 外壁：サイディング　劣化なし		

No. 3		No. 4		
調査場所	外観	調査場所	外観	
調査項目	東側	調査項目	西側	
屋根：コロニアル 樋：劣化なし 外壁：サイディング　劣化なし		屋根：コロニアル 樋：劣化なし 外壁：サイディング　劣化なし		

6 事例

① 耐震診断報告書

調査現況写真②

調査現況写真（外観・内観・内部部材）		20○○年○月○日	
No. 5		No. 6	
調査場所	和室　天井	調査場所	脱衣所
調査項目	雨漏り	調査項目	劣化
和室の天井に雨漏り跡あり。屋根改修済みのため特に問題はない。		床材が腐朽している。土台を床下から調査したが，土台は特に問題ない。	

No. 7		No. 8	
調査場所	小屋裏	調査場所	小屋裏
調査項目	小屋裏部材，雨漏り	調査項目	雲筋かい
小屋裏部材には構造的に問題となる劣化はみられない。雨漏り跡は見られなかった。		雲筋かいあり	

調 査 現 況 写 真（外観・内観・内部部材）		20○○年○月○日	
No. 9		No. 10	
調査場所	小屋裏	調査場所	小屋裏
調査項目	火打ち梁	調査項目	羽子板ボルト
木製火打ち梁 90×90 mm，ボルトによる接合であり問題なし。		梁-梁接合部は羽子板ボルトで接合されている。接合はボルト接合であり，特に問題はない。	

No. 11		No. 12	
調査場所	小屋裏	調査場所	1階天井裏
調査項目	2階筋かい	調査項目	1階筋かい
2階の筋かいは寸法 45×90 mm である。筋かい金物は設置されていない。		1階の筋かいは寸法 45×90 mm である。筋かい金物は設置されていない。釘3本による接合である。	

6 事例

① 耐震診断報告書

調査現況写真③

調査現況写真（外観・内観・内部部材）		20○○年○月○日	
No. 13		No. 14	
調査場所	1階床下	調査場所	床下
調査項目	床下部材	調査項目	含水率
床板：t＝12 mm　幅 300 mm　劣化なし 根太：45×60 mm @ 303 大引：90×90 mm @ 910 束：90×90 mm		床下部材の含水率を測定したところ，20％以下であり特に問題はない。	

No. 15		No. 16	
調査場所	1階天井裏	調査場所	1階台所
調査項目	天井裏調査風景	調査項目	筋かい探査風景
和室の天袋から天井裏を調査した。		筋かい探査機により，筋かいの有無を確認した。探査の結果筋かいがあることを確認できた。	

調 査 現 況 写 真（外観・内観・内部部材）			20○○年○月○日	
No. 17			No. 18	
調査場所	和室		調査場所	玄関ホール
調査項目	柱傾斜測定		調査項目	床傾斜測定
下げ振りにより柱の傾斜を測定した。 柱の傾斜は特に問題ない。			デジタル水平器により床の傾斜を測定した。 床の傾斜は特に問題ない。	

No. 19			No. 20	
調査場所	基礎		調査場所	基礎
調査項目	鉄筋探査		調査項目	コンクリート強度測定
鉄筋探査機により鉄筋の有無を確認した。 鉄筋探査の結果，鉄筋がないことを確認した。			リバウンドハンマーを用いコンクリート強度を測定した。 コンクリート強度は 18 N/mm^{2}以上であり，特に問題はない。	

 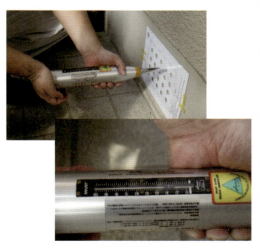

6 事例

① 耐震診断報告書

柱の傾斜

4) 柱の傾斜

柱傾斜一覧表　　○○邸

1階
X方向

柱通り名	傾き（mm）	傾斜（勾配）
X1, Y2	2	1/500
X1, Y4	2	1/500
X3, Y7	2	1/500
X5, Y1	3	1/333
X5, Y3	5	1/200
X5, Y4	1	1/1,000
X6, Y6	1	1/1,000
X8, Y6	1	1/1,000
X11, Y1	2	1/500
X11, Y3	2	1/500
平均値	2.10	1/476

Y方向

柱通り名	傾き（mm）	傾斜（勾配）
Y0, X10	1	1/1,000
Y1, X5	1	1/1,000
Y2, X1	2	1/500
Y3, X5	1	1/1,000
Y4, X1	2	1/500
Y4, X5	2	1/500
Y4, X10	2	1/500
Y6, X6	1	1/1,000
Y6, X8	2	1/500
Y7, X3	1	1/1,000
平均値	1.50	1/666

	最大	平均	傾斜の方向
X方向	1/200	1/476	西
Y方向	1/500	1/666	北

2階
X方向

柱通り名	傾き（mm）	傾斜（勾配）
X1, Y0	2	1/500
X2, Y4	2	1/500
X2, Y7	2	1/500
X5, Y2	3	1/333
X8, Y0	0	なし
平均値	1.80	1/555

Y方向

柱通り名	傾き（mm）	傾斜（勾配）
Y0, X1	1	1/1,000
Y0, X8	3	1/333
Y2, X5	1	1/1,000
Y4, X2	1	1/1,000
Y7, X2	1	1/1,000
平均値	1.40	1/714

	最大	平均	傾斜の方向
X方向	1/333	1/555	西
Y方向	1/333	1/714	北

1階X方向の柱の傾斜は，最大で1/200と少し大きいが，
平均では約1/500であり問題はない。
Y方向の柱の傾斜は，最大1/500，平均で1/700と小さいため問題はない。
傾斜の方向は，北西である。
2階の柱の傾斜は，X，Yともに最大で1/333と問題はない。
傾斜の方向は，1階と同様の北西である。
以上から特に問題はない。

6 事例

① 耐震診断報告書

柱傾斜図

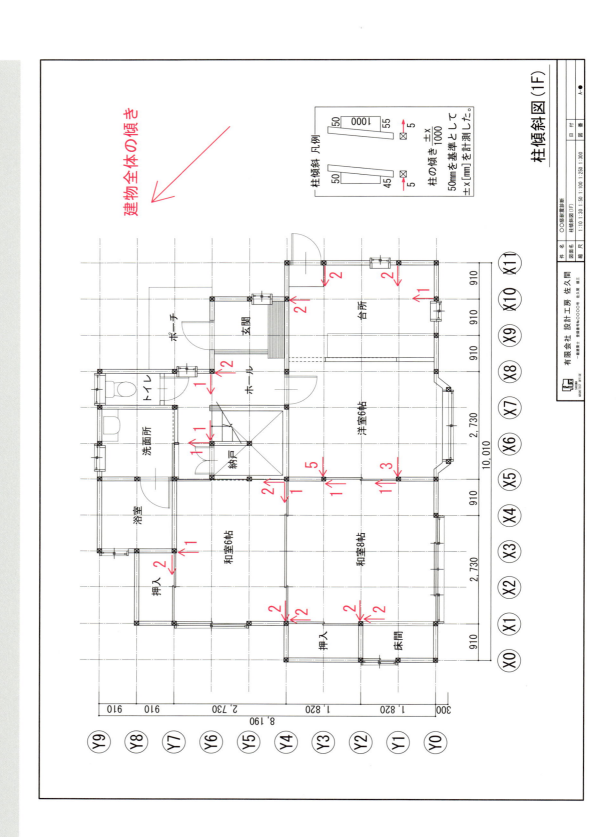

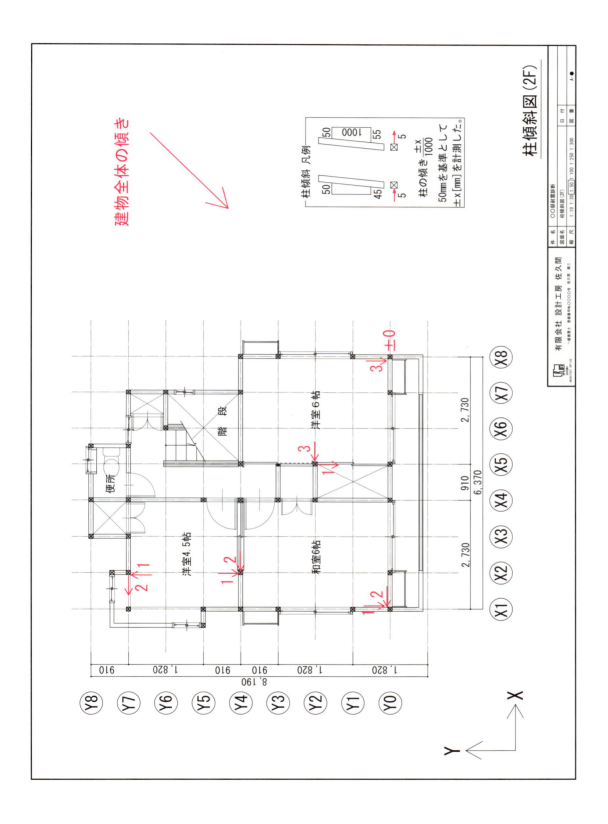

5) コンクリート強度の推定

コンクリート強度の推定結果

日付　建物	\multicolumn{2}{c}{20○○年○月○日　○○邸}						
調査箇所	西		北		東		南	
反発硬度	42	45	43	45	42	45	43	45
	42	44	42	44	44	44	42	45
	43	42	44	43	43	42	43	45
	44	45	45	45	45	45	44	45
	44	43	44	42	44	43	44	42
	43	43	41	43	43	44	45	41
	42	43	42	41	41	44	45	43
	41	44	41	41	41	44	45	44
	43	42	41	41	43	42	45	42
	44	41	44	41	44	41	44	41
平均反発硬度	43.0		42.7		43.2		43.7	
打撃方向	水平		水平		水平		水平	
補正値	なし		なし		なし		なし	
乾燥状態	乾燥		乾燥		乾燥		乾燥	
補正値	なし		なし		なし		なし	
材齢	92日以降		92日以降		92日以降		92日以降	
補正値	0.63		0.63		0.63		0.63	
推定強度 F（N/mm^2）	23.1		22.8		23.2		23.6	
推定強度結果の最大値	\multicolumn{8}{c}{23.6　N/mm^2}							
推定強度結果の最小値	\multicolumn{8}{c}{22.8　N/mm^2}							
推定強度結果の最大値と最小値の差	\multicolumn{8}{c}{0.80　N/mm^2}							
標準偏差 σ	\multicolumn{8}{c}{0.33　N/mm^2}							
圧縮強度 σ_B	\multicolumn{8}{c}{22.8　N/mm^2}							

日本材料学公式準拠

圧縮強度σ_B=22.8N/mm^{2}である。18N/mm^{2}以上であり特に問題はない。

推定強度標準式

$$F = [-18.0 + 1.27 \times (R_0 + R_1 + R_2)] \times \alpha$$

F：推定強度
R_0：テストハンマーの反発度(20点の平均値)
R_1：湿潤補正……測定位置が湿っており打撃の後が黒点になる場合
　　　　　　　　　は＋3
　　　　　　　　　測定位置が濡れている場合は＋5
R_2：角度補正値(水平打撃時の場合補正しない)
α：材齢係数

6 事例

① 耐震診断報告書

劣化調査シート

6) 劣化調査シート

建物劣化調査チェックシート

部位		材料，部材等	劣化状況	該当項目 ○
屋根葺材		瓦・スレート	割れ，欠け，ずれ，欠落がある。	
樋		軒・呼び樋	変退色，さび，割れ，ずれ，欠落がある。	
		縦樋	変退色，さび，割れ，ずれ，欠落がある。	
外壁仕上げ		木製板，合板	水浸み痕，こけ，割れ，抜け節，ずれ，腐朽がある。	
		窯業系サイディング	こけ，割れ，ずれ，欠落，シール切れがある。	
		コンクリートブロック	こけ，割れ，ずれ，欠落がある。	
		モルタル	こけ，0.3 mm 以上の亀裂，剥落がある。	
露出した躯体			水浸み痕，こけ，腐朽，蟻道，蟻害がある。	
バルコニー	手すり壁	木製板，合板	水浸み痕，こけ，割れ，抜け節，ずれ，腐朽がある	
		窯業系サイディング	こけ，われ，ずれ，欠落，シール切れがある	
		金属サイディング	変退色，さび，さび穴，ずれ，めくれ，目地空き，シール切れがある。	
		外壁との接合部	外壁面との接合部に亀裂，隙間，緩み，シール切れ・剥離がある。	
	床排水		壁面を伝って流れている，または排水の仕組みがない	
内壁	一般室	内壁，窓下	水浸み痕，はがれ，亀裂，カビがある。	
	浴室	タイル壁	目地の亀裂，タイルの割れがある。	
		タイル以外	水浸み痕，変色，亀裂，カビ，腐朽，蟻害がある。	
床	床面	一般室	傾斜，過度の振動，床鳴りがある。	
		廊下	傾斜，過度の振動，床鳴りがある。	
	床下		基礎の亀裂や床下部材に腐朽，蟻道，蟻害がある。	

劣化を認めた箇所に○を付ける。

特に問題となる劣化箇所はない。

6 事例 ① 耐震診断報告書

考察

7）考察

調査結果

① 屋根

　　屋根は，1階，2階ともにコロニアル葺きであり劣化は見られない。
　　屋根仕様から軽い建物とする。

② 外壁

　　外壁はサイディング壁である。
　　特に問題のある劣化はなし。

③ 基礎

　　無筋コンクリート基礎である。鉄筋探査機により鉄筋がないことを確認した。
　　コンクリートの強度は 22.8 N/mm^2 である。特に劣化などみられないため問題はない。
　　床下換気口付近に軽微なクラックがみられるが，特に問題はない。
　　よって，無筋コンクリート造基礎（Ⅱ）とする。

④ 小屋裏

　　和小屋である。
　　木製火打ち梁あり（ボルトによる接合）
　　雲筋かいあり。
　　特に問題となる劣化はみられない。

⑤ 床下

　　床材は荒板である。
　　床下の部材の含水率は 20％以下であり問題ない。
　　シロアリの蟻道などはみられなかった。
　　特に問題となる劣化はみられない。

⑥ 内壁・柱

　　内壁は石こうボード貼りである。
　　筋かいは，1階では 45×90 mm，2階では 45×90 mm である。金物はなし。
　　柱の傾斜は，
　　1階 X 方向の柱の傾斜は最大で 1/200 と少し大きいが，平均では約 1/500 であり，問題はない。
　　　　Y 方向の柱の傾斜は最大で 1/500，平均で 1/700 と小さいため問題ない。
　　　　　傾斜の方向は，北西である。
　　2階の柱の傾斜は X，Y ともに最大で 1/333 と問題はない。
　　　　傾斜の方向は，1階と同様の北西である。
　　以上から特に問題はない。

⑦ 天井

　　1階の天井に雨漏り痕が見られるが，屋根改修済みであるため特に問題はない。

6 事例

① 耐震診断報告書

一般診断法による耐震診断結果──建物概要

8) 一般診断法による耐震診断結果

2012年改訂版

木造住宅の耐震診断と補強方法

「一般診断法」による診断

方法1

一般財団法人　日本建築防災協会
国土交通大臣指定　耐震改修支援センター

***方法1**は，在来軸組構法や枠組壁工法など，壁を主な耐震要素とした住宅を主な対象とする。

1. 建物概要

①	建物名称	：建築邸
②	所在地	：○○県○○市○○-○
③	竣工年	：昭和55年　築10年以上
④	建物仕様	：木造2階建
		軽い建物（屋根仕様：スレート等　壁仕様：ラスモルタル外壁＋ボード内壁）
⑤	地域係数　Z	：1.0
⑥	地盤による割増	：1.0
⑦	形状割増係数	：1階＝1.00
⑧	積雪深さ	：無し（1m未満）
⑨	基礎仕様	：II　ひび割れのある鉄筋コンクリートの布基礎又はべた基礎，無筋コンクリートの布基礎，柱脚に足固めを設け鉄筋コンクリート底盤に柱脚または足固め緊結した玉石基礎，軽微なひび割れのある無筋コンクリート造の基礎
⑩	床仕様	：II　火打ち＋荒板（4m以上の吹き抜けなし）
⑪	主要な柱の径	：120mm未満
⑫	接合部仕様	：IV　ほぞ差し，釘打ち，かすがい等

*　パスとファイル：D：¥My Documents¥ 耐震診断・補強設計 ¥ 建築邸.w12

6 事例

① 耐震診断報告書

一般診断法による耐震診断結果—壁配置図

2. 壁配置図

1階 （1モジュール＝910mm）

[壁配置図：X0〜X20、Y0〜Y20のグリッド上に各壁 W1〜W45 が配置されている。括弧内は壁の耐力]

- W1(3.6), W2(3.6), W3(3.5), W4(3.5), W5(3.6), W6(3.5), W7(3.5), W8(3.5), W9(3.6), W10(3.6)
- W11(1.9), W12(1.9), W13(1.9), W14(1.1), W15(3.7), W16(3.7), W17(3.7), W18(3.7), W19(3.7), W20(3.7)
- W21(2.2), W22(2.0), W23(4.7), W24(4.7), W25(4.6), W26(1.1), W27(4.8), W28(0.6), W29(0.6), W30(0.6)
- W31(0.6), W32(0.6), W33(0.6), W34(0.6), W35(0.6), W36(0.6), W37(0.3), W38(0.3), W39(0.3), W40(0.3)
- W41(0.3), W42(0.3), W43(0.3), W44(0.3), W45(0.3)

注) Wi：壁番号，( )内は壁の耐力

1階各領域の面積

領域	面積（m²）
a	12.73
b	19.98
イ	15.63
ロ	13.46
全体	71.63

領域凡例

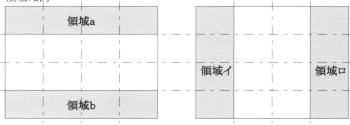

2階 （1モジュール＝910mm）

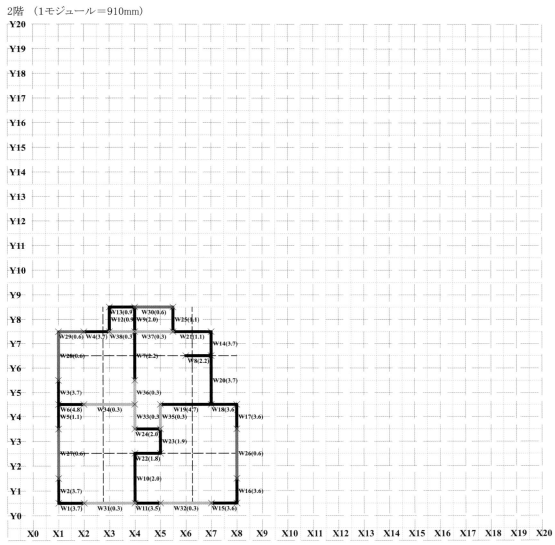

注）Wi：壁番号,（ ）内は壁の耐力

2階各領域の面積

領域	面積（㎡）
a	7.04
b	11.59
イ	10.14
ロ	7.66
全体	40.16

事例 ① 耐震診断報告書

一般診断法による耐震診断結果――低減係数，上部構造評点，総合評価

6．耐力要素の配置等による低減係数

【床の仕様】II 火打ち＋荒板（4m 以上の吹抜なし）

階	方向	領域	領域の必要耐力 Q_r	領域の無開口壁の耐力 Q_w	充足率 Q_w/Q_r	耐力要素の配置等による低減係数 $_eK_{fl}$
2	X	a	2.26	4.60	1.77	1.00
		b	4.29	4.39	1.02	
	Y	イ	3.75	3.09	0.82	0.65
		ロ	2.83	5.28	1.86	
1	X	a	10.57	10.61	1.00	0.67
		b	16.58	8.19	0.49	
	Y	イ	12.97	9.88	0.76	0.85
		ロ	3.77	3.80	1.01	

7．劣化度による低減係数

【築 10 年以上】

部位	材料，部材等	劣化事象	存在点数	劣化点数
屋根葺き材	金属板	変退色，さび，さび穴，ずれ，めくれがある	2	
	瓦・スレート	割れ，欠け，ずれ，欠落がある		
樋	軒・呼び樋	変退色，さび，割れ，ずれ，欠落がある	2	
	縦樋	変退色，さび，割れ，ずれ，欠落がある	2	
外壁仕上げ	木製板，合板	水浸み痕，こけ，割れ，抜け節，ずれ，腐朽がある	4	
	窯業系サイディング	こけ，割れ，ずれ，欠落，シール切れがある		
	金属サイディング	変退色，さび，さび穴，ずれ，めくれ，目地空き，シール切れがある		
	モルタル	こけ，0.3 mm 以上の亀裂，剥落がある		
露出した躯体		水浸み痕，こけ，腐朽，蟻道，蟻害がある	2	
バルコニー	手すり壁 木製板，合板	水浸み痕，こけ，割れ，抜け節，ずれ，腐朽がある	1	
	手すり壁 窯業系サイディング	こけ，割れ，ずれ，欠落，シール切れがある		
	手すり壁 金属サイディング	変退色，さび，さび穴，ずれ，めくれ，目地空き，シール切れがある		
	外壁との接合部	外壁面との接合部に亀裂，隙間，緩み，シール切れ・剥離がある	1	
	床排水	壁面を伝って流れている，または排水の仕組みがない	1	
内壁	一般室 内壁，窓下	水浸み痕，はがれ，亀裂，カビがある	2	
	浴室 タイル壁	目地の亀裂，タイルの割れがある	2	
	浴室 タイル以外	水浸み痕，変色，亀裂，カビ，腐朽，蟻害がある		
床	床面 一般室	傾斜，過度の振動，床鳴りがある	2	
	床面 廊下	傾斜，過度の振動，床鳴りがある	1	
	床下	基礎のひび割れや床下部材に腐朽，蟻道，蟻害がある	2	
		合　　計	24	0

劣化度による低減係数	$d_K = 1 -$ （劣化点数／存在点数） =	1.00

8．上部構造評点

階	方向	壁・柱の耐力 Q_u (kN)	配置などによる低減係数 $_eK_{fl}$	劣化度 d_k	保有する耐力 $_{ed}Q_u = Q_u \times _eK_{fl} \times d_k$	必要耐力 Q_r (kN)	上部構造評点 $_{ed}Q_u/Q_r$
2	X	18.40	1.00	1.00	18.40	14.86	1.23
	Y	21.86	0.65	1.00	14.19	14.86	0.95
1	X	37.72	0.67	1.00	25.33	59.45	0.42
	Y	39.69	0.85	1.00	33.77	59.45	0.56

（注）プログラムの計算は実数で行っている。上部構造評点（$_{ed}Q_u/Q_r$）に対しては小数点第 3 位を切り捨てる。

| 耐震診断依頼者　建築太郎　様 |

総合評価

【地盤】

地盤	施されている対策の程度	記入	注意事項
よい・普通の地盤		○	地盤は平坦であり，周辺地域での不同沈下等の現象がみられないことから「普通の地盤」と判断する。
悪い地盤			
非常に悪い地盤 （埋立地，盛土，軟弱地盤）	表層の地盤改良を行っている		
	杭基盤である		
	特別な対策を行っていない		

【地形】

地形	施されている対策の程度	記入	注意事項
平坦・普通		○	敷地は平坦であり，周辺地域とほぼ同レベルであることから「平坦・普通」と判断する。
がけ地・急斜面	コンクリート擁壁		
	石積み		
	特別な対策を行っていない		

【基盤】

基礎仕様	状態	記入	注意事項
鉄筋コンクリート基礎	健全		鉄筋探査機により鉄筋がないことを確認した。床下換気口まわりに軽微なクラックがみられるが，構造的に特に問題はないため，無筋コンクリート造基礎（Ⅱ）とする。
	ひび割れが生じている		
無筋コンクリート基礎	健全		
	軽微なひび割れが生じている	○	
	ひび割れが生じている		
玉石基礎	足固めあり		
	足固めなし		
その他（ブロック基礎等）			

【上部構造】

上部構造評点のうち最小の値	0.42（倒壊する可能性が高い）

注）1.5以上：倒壊しない　1.0～1.5未満：一応倒壊しない　0.7～1.0未満：倒壊する可能性がある　0.7未満：倒壊する可能性が高い

【計算メッセージ】

メッセージがありません。

【その他注意事項】

1階，2階ともに上部構造評点が1.0を下回っているため，何らかの補強が必要である。

診断者	○○○○	講習会	主催者	（一財）日本建築防災協会
所属	○○○○		講習修了番号	○○○○○○
連絡先	TEL：○○○-○○○-○○○○			

6 事例① 耐震診断報告書

補強案、概算工事費①

9) 補強案，概算工事費

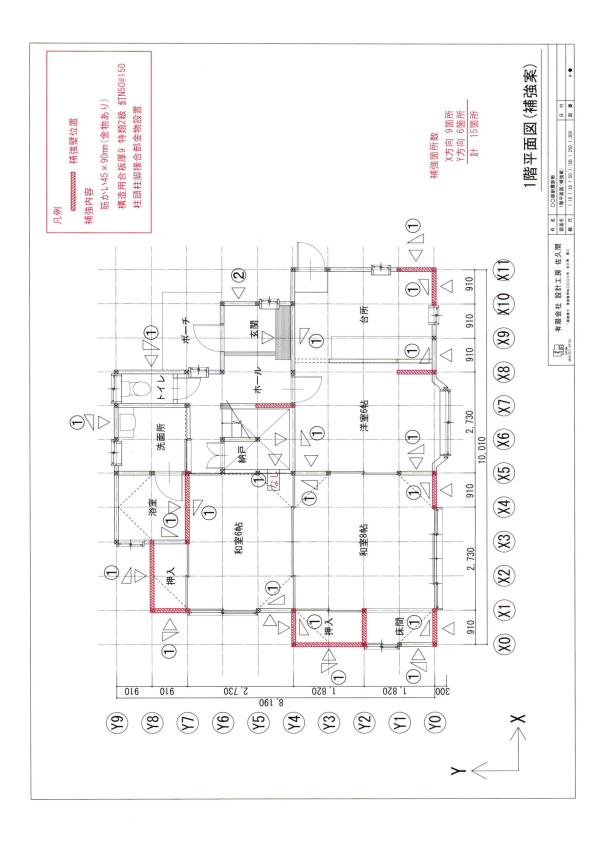

6 事例
① 耐震診断報告書

補強案、概算工事費 ②

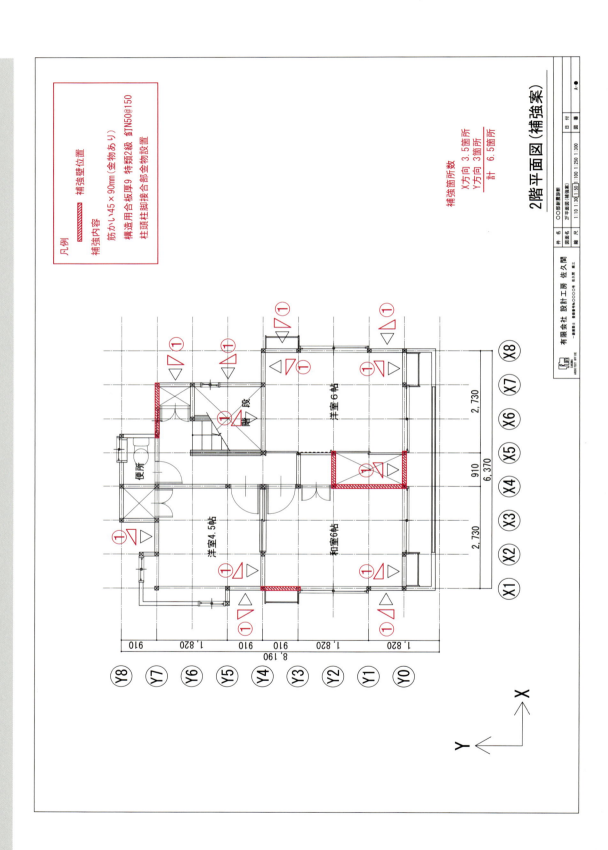

◆概算工事費

材料費,工事費を含み概算工事費は,

耐力壁補強	1箇所(0.91 m)当たり	15～20万円
基礎補強	1箇所(1.0 m)当たり	2～3万円
水平構面補強	1箇所(0.91×2.73 m)当たり	20万円
小屋裏補強	1式	10万円

　　　耐震壁補強費　　21.5×15～20万円　＝322.5～430万円
　　　基礎補強費　　　4×2～3万円　　　＝8～12万円
　　　水平構面補強　　2×20万円　　　　＝40万円
　　　小屋裏補強　　　　　　　　　　　　10万円
　　　　　　　　　　　　　合計　380.5～492万円

補強工事の補助金は,工事費の23％か上限50万円の低い方となっています。
今回の場合は,380万円～のため,補助金は50万円満額となります。
よって,330～442万円が実質の負担額となります。

事例 6

② 補強設計報告書

報告書の表紙

建築邸耐震補強設計

○○会社

一級建築士第○○○○号

氏名

建築邸耐震補強設計図
図面リスト

S-1　1階平面図（補強前）
S-2　2階平面図（補強前）
S-3　1階平面図（補強後）
S-4　2階平面図（補強後）
S-5　軸組図①
S-6　軸組図②
S-7　軸組図③
S-8　軸組図④
S-9　軸組図⑤
S-10　N値計算結果（1階）

6 事例
② 補強設計報告書

補強前平面図

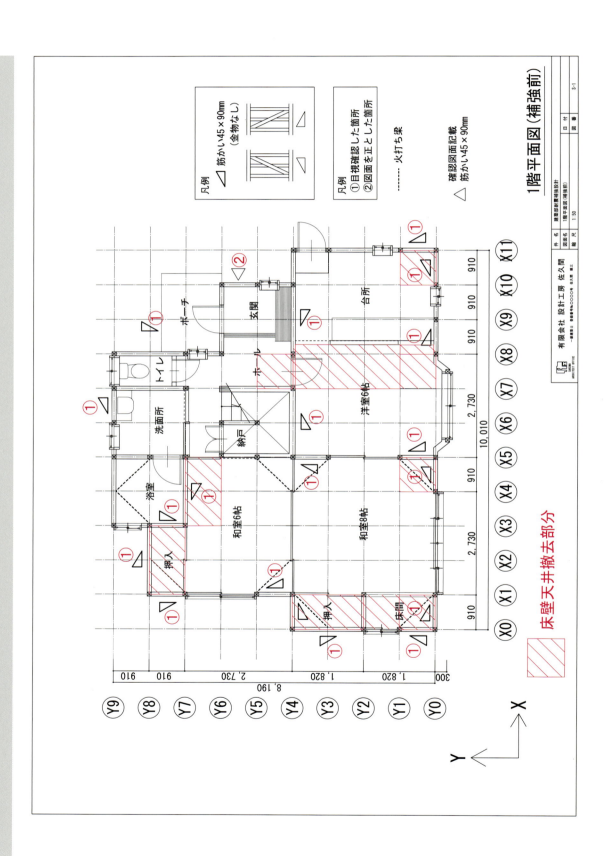

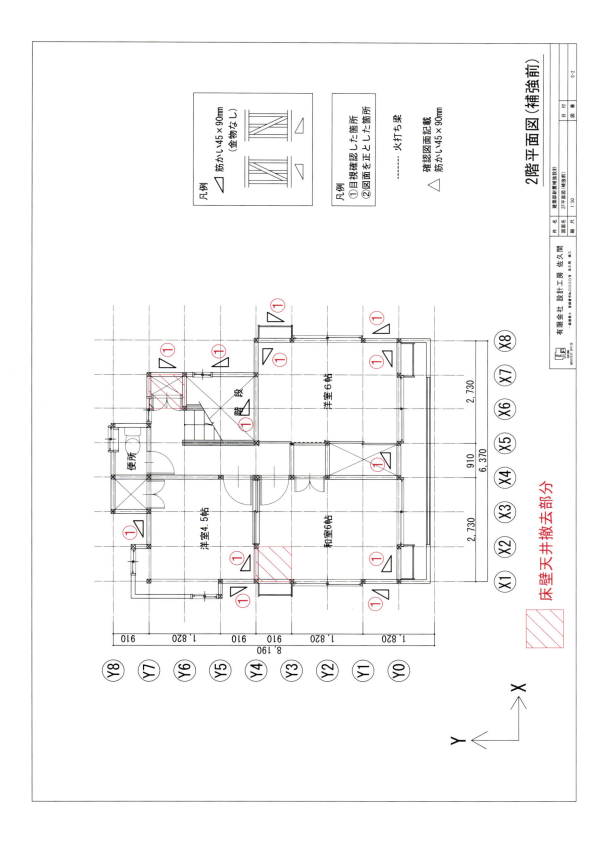

6 事例② 補強設計報告書

補強後平面図

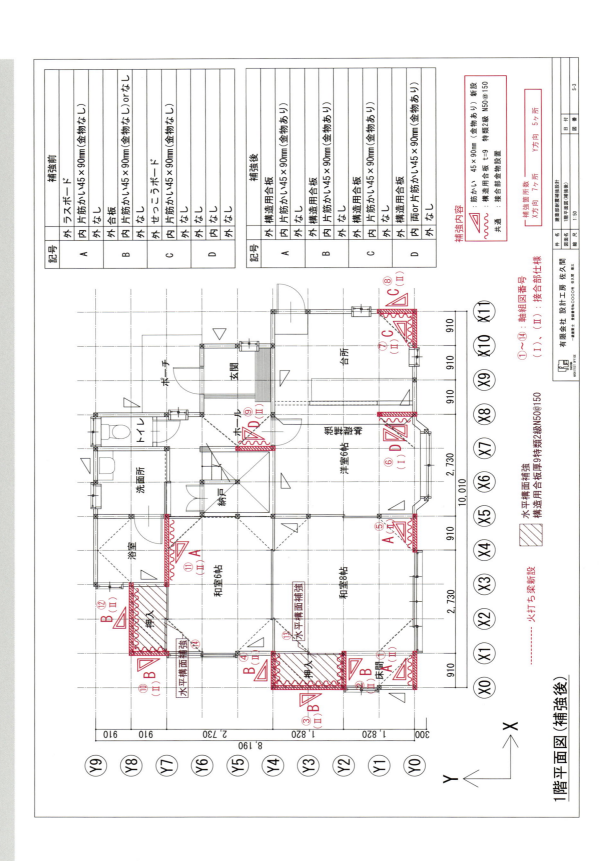

1階平面図（補強後）

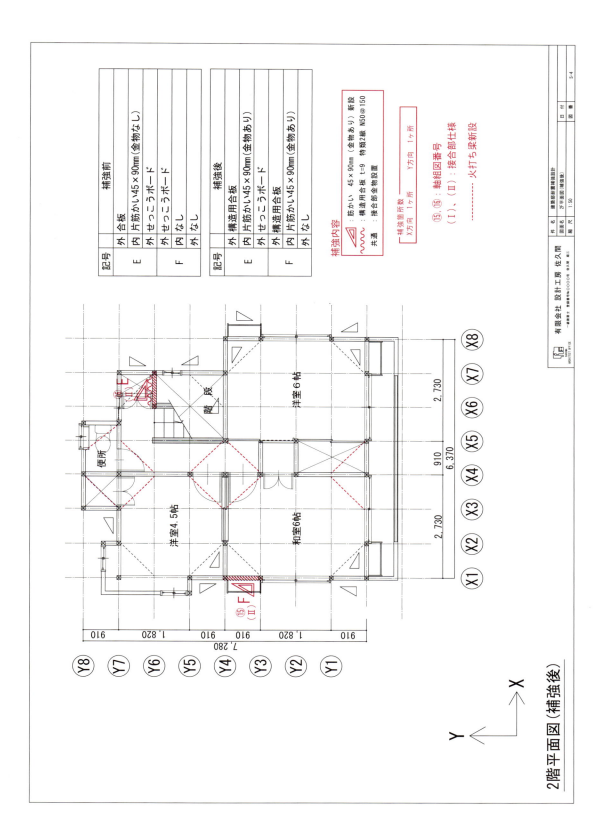

6 事例② 補強設計報告書

補強軸組図①

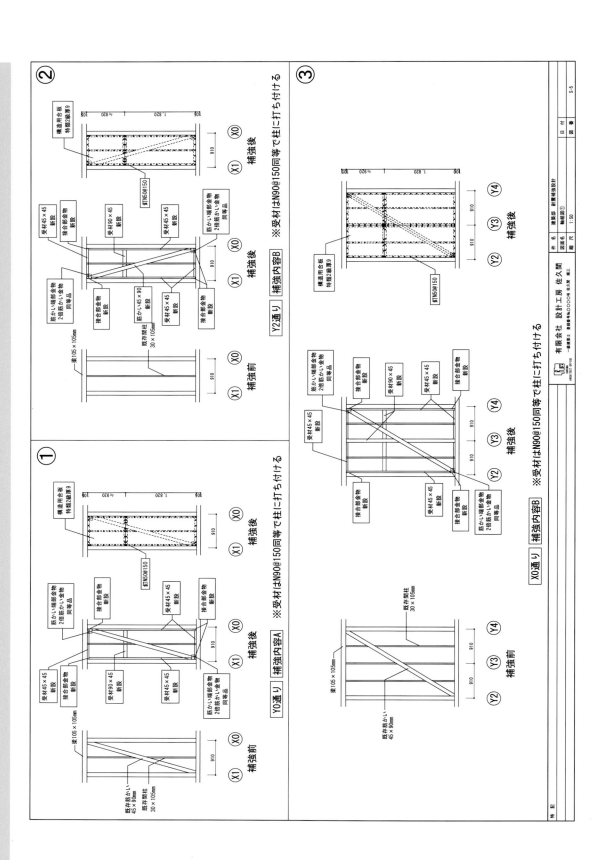

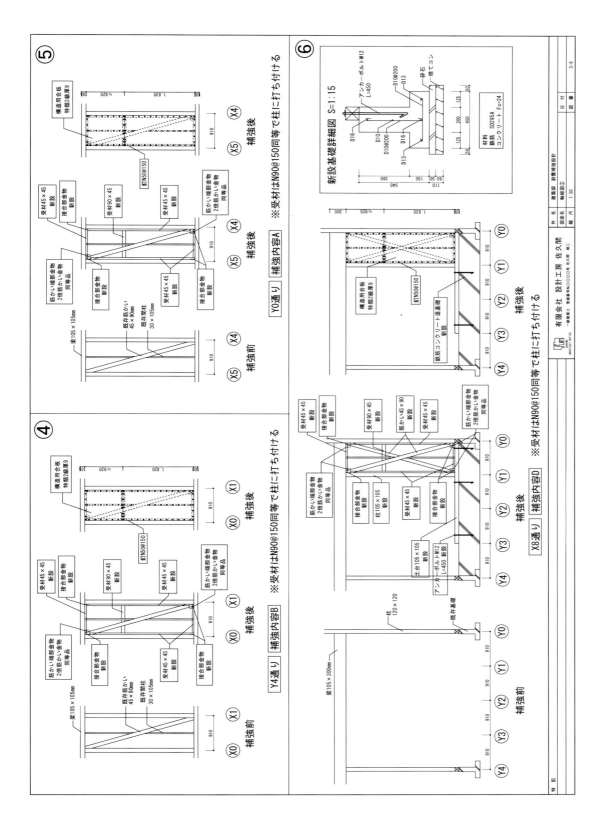

6 事例② 補強設計報告書

補強軸組図②

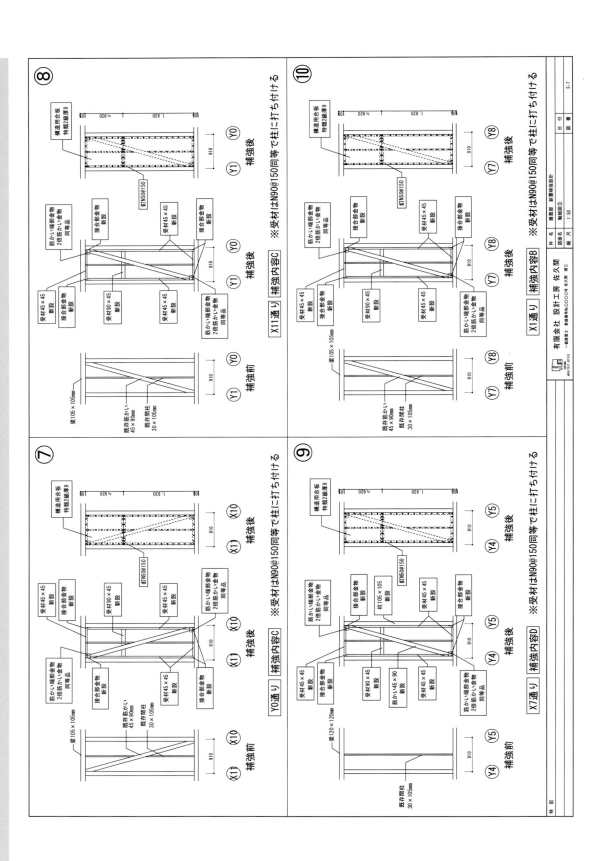

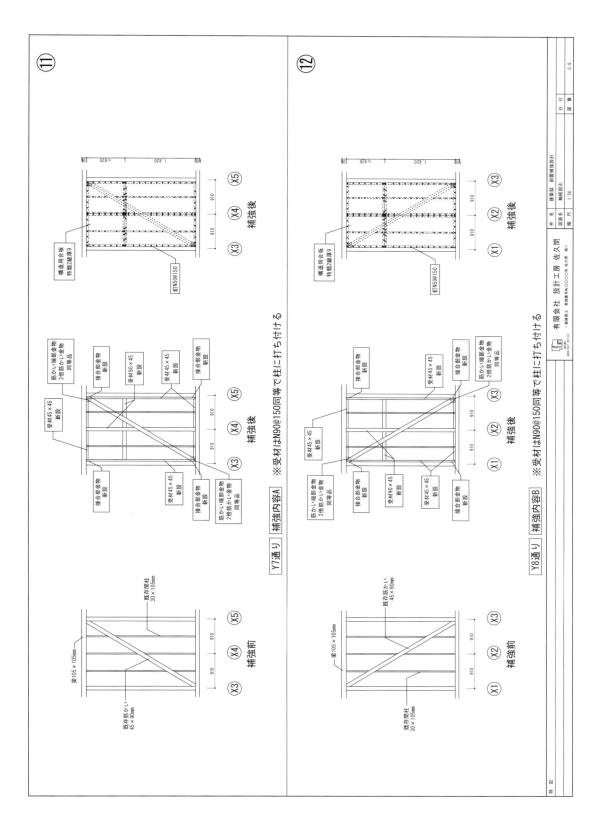

6 事例

② 補強設計報告書

補強軸組図・柱頭柱脚金物図

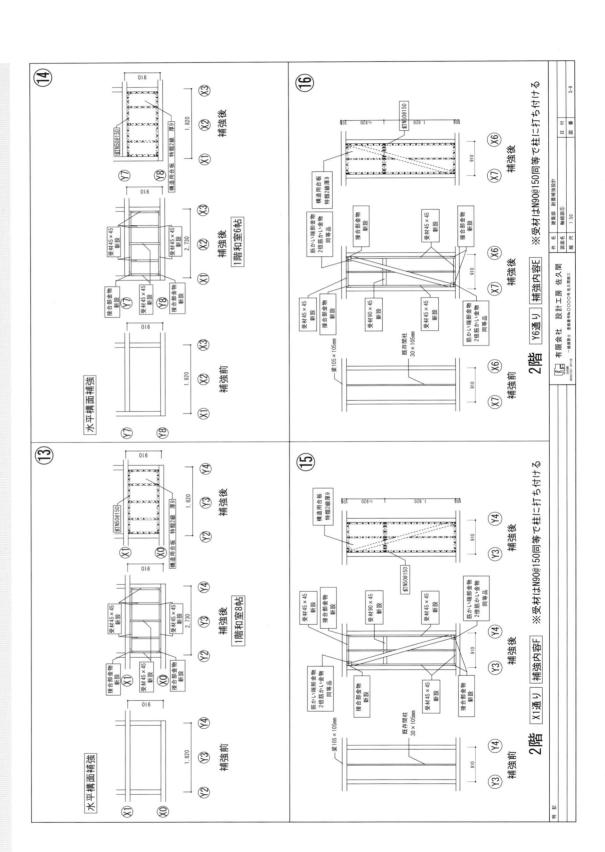

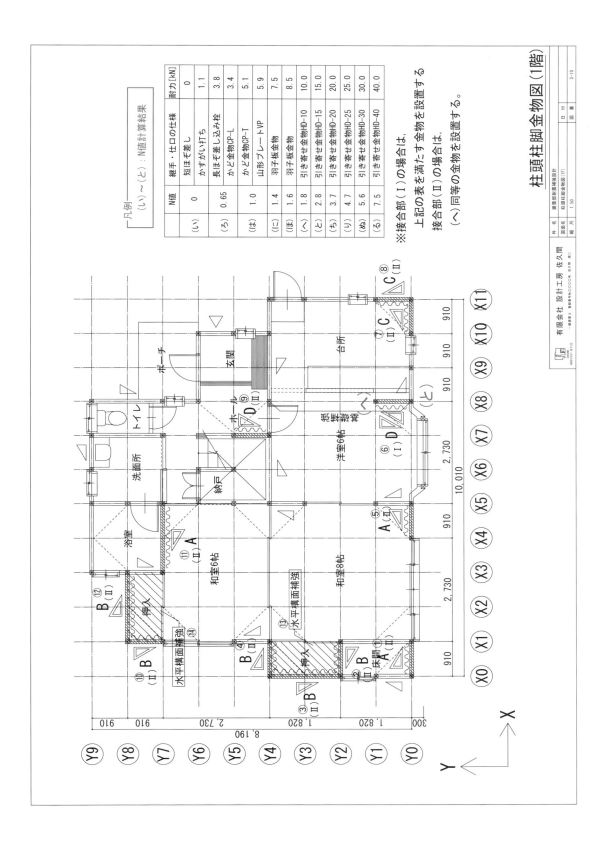

柱頭柱脚金物図（1階）

6 事例 ② 補強設計報告書

一般診断法による耐震補強計算結果──建物概要

一般診断法による耐震補強計算結果

2012 年改訂版

木造住宅の耐震診断と補強方法

「一般診断法」による補強計算

方法 1

一般財団法人　日 本 建 築 防 災 協 会
国土交通大臣指定　耐震改修支援センター

＊**方法1**は，在来軸組構法や枠組壁工法など，壁を主な耐震要素とした住宅を主な対象とする。

1．建物概要

①	建物名称	：建築邸
②	所在地	：○○県○○市○○-○
③	竣工年	：昭和 55 年　　築 10 年以上
④	建物仕様	：木造 2 階建
		軽い建物（屋根仕様：スレート等　壁仕様：ラスモルタル外壁＋ボード内壁）
⑤	地域係数　Z	：1.0
⑥	地盤による割増	：1.0
⑦	形状割増係数	：1 階＝1.00
⑧	積雪深さ	：無し（1m 未満）
⑨	基礎仕様	：Ⅱ　ひび割れのある鉄筋コンクリートの布基礎又はべた基礎，無筋コンクリートの布基礎，柱脚に足固めを設け鉄筋コンクリート底盤に柱脚または足固め緊結した玉石基礎，軽微なひび割れのある無筋コンクリート造の基礎
⑩	床仕様	：Ⅱ　火打ち＋荒板（4m 以上の吹き抜けなし）
⑪	主要な柱の径	：120 mm 未満
⑫	接合部仕様	：Ⅳ　ほぞ差し，釘打ち，かすがい等

＊　パスとファイル：D：¥My Documents¥ 耐震診断・補強設計 ¥ 建築邸.w12

6 事例② 補強設計報告書

一般診断法による耐震補強計算結果——壁配置図

2．壁配置図

1階 （1モジュール＝910mm）

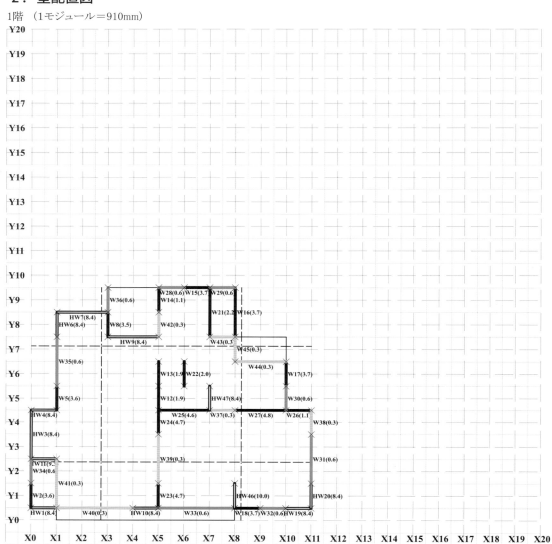

注）Wi：壁番号，( )内は壁の耐力
　　HWi：補強した壁または補強のために設けた壁

1階各領域の面積

領域	面積（m²）
a	12.73
b	19.98
イ	15.63
ロ	13.46
全体	71.63

領域凡例

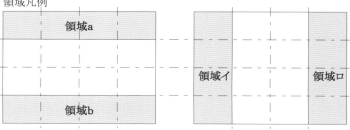

2階 (1モジュール＝910mm)

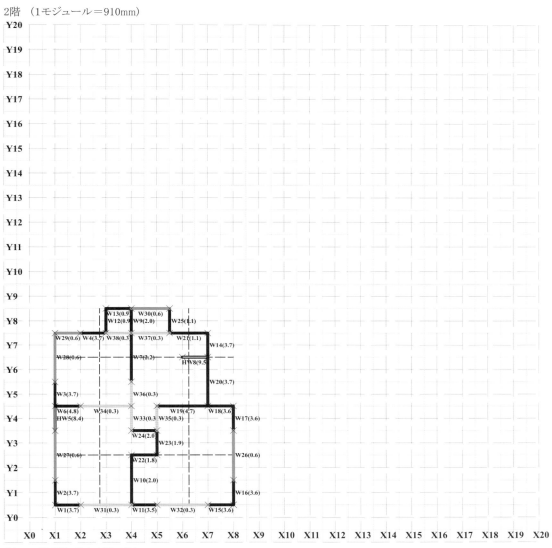

注) Wi：壁番号，( )内は壁の耐力
　　HWi：補強した壁または補強のために設けた壁

2階各領域の面積

領域	面積(㎡)
a	7.04
b	11.59
イ	10.14
ロ	7.66
全体	40.16

事例 6 ② 補強設計報告書

一般診断法による耐震補強計算結果──低減係数，上部構造評点，総合評価

6．耐力要素の配置等による低減係数

【床の仕様】Ⅱ火打ち＋荒板（4m以上の吹抜なし）

階	方向	領域	領域の必要耐力 Q_r	領域の無開口壁の耐力 Q_w	充足率 Q_w/Q_r	耐力要素の配置等による低減係数 $_eK_{fl}$
2	X	a	2.60	7.66	2.94	1.00
		b	4.29	4.39	1.02	
	Y	イ	3.75	5.94	1.58	1.00
		ロ	2.83	5.28	1.86	
1	X	a	10.57	23.31	2.21	1.00
		b	16.58	17.95	1.08	
	Y	イ	12.97	20.44	1.58	1.00
		ロ	3.77	7.25	1.93	

7．劣化度による低減係数

【築10年以上】

部位		材料，部材等	劣化事象	存在点数	劣化点数
屋根葺き材		金属板	変退色，さび，さび穴，ずれ，めくれがある	2	
		瓦・スレート	割れ，欠け，ずれ，欠落がある		
樋		軒・呼び樋	変退色，さび，割れ，ずれ，欠落がある	2	
		縦樋	変退色，さび，割れ，ずれ，欠落がある	2	
外壁仕上げ		木製板，合板	水浸み痕，こけ，割れ，抜け節，ずれ，腐朽がある	4	
		窯業系サイディング	変退色，さび，さび穴，ずれ，めくれ，目地空き，シール切れがある		
		金属サイディング	こけ，割れ，ずれ，欠落がある		
		モルタル	こけ，0.3mm以上の亀裂，剥落がある		
露出した躯体			水浸み痕，こけ，腐朽，蟻道，蟻害がある	2	
バルコニー	手すり壁	木製板，合板	水浸み痕，こけ，割れ，抜け節，ずれ，腐朽がある	1	
		窯業系サイディング	こけ，割れ，ずれ，欠落，シール切れがある		
		金属サイディング	変退色，さび，さび穴，ずれ，めくれ，目地空き，シール切れがある		
		外壁との接合部	外壁面との接合部に亀裂，隙間，緩み，シール切れ・剥離がある	1	
	床排水		壁面を伝って流れている，または排水の仕組みが無い	1	
内壁	一般室	内壁，窓下	水浸み痕，はがれ，亀裂，カビがある	2	
	浴室	タイル壁	目地の亀裂，タイルの割れがある	2	
		タイル以外	水浸み痕，変色，亀裂，カビ，腐朽，蟻害がある		
床	床面	一般室	傾斜，過度の振動，床鳴りがある	2	
		廊下	傾斜，過度の振動，床鳴りがある	1	
	床下		基礎のひび割れや床下部材に腐朽，蟻道，蟻害がある	2	
			合　計	24	0

劣化度による低減係数	$d_K = 1-$（劣化点数／存在点数）＝	1.00

8．上部構造評点

階	方向	壁・柱の耐力 Q_u（kN）	配置などによる低減係数 $_eK_{fl}$	劣化度 d_k	保有する耐力 $_{ed}Q_u = Q_u \times _eK_{fl} \times d_k$	必要耐力 Q_r（kN）	上部構造評点 $_{ed}Q_u/Q_r$
2	X	21.46	1.00	1.00	21.46	14.86	1.44
	Y	24.71	1.00	1.00	24.71	14.86	1.66
1	X	68.36	1.00	1.00	68.36	59.45	1.14
	Y	68.15	1.00	1.00	68.15	59.45	1.14

（注）プログラムの計算は実数で行っている。上部構造評点（$_{ed}Q_u/Q_r$）に対しては小数点第3位を切り捨てる。

耐震診断依頼者　建築太郎　様

総合評価（計算結果）

【地盤】

地盤	施されている対策の程度	記入	注意事項
よい・普通の地盤		○	地盤は平坦であり，周辺地域での不同沈下等の現象がみられないことから「普通の地盤」と判断する
悪い地盤			
非常に悪い地盤（埋立地，盛土，軟弱地盤）	表層の地盤改良を行っている		
	杭基盤である		
	特別な対策を行っていない		

【地形】

地形	施されている対策の程度	記入	注意事項
平坦・普通		○	敷地は平坦であり，周辺地域とほぼ同レベルであることから「平坦・普通」と判断する
がけ地・急斜面	コンクリート擁壁		
	石積み		
	特別な対策を行っていない		

【基盤】

基礎仕様	状態	記入	注意事項
鉄筋コンクリート基礎	健全		鉄筋探査機により鉄筋がないことを確認した。床下換気口まわりに軽微なクラックがみられるが，構造的に特に問題はないため，無筋コンクリート造基礎（Ⅱ）とする。
	ひび割れが生じている		
無筋コンクリート基礎	健全		
	軽微なひび割れが生じている	○	
	ひび割れが生じている		
玉石基礎	足固めあり		
	足固めなし		
その他（ブロック基礎等）			

【上部構造】

上部構造評点のうち最小の値	1.14（一応倒壊しない）

注）1.5 以上：倒壊しない　1.0〜1.5 未満：一応倒壊しない　0.7〜1.0 未満：倒壊する可能性がある　0.7 未満：倒壊する可能性が高い

【計算メッセージ】

※1．基礎・接合部の仕様が個別設定された壁があります。

【その他注意事項】

補強により上部構造評点は 1.0 以上となっている。

診断者	○○○○	講習会	主催者	（一財）日本建築防災協会
所属	○○○○		講習修了番号	○○○○○○
連絡先	TEL：○○○-○○○-○○○○			

第 7 章：付録

新耐震基準以降である 1981 年～2000 年に建てられた木造住宅には，耐震性が十分でない可能性がある。

1981 年～2000 年に建てられた木造住宅の壁量は現在と同量であるが，筋かい金物，柱頭柱脚金物の設置や，4 分割法などは規定されていない。そこで，耐震診断結果を用いて耐震性を検証した結果，上部構造評点は 1.0 を下回る結果となり，耐震性が低い可能性があることを確認した。

耐震診断方法については，2017 年 5 月に (一財) 日本建築防災協会より発行された『新耐震基準の木造住宅の耐震性能検証法』の概要を紹介したので参考にしてほしい。

耐震補強工事の効果を常時微動測定により確認した。耐震補強工事前後で常時微動測定を行い，固有振動数の短縮から耐震補強工事の効果を確認した。

付録7 1981〜2000年建物の耐震診断

新耐震基準でも注意が必要

新耐震以降である1981〜2000年に建てられた木造住宅は、壁量については現在と同量であるが、筋かい金物、柱頭柱脚金物の設置や、4分割法または偏心率の検討は規定されていない。

そこで、1981〜2000年の建物の耐震性を、耐震診断結果を用いて検証してみる。

建物仕様の傾向

対象建物は、筆者らが耐震診断した1981〜2000年に建てられた木造住宅6件である。建物の概要を、**表1**に示す。

耐力要素は、筋かいのみである建物がほとんどである。E邸については、一部構造用合板を使用している。筋かいの寸法は、1階ではすべての住宅で45×90 mmが使用されており、2階では45×90 mmを使用していることが多いが、30×90 mmも使用されていた。筋かい金物はF邸のみ設置されており、他の住宅では設置されていなかった。3件の建物では、耐力はかすがい程度の強度のZマーク金物のSM-12が設置されていた。

調査では、それぞれ次のような問題点を把握した。A邸では、筋かいは確認図書に記された1/2程度の数しか施工されていなかった。B邸ではリフォーム工事を行った箇所で、筋かいが撤去されていた。D邸では1階の筋かいの足元がシロアリにより侵食されていた。また、2階の筋かいは24×80 mmと図面表記の30×90 mmより小さいものが使用されていた。E邸では、ほとんどの筋かいが同一方向に施工されていた。多くの建物で何かしらの問題が発生しているため、調査の際には注意が必要といえる。図面のみの診断では、危険側の評価となる可能性がある。

基礎形式は、鉄筋探査機による調査により1件を除いて鉄筋コンクリート造基礎（基礎仕様Ⅰ）となっていた。また、ひび割れなどもほとんどみられない健全な基礎であった。無筋コンクリートの基礎についても健全であった。

床仕様は、1件を除いて火打ち梁＋荒板の床仕様Ⅱであった。火打ち梁は、木製か鋼製のどちらかが使用されており、いずれも端部はボルト接合となっていた。

接合部仕様は、建物全体では接合部仕様Ⅳのほぞ、釘、かすがい程度であった。外壁側の金物は目視確認することができず、内部では接合部仕様Ⅱの金物を目視確認できなかったため、建物全体としては接合部Ⅳで診断を行った。補強設計では、部材ごとに接合部仕様を決められるため、詳細な調査を行い、外壁側に金物が設置されていれば接合部仕様Ⅱとすることができる。

耐震診断結果

一般診断法により耐震診断を行い、求めた上部構造評点を**図1**に示す。上部構造評点はすべての住宅で1.0を下回っており、1階では平均0.52、2階では平均0.75となっている。1981〜2000年に建てられた建物でも、倒壊の危険性があると判定される可能性がある。

図2に、配置低減と劣化低減を行っていない柱・壁の耐力を、床面積で除した値を単位面積当たりの耐力として示す。1階では0.72、2階では0.52であり、1階は必要耐力1.06と比較して7割程度となり、耐力が不足している。2階は必要耐力0.5とほぼ同じであり、耐力は足りている。

図3に、配置低減係数を示す。1階では平均0.77、2階では平均で0.76となっている。また、ほとんどの住宅でバランスが悪く、配置低減係数が0.6以下の方向が存在する。

図4に、壁量計算結果を示す。1階の筋かいがほとんど入っていなかったA邸を除いて、壁量はほぼ1.0を満足している。床面積の取り方を耐震診断基準で算定したため、若干1.0を下回るものもある。また、1階の壁量は重い建物（B、C、E）では、1.0程度で余裕はほとんどない。

上部構造評点と壁量の関係

図5に、上部構造評点と壁量計算結果の関係を示す。図より上部構造評点と壁量計算結果には比例の関係が見られるが、壁量計算が1.0に対して上部構造評点は0.5程度となっており、壁量計算が1.0以上の場合でも、上部構造評点は1.0以下である。つまり、壁量計算が1.0を超えているから大丈夫とはいえないということである。

これは、接合部低減、基礎仕様低減、配置低減、劣化低減などの低減係数の影響である。

表1 建物概要

名称	建築年	階数	面積[m²]	延床面積[m²]	面積比率	建物仕様		筋かい	構造用合板	問題	基礎仕様	床仕様	接合部仕様
A邸	1986 S61	2	2F 49.69 / 1F 99.79	149.48	0.498	屋根 外壁 内壁 重い建物	瓦屋根 モルタル ボード	2F:45×90mm / 1F:45×90mm	金物なし	なし	図面通り筋かいがはいっていない。（内壁がない）筋かいの寸法が図面と違う	健全な鉄筋コンクリート造の布基礎 / 基礎仕様(Ⅰ)	鋼製火打ち（端部ボルト接合）＋荒板 / 床仕様(Ⅱ)	ほぞ，釘，かすがい / 接合部仕様(Ⅳ)
B邸	1987 S62	2	2F 72.87 / 1F 91.09	163.96	0.800	屋根 外壁 内壁 重い建物	瓦屋根 モルタル ボード	2F:30×90mm / 1F:45×90mm	金物なし (SM-12)	なし	改修部分で筋かいがとられていた	健全な鉄筋コンクリート造の布基礎 / 基礎仕様(Ⅰ)	鋼製火打ち（端部ボルト接合）＋荒板 / 床仕様(Ⅱ)	ほぞ，釘，かすがい / 接合部仕様(Ⅳ)
C邸	1988 S63	2	2F 44.3 / 1F 60.04	104.34	0.738	屋根 外壁 内壁 重い建物	瓦屋根 サイディング ボード	2F:45×90mm / 1F:45×90mm	金物なし (V金物)	なし	なし	健全な鉄筋コンクリート造の布基礎 / 基礎仕様(Ⅰ)	鋼製火打ち（端部ボルト接合）＋合板 / 床仕様(Ⅱ)	ほぞ，釘，かすがい / 接合部仕様(Ⅳ)
D邸	1988 S63	2	2F 34.78 / 1F 48.86	83.64	0.712	屋根 外壁 内壁 軽い建物	ガルバリウム鋼板 モルタル ボード	2F:24×80mm 45×90mm / 1F:45×90mm	金物なし (SM-12)	なし	2階の筋かい寸法が図面より小さい	健全な無筋コンクリート造の布基礎 / 基礎仕様(Ⅱ)	鋼製火打ち（端部ボルト接合）＋荒板 / 床仕様(Ⅱ)	ほぞ，釘，かすがい / 接合部仕様(Ⅳ)
E邸	1990 H2	2	2F 59.7 / 1F 89.03	148.73	0.671	屋根 外壁 内壁 重い建物	瓦屋根 モルタル ボード	2F:45×90mm / 1F:45×90mm	金物なし (SM-12)	1箇所 3箇所	筋かいの多くが同じ向きで施工されている。	健全な鉄筋コンクリート造のべた基礎 / 基礎仕様(Ⅰ)	木製火打ち（端部ボルト接合）＋荒板 / 床仕様(Ⅱ)	ほぞ，釘，かすがい / 接合部仕様(Ⅳ)
F邸	1996 H8	1	2F — / 1F 100.2	100.2	—	屋根 外壁 内壁 重い建物	瓦屋根＆ガルバ サイディング ボード	1F:45×90mm	金物あり	なし	なし	健全な鉄筋コンクリート造のべた基礎 / 基礎仕様(Ⅰ)	鋼製火打ち（端部ボルト接合）＋荒板 / 床仕様(Ⅱ)	ほぞ，釘，かすがい / 接合部仕様(Ⅳ)

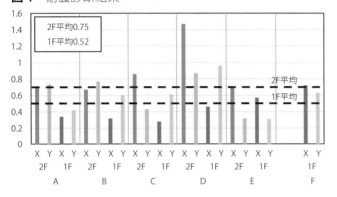

図1 耐震診断結果（2F平均0.75、1F平均0.52）

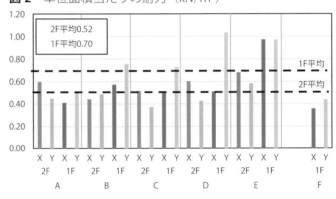

図2 単位面積当たりの耐力（kN/m²）（2F平均0.52、1F平均0.70）

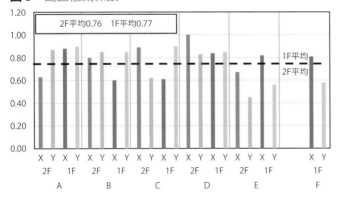

図3 配置低減係数（2F平均0.76、1F平均0.77）

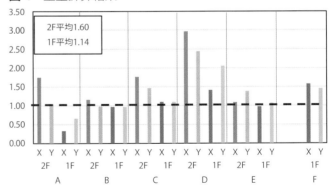

図4 壁量計算結果（2F平均1.60、1F平均1.14）

ここが重要！
- 新耐震以降の建物でも耐震性の低い建物は存在する
- 耐震性を低くしている原因は，接合部低減，壁のバランスによる低減と劣化低減が主である
- 上部構造評点と壁量計算結果は，比例関係があるが上部構造評点が低くなっている

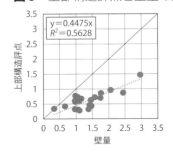

図5 上部構造評点と壁量の関係（$y=0.4475x$, $R^2=0.5628$）

付録 7　1981〜2000年建物の耐震診断

新耐震基準建物の評点の試算と耐震検証法

1981〜2000年の建物の上部構造評点の試算

1981〜2000年の建物仕様から，上部構造評点の試算結果を以下に示す。軽い建物，重い建物ともに上部構造評点は1.0を下回る結果となった。

軽い建物の場合

1981年以前の建物の評点は0.5程度（耐震診断結果より推測）

保有耐力→軽い建物 $0.83[kN/m^2] \times 0.5$
$= 0.415 kN/m^2$

・必要壁量
　1959年：21 cm/m²
　1981年：29 cm/m²
　―――――――――――――
　　8 cm/m²　壁量増加分

・筋かい（釘打ち）の保有耐力：2.6kN/m
　増加分の保有耐力→$0.08 \times 2.6 = 0.208 kN/m^2$

・接合部低減係数
　基礎：鉄筋コンクリート造（I）
　柱頭柱脚金物：ほぞ，釘，かすがい（IV）
　→接合部低減は0.8

・接合部低減係数を考慮した増加分の筋かいの保有耐力
　　$0.208 \times 0.8 = 0.166 kN/m^2$

・旧耐震建物の耐力+筋かいの増加分の耐力
　　$= 0.415 + 0.166 = 0.581 kN/m^2$

・上部構造評点
　　$0.581 / 0.83 = 0.700$

重い建物の場合

1981年以前の建物の評点は0.5程度（耐震診断結果より推測）

保有耐力→重い建物 $1.06[kN/m^2] \times 0.5$
$= 0.53 kN/m^2$

・必要壁量
　1959年：24 cm/m²
　1981年：33 cm/m²
　―――――――――――――
　　9 cm/m²　壁量増加分

・筋かい（釘打ち）の保有耐力：2.6kN/m
　増加分の保有耐力→$0.09 \times 2.6 = 0.234 kN/m^2$

・接合部低減係数
　基礎：鉄筋コンクリート造（I）
　柱頭柱脚金物：ほぞ，釘，かすがい（IV）
　→接合部係数は0.8

・接合部低減係数を考慮した増加分の筋かいの保有耐力
　　$0.234 \times 0.8 = 0.187 kN/m^2$

・旧耐震建物の耐力+筋かいの増加分の耐力
　　$= 0.530 + 0.187 = 0.717 kN/m^2$

・上部構造評点
　　$0.717 / 1.06 = 0.676$

表1　耐震診断結果

名称	階	方向	必要耐力 [kN]	壁・柱の耐力 [kN]	床面積当たりの耐力 [kN/m²]	配置低減	劣化低減	上部構造評点
A邸	2F	X	26.33	29.62	0.60	0.63	なし	0.7
		Y	26.33	22.32	0.45	0.87		0.736
	1F	X	105.77	41.01	0.41	0.88		0.34
		Y	105.77	50.10	0.50	0.90		0.42
B邸	2F	X	38.62	32.29	0.44	0.80	なし	0.67
		Y	38.62	35.48	0.49	0.85		0.77
	1F	X	96.56	52.18	0.57	0.6		0.32
		Y	96.56	68.76	0.75	0.85		0.60
C邸	2F	X	23.48	22.92	0.52	0.89	なし	0.86
		Y	23.48	16.53	0.37	0.62		0.43
	1F	X	63.64	29.71	0.49	0.61		0.28
		Y	63.64	43.78	0.73	0.90		0.61
D邸	2F	X	12.87	20.94	0.60	1.00	シロアリ 0.91	1.47
		Y	12.87	14.88	0.43	0.83		0.87
	1F	X	40.55	24.98	0.51	0.84		0.46
		Y	40.55	50.53	1.03	1.03		0.96
E邸	2F	X	31.64	40.56	0.68	0.67	なし	0.69
		Y	31.64	34.82	0.58	0.45		0.32
	1F	X	94.37	86.5	0.97	0.82		0.57
		Y	94.37	86.60	0.97	0.56		0.31
F邸	2F	X	–	–	–	–	なし	–
		Y	–	–	–	–		–
	1F	X	40.08	35.77	0.36	0.81		0.72
		Y	40.08	44.06	0.44	0.58		0.63

表2　壁量計算結果

名称	階	方向	床面積当たり必要壁量 [cm/m²]	必要壁量 [cm]	筋かい本数	合板枚数 [91cmで1本，枚]	存在壁量 [cm]	壁量計算検定値
A邸	2F	X	21	1043	10		1820	1.74
		Y			6		1092	1.05
	1F	X	33	3293	6		1092	0.33
		Y			12		2184	0.66
B邸	2F	X	21	1530	13		1774.5	1.16
		Y			11		1501.5	0.98
	1F	X	33	3006	16		2912	0.97
		Y			16		2912	0.97
C邸	2F	X	21	930	9		1638	1.76
		Y			7.5		1365	1.47
	1F	X	33	1981	12		2184	1.10
		Y			12		2184	1.10
D邸	2F	X	15	522	9	4	1547	2.97
		Y			6	4	1274	2.44
	1F	X	29	1417	11		2002	1.41
		Y			16		2912	2.06
E邸	2F	X	21	1254	7.5		1365	1.09
		Y			7	2	1729	1.38
	1F	X	33	2938	14.5	1	2866.5	0.98
		Y			14	3	3139.5	1.07
F邸	2F	X	–	–	–		–	–
		Y			–		–	–
	1F	X	15	1503	13		2366	1.57
		Y			12		2184	1.45

「新耐震基準の木造住宅の耐震性能検証法」

1981年6月から2000年5月の間に建築された木造住宅の耐震検証方法が（一財）日本建築防災協会より「2012年改定版 木造住宅の耐震診断と補強方法」の追補版として，2017年に発行された。

検証方法は，「所有者による建物調査」と「専門家による効率的な検証」の2段階構成となっている（図1）。「所有者による建物調査」で，一応倒壊しないとなれば診断終了。そうでなければ，「専門家による効率的な検証」に進む。専門家による効率的な検証は，所有者による建物調査に基づいて行い，一般診断法に準じた検証により判定する。判定の結果，評点が1.0以上であれば一応倒壊しない。1.0未満の場合には倒壊する可能性があるので，「2012年改定版 木造住宅の耐震診断と補強方法」に基づいて耐震診断を行うことを推奨している。

> **ここが重要！**
> - 1981年～2000年に建てられた新耐震基準の木造住宅の耐震性能検証法が発行された
> - 検証方法は「所有者による建物調査」と「専門家による効率的な検証」の2段階構成

図1 新耐震基準の木造住宅の耐震性能検証法の流れ

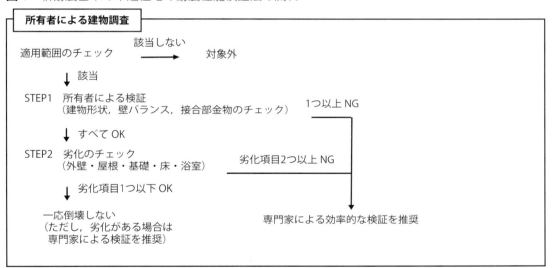

7 付録 常時微動測定による補強効果の確認

固有周期の短縮による補強効果の確認

入江康隆宇都宮大学名誉教授の研究成果を用いて検証を行った。

耐震補強工事を行うと、強度、剛性が上昇することにより建物の固有周期が短くなる。常時微動測定を用いて、建物の固有周期を求め耐震補強効果を確認した。

常時微動測定

耐震補強工事を行った建物（6棟）において、補強工事前後で常時微動測定を行い、補強前後の固有振動数、固有周期と減衰定数の変化から耐震補強効果を確認する。表1に、補強前後の上部構造評点と上昇率を示す。

補強前後の固有振動数、固有周期

常時微動測定により得られた波形からフーリエ解析を行い、求めた固有振動数のグラフを図1に示す。固有周期は固有振動数の逆数で求めた。

表2に、補強前後の固有振動数、固有周期、減衰定数を示す。図2に、補強前後の建物の固有周期を示す。左が東西方向、右が南北方向となっている。図2から、すべての建物の固有周期は補強前後で短くなっていることが読み取れる。固有周期が短くなっていることは、建物の強度、剛性の上昇を意味している。これにより、補強効果を確認することができた。

固有周期は、補強前では約0.12～0.3秒、補強後では0.12～0.2秒であった。

補強前後の減衰定数

図3に、補強前後の減衰定数を示す。減衰定数は$1/\sqrt{2}$法により求めた。左が東西方向、右が南北方向となっている。図3からすべての建物の減衰定数は、補強前より補強後が減少していることが読み取れる。木造住宅において減衰定数は剛性とおおむね反比例の関係にあり、減衰定数の減少は、剛性が上昇しているということを意味している。

減衰定数は補強前は約2.5～4.5％であり、補強後は約2.5～3.5％となっている。

上部構造評点上昇率と固有周期

図4に、上部構造評点の上昇率と固有周期の短縮率を比較したものを示す。

図4から、評点の上昇率が高い、つまり、補強を多く行った建物ほど固有周期が短くなっていることが読み取れる。

表1 補強前後の上部構造評点と評点上昇率

No.		診断評点			
		東西方向		南北方向	
		1階	2階	1階	2階
1	補強前	0.58	1.5	0.68	0.72
	補強後	1.37	1.5	1.28	1.1
	上昇率	1.36	0.00	0.88	0.53
2	補強前	0.43	0.67	0.43	0.44
	補強後	1.18	1.34	1.59	1.1
	上昇率	1.74	1.00	2.70	1.50
3	補強前	0.8	1.05	0.53	1.15
	補強後	1.08	1.07	0.83	1.5
	上昇率	0.35	0.02	0.57	0.30
4	補強前	0.52	-	0.56	-
	補強後	1.23	-	1.34	-
	上昇率	1.37	-	1.39	-
5	補強前	0.76	0.96	0.83	1.43
	補強後	1.29	1.13	1.53	1.69
	上昇率	0.70	0.18	0.84	0.18
6	補強前	0.67	0.96	0.95	1.02
	補強後	1.13	1.24	1.24	1.24
	上昇率	0.69	0.29	0.31	0.22

評点上昇率＝（補強後－補強前）／補強前

図1 補強前後の固有振動数（左：補強前，右：補強後）

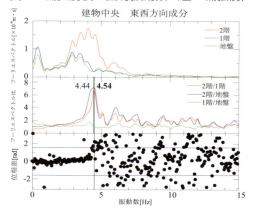
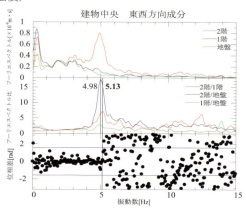

> ここが重要！
> ●常時微動測定により固有周期を求め，耐震補強工事による補強効果を確認した
> ●評点上昇率が大きいほど，固有周期の短縮率は大きい

図2 補強前後の固有周期（左：東西方向，右：南北方向）

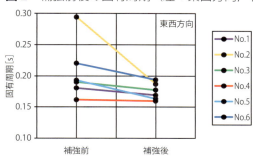
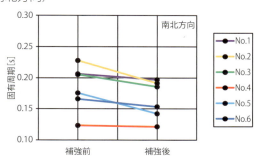

図3 補強前後の減衰定数（左：東西方向，右：南北方向）

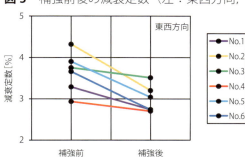
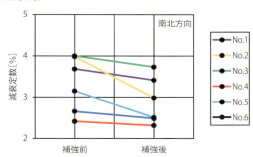

表2 補強前後の固有振動数，固有周期，減衰定数

No.		固有振動数 [Hz]		固有周期 [s]		減衰定数 [％]	
		東西方向	南北方向	東西方向	南北方向	東西方向	南北方向
		平均	平均	平均	平均	平均	平均
1	補強前	5.54	4.85	0.18	0.21	3.29	3.68
	補強後	5.92	5.08	0.17	0.20	2.73	3.41
	増減率	0.38	0.23	0.06	0.05	0.17	0.07
2	補強前	3.399	4.39	0.29	0.23	4.32	3.98
	補強後	5.35	5.23	0.19	0.19	3.2	2.98
	増減率	0.57	0.19	0.36	0.16	0.26	0.25
3	補強前	5.26	4.87	0.19	0.21	3.75	4
	補強後	5.64	5.39	0.18	0.19	3.51	3.73
	増減率	0.07	0.11	0.07	0.10	0.06	0.07
4	補強前	6.19	8.12	0.16	0.12	2.93	2.41
	補強後	6.27	8.26	0.16	0.12	2.69	2.31
	増減率	0.01	0.02	0.01	0.02	0.08	0.04
5	補強前	5.18	5.7	0.19	0.18	3.9	3.15
	補強後	6.13	7.04	0.16	0.14	3.04	2.5
	増減率	0.18	0.24	0.15	0.19	0.22	0.21
6	補強前	4.54	6.03	0.22	0.17	3.66	2.65
	補強後	5.16	6.53	0.19	0.15	2.73	2.48
	増減率	0.14	0.08	0.12	0.08	0.25	0.06

増減率＝補強後－補強前

図4 評点上昇率と固有周期の短縮率

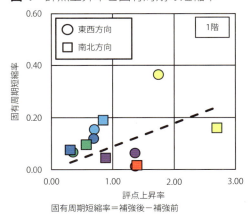

固有周期短縮率＝補強後－補強前

あとがき

　本書は，木造住宅の耐震診断と補強設計に関する約20年間の私たちの実務経験に基づいた知見を網羅して執筆したものです。

　私は，尊敬しております東京大学名誉教授岡田恒男先生のご指導を受けて，既存建築物の耐震診断，耐震補強業務に長年携わってきました。今日まで多大なるご指導ご鞭撻を賜わり，その一部がここに集約されて本書が作成されています。岡田恒男先生には心から感謝申し上げます。また，東京大学名誉教授坂本功先生には身に余る推薦のことばを戴き，記して厚く御礼申し上げます。

　私は1978年宮城県沖地震以降日本各地の地震被害状況をほとんどすべて見てきましたが，常に木造住宅の脆弱さを痛感してきました。1995年阪神・淡路大震災では軒並み木造住宅が倒壊し，6,434人の人々が命を落とされたことを目の当たりにして，言葉を失いました。木造住宅の耐震補強の必要性を痛感し，埼玉建築士事務所協会の早川昇一副会長（当時）にお願いして耐震相談会に参加させていただき，増補版木造住宅の耐震精密診断と補強方法（一般財団法人日本建築防災協会）による耐震診断を初めて行って以降，現在まで継続して木造住宅の耐震診断業務に携わってきました。防災科学技術研究所の箕輪親宏氏から誘われ，2003年から5か年計画で行われた文部科学省「大都市大震災軽減化特別プロジェクト」に参画し，坂本功委員長初め有能な研究者たちの委員会の末席で，初めて学究的な世界を垣間見させていただきました。Eディフェンス実大振動台実験場で2005年に行われた「木造戸建て住宅の耐震補強検証実験」にも参画しました。また，2004年には，一般財団法人日本建築防災協会「木造住宅の耐震診断と補強方法」（木造住宅の耐震精密診断と補強方法，改訂版）の原案作成部会では実務者として微力ながら協力させていただき，後の「2012年改訂版　木造住宅の耐震診断と補強方法」委員会も務めさせていただきました。熊本地震では1981年から2000年までの木造住宅が地震被害を受けたことから，その対策としての基準作成のための「（仮称）木造住宅等耐震診断法委員会（2012年改訂版追補版）」にも参画させていただいています。

　昨年3月，身の程をわきまえず，株式会社建築技術橋戸幹彦氏に出版の相談をしたところ，二つ返事で引き受けていただいた。半分は諦めていたので，意に反して快諾を得たことから，かえって自分自身に精神的重圧を感じ，緊張したことを覚えています。妻からも出版を積極的に勧められたので，意を決して作業を開始しました。ところが，7月9日，妻が劇症型心筋炎で思いもよらず急逝したため，作業が一時頓挫してしまいました。当時は死ぬことばかりを考える日々で，出版は中止しようと思っていましたが，多くの恩人から激励のお言葉を掛けられ，出版作業を再開しました。

　本書の執筆にあたって，最初に一般財団法人日本建築防災協会から貴重なご助言をいただきました。坂本功東京大学名誉教授からは丁寧なご指導を賜りました。

本書に納められた写真や図面，計算書などの資料作成は，設計工房佐久間の芝沼健太君に全面的に依頼し，私たちの意見やコメントを元にした文章作成は，有能なライターの守山久子さんに依頼しました。主にこの三人で原稿を作成しました。両人の存在がなければ本書は生まれることもなかったと思い，感謝しています。株式会社建築技術の高木秀之氏，橋戸央樹氏，寺内朋子さんにもご協力していただいた。補強工事を担当している株式会社TYプランニングの山本敏信氏，株式会社イワイの斎藤高夫氏には現場での施工実務体験に基づいたご意見をいただき，その内容が本書に盛り込まれています。「木造住宅の耐震診断と補強方法」改訂委員会の坂本功委員長はじめ委員の皆様には多大なるご指導を賜りました。宇都宮大学名誉教授入江康隆先生には公私にわたるご指導を賜り，特に常時微動測定と耐震補強効果との関係についてご教示いただきました。宇都宮大学技術職員の野俣善則氏には常時微動測定をご協力していただきました。佐久間会の早川昇一先生，山本敏信氏，白戸幸裕氏，斎藤高夫氏，笠井浩氏，齊藤智樹氏，斎藤充広氏，他多くの人たちに支えていただきました。佐久間が主宰する私塾木造住宅耐震研究会の板橋清子さん，藤井雅美氏，金井義雄氏，江森輝雄氏，品川互氏，他多くの人たちからも貴重なご意見を授かりました。臼井鐐造氏には愛知建築士会名古屋西支部での木造住宅耐震補強活動を紹介していただき大変勉強になりました。一般社団法人全国工務店協会（JBN）や各種団体主催の講習会において多くの皆様から貴重なご意見をいただきました。青木宏之氏，坂口岳氏，鈴木晴之氏，玉置敏子さん，黒田早苗氏，立道和男氏，村川俊博氏，込田幸吉氏，手島互氏には特に貴重なご意見をいただきました。東京都，宮崎県，群馬県，香川県，高知県，徳島県，静岡県，千葉県，新潟県，熊本県，世田谷区，大田区，市川市，国分寺市，輪島市，久喜市，宮代町他の講習会担当部署の皆様にも，貴重なご助言をいただきました。日本建築学会CIB委員会の石山祐二北海道大学名誉教授，楢府龍雄氏，今井弘氏，他の皆様からも貴重なご助言をいただきました。皆様に感謝申し上げます。

　設計工房佐久間のスタッフの山田慎明君，高橋誠君，尾崎美幸さん，木村真佐志君，斎藤吉正君，千葉まなさん，天沼純江さん，小暮玲子さん（元所員）とともに行った耐震診断・補強設計業務の実績が本書に掲載されています。スタッフ全員に感謝します。

　未熟な部分も多々ありますが，ほぼ私の意に沿った本が出来上がりました。
　本書が，一人でも二人でも命を救うことに役立つことを祈っております。
　鬼籍の最愛の妻に本書を捧げます。

平成29年6月吉日

佐久間順三

著者略歴：

佐久間順三（さくま　じゅんぞう）

1946 年　香川県に生まれる
1970 年　日本大学理工学部建築学科卒業
1970 年　㈱タクミ設計入社
1972 年　アトリエ DEC 設立
1979 年　佐久間建築設計研究室設立
1996 年　㈲設計工房佐久間設立
2012 年　博士（工学）学位取得
現在　　㈲設計工房佐久間

1974 年〜1979 年　多摩美術大学非常勤講師
2013 年〜2016 年　東京電機大学非常勤講師

主な委員会：
木造住宅の耐震診断と補強方法（一財）日本建築防災協会　委員
住宅等防災技術評価委員会（一財）日本建築防災協会　委員
木造住宅耐震診断プログラム評価委員会（一財）日本建築防災協会　委員
震災建築物の被災度区分判定基準および復旧技術指針改定委員会木造部会（一財）日本建築防災協会　委員
災害認定基準関連意見交換調査委員会　内閣府　平成 21 年〜　委員

主な講習会講演会：
木造住宅の耐震診断と補強方法
　　（一財）日本建築防災協会（東京，福岡，大阪，静岡，鳥取，輪島，秋田，新潟），
　　埼玉建築士会，埼玉建築士事務所協会，愛知建築士会名古屋西支部，日本建築家協会，
　　群馬県，宮崎県，香川県，高知県，徳島県，静岡県，新潟県，東京都，千葉県，熊本県，
　　世田谷区，大田区，国分寺市，市川市，輪島市，久喜市，宮代町
建築士のための指定講習会
　　東京建築士会，埼玉建築士会

主な著書：
「木造住宅の耐震診断と補強方法」（共著），（一財）日本建築防災協会
「木造住宅の耐震補強の実務」（共著），（一財）日本建築防災協会
「被災建築物の被災度区分判定基準および復旧技術指針（2015 年改訂版）（共著），
（一財）日本建築防災協会
「木造建築士　資格研修テキスト」（共著），井上書院
「防犯・防災ハンドブック」（共著），建築資料研究社
「誰も教えてくれない木構造」（共著），エクスナレッジ
「1 冊でわかるリフォーム耐震改修設計術」（共著），エクスナレッジ
「世界で一番強い地盤・基礎を設計する方法」（共著），エクスナレッジ

佐久間順三流 SUISUI わかる
木造住宅の耐震診断｜耐震補強設計｜補強工事の勘所

発行	2017年7月28日
著者	佐久間順三
協力	高橋 誠＋芝沼健太
発行者	橋戸幹彦
発行所	株式会社建築技術
	〒101-0061 東京都千代田区三崎町 3-10-4 千代田ビル
	TEL03-3222-5951　FAX03-3222-5957
	http://www.k-gijutsu.co.jp
	振替口座 00100-7-72417
造本デザイン	春井 裕（ペーパー・スタジオ）
印刷・製本	三報社印刷株式会社

落丁・乱丁本はお取り替えいたします。
本書の無断複製（コピー）は著作権上での例外を除き禁じられています。
また，代行業者等に依頼してスキャンやデジタル化することは，
例え個人や家庭内の利用を目的とする場合でも著作権法違反です。

ISBN978-4-7677-0156-1
© Junzo Sakuma, 2017
Printed in Japan